高等职业教育系列教材

制造执行系统（MES）项目化教程

主　编　肖国涛　丛兰强

副主编　陈善岭　刘　洋　王　冰　辛　红

参　编　高　庆　王丽丽　吴　克　杨朝霞

郑　睿　陈艳巧

机械工业出版社

本书根据高等职业教育人才培养的标准及“制造执行系统实施与应用”职业技能等级证书的培训要求编写而成，主要目的在于培养适合我国经济发展需要的制造执行系统实施与应用信息服务、初级应用技术开发和运营维护的初、中级人才，培养复合型技术技能人才。

本书共有四个模块，分别是：认识制造执行系统、颗粒灌装生产线基础信息配置、制造执行系统生产过程管理、认识制造执行系统仓库管理。循序渐进地介绍了制造执行系统的相关知识，每个模块都设置了由易到难的实操任务，学生可以通过具体实例，在充分理解概念和理论的基础上，熟练掌握上机实操技能。

本书适合作为高职高专智能制造相关专业教材及“制造执行系统实施与应用”职业技能等级证书的考证教材，也可供相关工程技术人员参考。

本书配有电子课件和实操视频等教学资料。需要的教师可登录机械工业出版社教育服务网 www.cmpedu.com 免费注册后下载，或联系编辑索取（微信：13261377872；电话：010-88379739）。

图书在版编目（CIP）数据

制造执行系统（MES）项目化教程 / 肖国涛，从兰强主编. —北京：机械工业出版社，2023.6（2024.9 重印）

高等职业教育系列教材

ISBN 978-7-111-72990-7

Ⅰ. ①制… Ⅱ. ①肖… ②从… Ⅲ. ①制造工业-工业企业管理-计算机管理系统-高等职业教育-教材 Ⅳ. ①F407.406.14

中国国家版本馆 CIP 数据核字（2023）第 064903 号

机械工业出版社（北京市百万庄大街 22 号　邮政编码 100037）

策划编辑：曹帅鹏　　　　责任编辑：曹帅鹏　王　芳

责任校对：郑　婕　许婉萍　　责任印制：常天培

固安县铭成印刷有限公司印刷

2024 年 9 月第 1 版第 3 次印刷

184mm×260mm · 12.25 印张 · 318 千字

标准书号：ISBN 978-7-111-72990-7

定价：49.80 元

电话服务　　　　　　　　　网络服务

客服电话：010-88361066　　机　工　官　网：www.cmpbook.com

　　　　　010-88379833　　机　工　官　博：weibo.com/cmp1952

　　　　　010-68326294　　金　　书　　网：www.golden-book.com

封底无防伪标均为盗版　　机工教育服务网：www.cmpedu.com

Preface

前　言

党的二十大提出，加快建设制造强国。实现制造强国，智能制造是必经之路。在新一轮科技革命和产业变革的浪潮中，智能制造正越来越聚焦于数字化设计、数字化工厂和数字化运营服务。制造执行系统（MES）是智能制造、工业互联网最核心的工业软件之一，目前已在我国智能制造领域应用广泛，但该领域的复合型技术技能人才匮乏制约着智能制造产业的快速发展。本书是根据高等职业教育人才培养的标准及“制造执行系统实施与应用”职业技能等级证书的培训要求而编写的，主要目的在于培养复合型技术技能人才。

本书对颗粒灌装生产线进行模块化介绍，将每个模块分为几个不同的任务，在教师的指导下，学生及本行业的工程技术人员在实操的过程中既能加深对概念的理解，又能熟悉软件操作，从而将理论知识应用于实际。本书对不同模块的任务都进行了详细的列表讲解，并配有图片和教学视频，浅显易懂，非常适合初学者进行理论学习及实操练习，也可供开设此课程的高职高专学校作为教材使用，还可作为“制造执行系统实施与应用”职业技能等级证书的考证教材。

本书的编写注重先理论后实践、理论与实践相结合。本书由肖国涛、丛兰强任主编，陈善岭、刘洋、王冰、辛红任副主编，参加编写工作的有高庆、王丽丽、吴克、杨朝霞、郑睿、陈艳巧。模块 1 由肖国涛、丛兰强编写，主要介绍了制造执行系统的理论知识，为本书的后续学习奠定扎实的基础。模块 2 由陈善岭负责理论编写及实操指导，高庆、王丽丽负责实操步骤及图片整理。模块 3 由刘洋负责理论编写及实操指导，吴克、杨朝霞负责实操及图片整理。模块 4 由王冰负责理论编写及实操指导，郑睿、陈艳巧负责实操步骤及图片整理。辛红负责全书实操部分的检查及整理工作。全书由肖国涛、丛兰强统稿。

本书建议学时为 75 学时，各模块的学时分配见下表。

模块	课程内容	建议学时	
		讲授	实训
模块 1	认识制造执行系统	6	6
模块 2	颗粒灌装生产线基础信息配置	6	15
模块 3	制造执行系统生产过程管理	6	15
模块 4	认识制造执行系统仓库管理	6	15

韩敬东教授担任本书主审，并提出了许多宝贵意见，在此表示衷心的感谢！

由于编者水平有限，书中难免存在疏漏和不妥之处，恳请广大读者批评指正。

编　者

目 录 Contents

前言

模块 1 认识制造执行系统 …… 1

任务 1.1 走进数字化工厂 …… 1

1.1.1 数字化工厂的定义 …… 3

1.1.2 数字化工厂的组成 …… 4

1.1.3 数字化工厂的特征 …… 6

1.1.4 数字化工厂的关键技术 …… 7

1.1.5 数字化工厂的发展趋势 …… 7

1.1.6 数字化管理系统 …… 9

1.1.7 数字化工厂的优势 …… 11

1.1.8 数字化工厂的案例 …… 11

1.1.9 数字化工厂的岗位 …… 13

任务 1.2 制造执行系统的组成及作用 …… 18

1.2.1 制造执行系统的模块组成与功能 …… 19

1.2.2 制造执行系统的定义与作用 …… 21

1.2.3 制造执行系统在数字化工厂中的作用 …… 23

任务 1.3 认识自动化颗粒灌装生产线 …… 30

1.3.1 自动化颗粒灌装生产线结构组成 …… 31

1.3.2 自动化颗粒灌装生产线生产工艺流程 …… 37

模块 2 颗粒灌装生产线基础信息配置 …… 39

任务 2.1 颗粒灌装生产线环境信息配置 …… 39

2.1.1 工厂信息配置 …… 40

2.1.2 车间信息配置 …… 41

2.1.3 生产线信息配置 …… 42

2.1.4 工位信息配置 …… 43

任务 2.2 颗粒灌装生产线人员信息配置 …… 48

2.2.1 部门信息配置 …… 49

2.2.2 班组信息配置 …… 50

2.2.3 职位信息配置 …… 51

2.2.4 用户信息配置 …… 52

任务 2.3 颗粒灌装生产线设备信息配置 …… 56

2.3.1 设备类型信息配置 …… 58

2.3.2 设备信息配置 …… 58

任务 2.4 颗粒灌装生产线物料信息配置 …… 66

2.4.1 物料信息配置 …… 67
2.4.2 物料管理信息配置 …… 69
任务 2.5 颗粒灌装生产线工艺信息配置 …… 79
2.5.1 工艺路线信息配置 …… 80
2.5.2 工序信息配置 …… 82
2.5.3 工序与 BOM 物料信息绑定配置 …… 82
任务 2.6 颗粒灌装生产线订单信息配置 …… 89
2.6.1 订单信息配置 …… 90
2.6.2 工单信息配置 …… 91
模块 3 制造执行系统生产过程管理 …… 99
任务 3.1 生产过程阶段管理 …… 99
3.1.1 生产过程数据管理 …… 100
3.1.2 数据收集方法 …… 101
任务 3.2 生产完成统计管理 …… 118
3.2.1 人工统计 …… 119
3.2.2 制造执行系统自动统计 …… 120
任务 3.3 防错追溯管理 …… 121
3.3.1 制造执行系统防错追溯管理的主要功能 …… 122
3.3.2 制造执行系统防错追溯管理的作用 …… 124
任务 3.4 标准作业程序/电子版标准作业程序应用认知 …… 125
3.4.1 标准作业程序的定义 …… 127
3.4.2 标准作业程序的作用 …… 127
3.4.3 标准作业程序的特征 …… 129
3.4.4 标准作业程序的六要素 …… 129
3.4.5 标准作业程序的制作 …… 130
3.4.6 电子版标准作业程序的定义 …… 131
3.4.7 电子版标准作业程序的优势 …… 135
任务 3.5 看板应用认知 …… 136
3.5.1 看板的定义 …… 137
3.5.2 看板管理的功能 …… 138
3.5.3 看板的类型 …… 139
任务 3.6 报表管理 …… 142
3.6.1 报表管理概述 …… 143
3.6.2 报表管理的功能 …… 144
模块 4 认识制造执行系统仓库管理 …… 147
任务 4.1 物料采购作业 …… 147
4.1.1 精益生产概述 …… 148
4.1.2 精益生产的核心 …… 150
4.1.3 采购管理 …… 151
4.1.4 采购计划管理 …… 151

4.1.5 采购订单管理……152
4.1.6 采购申请单……153
任务 4.2 仓库库存配置……155
4.2.1 仓库信息配置……157
4.2.2 库位信息配置……158
4.2.3 库存信息配置……158
4.2.4 仓库条码管理……159
4.2.5 仓库货位的二维码……161
4.2.6 采购订单物料入库条码……161
4.2.7 初始化库存……162
任务 4.3 认识物料发料、退料作业……164
4.3.1 生产领料单……166
4.3.2 生产退料单……167
4.3.3 条码拆分与合并……168
任务 4.4 认识成品出入库作业……170
4.4.1 成品入库……171
4.4.2 半成品入库……174
4.4.3 成品出库……175
4.4.4 客户退料入库……176
任务 4.5 认识盘点作业……179
4.5.1 库存盘点……180
4.5.2 在制品概述……181
4.5.3 在制品管理……182
4.5.4 在制品盘点……183
任务 4.6 认识物料跟踪管理……186
4.6.1 采购执行计划统计报表……187
4.6.2 入库上架报表与出库下架报表……187
4.6.3 库存报表……189
4.6.4 出入库台账报表……189

模块 1　认识制造执行系统

制造执行系统（Manufacturing Execution System，MES）一般部署在数字化车间，是数字化车间的日常生产管理系统。如果把数字化车间类比成一家公司，那么制造执行系统相当于办公自动化（OA）系统。制造执行系统被赋予工业管控中心的地位。数字化车间如图 1-0-1 所示。

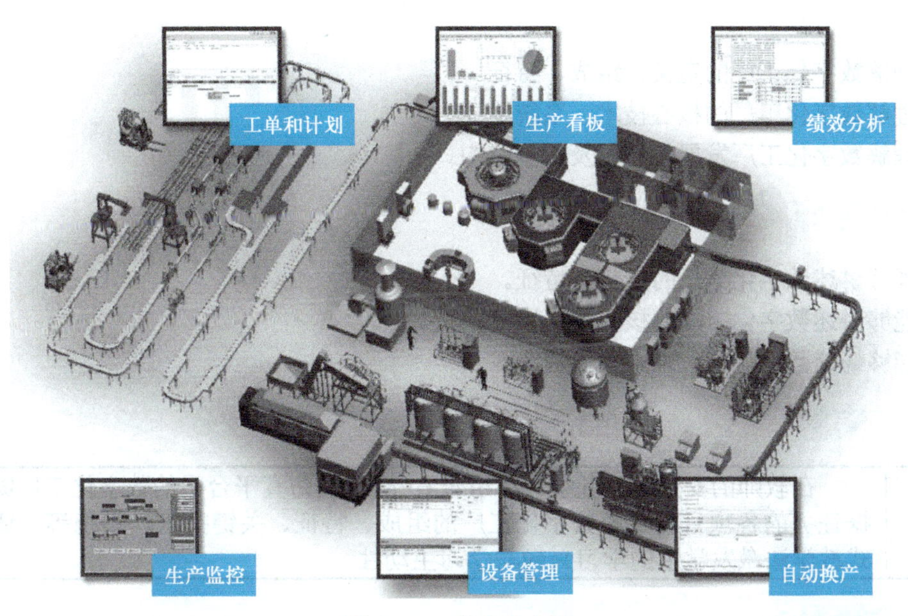

图 1-0-1　数字化车间

本模块围绕制造执行系统设置了走进数字化工厂、制造执行系统的组成及作用、认识自动化颗粒灌装线三个工作任务。同学们在完成工作任务的过程中可以了解数字化工厂、制造执行系统基本组成及作用、自动化颗粒灌装生产线（也可称颗粒灌装线）结构组成和生产工艺流程的相关内容，将所学理论知识应用到工作实践中，在实践中长知识、塑人格、育精神，树立精益求精的“大国工匠”精神。

任务 1.1　走进数字化工厂

任务描述

什么是数字化工厂？它由哪些元素组成？为什么要求实施数字化工厂？

数字化工厂（DF）是现代数字制造技术与计算机仿真技术相结合的产物，同时具有其鲜明的特征。它的出现给基础制造业注入了新的活力，主要作为产品设计和产品制造之间的桥梁。

本任务从数字化工厂的定义、组成、特征等多方面介绍数字化工厂。接下来，让我们一起走进数字化工厂。

素质目标

1. 养成科学严谨的工作态度。
2. 感受科技发展，树立积极学习态度。
3. 分享学习成果，帮助他人。
4. 培养学生爱岗敬业的优良品质。

知识目标

1. 理解数字化工厂的定义、组成、特征。
2. 理解数字化工厂的核心技术、系统组成。
3. 理解数字化工厂发展趋势以及人员结构。

能力目标

1. 能够讲述数字化工厂的定义与特征。
2. 能够讲述数字化工厂的核心技术以及系统。
3. 能够畅谈数字化工厂未来发展趋势。

任务实施

任务实施指引	在教师的安排下，各学习小组查看 MINT 仿真平台中的数字化工厂案例，根据任务的各项目标了解数字化工厂的组成、特征、关键技术、系统等。通过启发式教学法激发学生的学习兴趣与学习主动性

创设情景①

观看 MINT 仿真平台中的数字化工厂，请学生说出数字化工厂由哪些元素组成，将其列举在下面空白处，越多越好。引导学生正确认识世界和中国发展大势，正确认识时代责任和历史使命，正确认识远大抱负和脚踏实地。

数字化工厂组成元素：

1.1.1 数字化工厂的定义

数字化工厂（DF）是以产品全生命周期的相关数据为基础，在计算机虚拟环境中，对整个生产过程进行仿真、评估和优化，并进一步扩展到整个产品生命周期的新型生产组织方式。数字化工厂是现代数字制造技术与计算机仿真技术相结合的产物，同时具有其鲜明的特征。它的出现给基础制造业注入了新的活力，主要作为产品设计和产品制造之间的桥梁。

数字化管理是指利用计算机、通信、网络等技术，通过统计技术量化管理对象与管理行为，实现研发、计划、组织、生产、协调、销售、服务、创新等职能的管理活动和方法。

企业要想实现高效的数字化管理，一般来说要经历以下这五个步骤。

1. 价值流程梳理

以精益生产为核心指导思想，运用价值流分析，对企业作业流程进行全面的梳理和诊断，对产品经原材料供应商、生产企业最终到客户手中的一系列活动，区分出增值与非增值的活动。再通过精益的工具减少、消除一切非增值活动，重新定义，重组作业标准、时间节点、数据指标，设计以最少的资源投入获取最大利益的价值流程。

2. 人员设备全面升级

在价值流程梳理的基础上，对标行业优秀企业，设定安全（Safety）、质量（Quality）、成本（Cost）、交期（Delivery）等支持企业运作的经营指标，规范作业流程的标准化。同时企业的人员素质和设备（软硬件）必须全面升级。在人员方面，必须转变思想，必须丢弃旧的生产管理理念，学习并接受新知识技能，以适应新的生产方式。在设备方面，企业可根据实际情况进行软硬件升级，包括机器替换人工、设备改造、工艺重组等，或导入新的高级计划系统（APS）/MES 等生产制造信息化系统等。

3. 利用物联网技术

通过基于物联网架构的新型技术，例如射频识别（RFID）、红外感应、激光扫描、电子标签等信息传感技术，将生产资源进行无线连接，实现信息交换和通信，采集关于企业在生产经营活动中各资源要素（人员、机器设备、物料、方法、环境、测量）的信息，实时掌握并监控企业各方面的运行状况。

4. 数据统筹分析

在物联网的基础上，企业实时采集来自供应商、采购、生产、仓库、物流、销售等方面的信息，形成企业级数据库，然后再通过统筹系统，及时进行识别、记录、分析、运算，对数据进行筛选和区别，最终形成各类图形报表，如客户订单及生产进度报表、生产工单及缺料信息报表、生产质量统计与分析报表、生产效率 UPPH（单位人时产能）统计与分析报表、OEE（设备综合效率）统计与分析报表、计时与计件工资核算报表、其他定制类统计与分析报表。通过数据统筹分析，将数据及时、有效、准确、透明地呈现给企业管理者，让企业管理者获得判断和决策的依据，达到在线敏捷应对，从而降低成本和减少风险。

5. 建设在线数字经营驾驶舱

在线数字经营驾驶舱以物联网形成的数据为基础，以精益生产思想为企业管理核心思想，通过详尽的指标呈现体系，实时反映企业的运行状态，并最终以驾驶舱仪表盘的形式，将实时采集的生产经营活动数据，通过图表建模与对标分析，体现为各种常见的图表（直方图、品质报表、效率报表等），形象化标示企业运行的关键指标，直观地监测企业生产运营现状，并可以对异常关键指标预警和挖掘分析，使企业管理者对经营状况了如指掌，能及时做出智慧决策，及时防范有可能发生的各类风险，运筹帷幄，决胜千里。数字化工厂也不等于全自动化工厂。数字化工厂的价值，并不是用自动化设备完全取代人，而是用自动化设备来帮助人。数字化工厂的另一个重要价值是提高效率，通过提高效率，实现在不增加人工成本的情况下增加产能。

随堂笔记：

1.1.2 数字化工厂的组成

主流观点认为数字化工厂主要涉及产品设计、生产规划与生产执行三大环节，数字化建模、虚拟仿真、虚拟现实/增强现实（VR/AR）等技术也包含在其中。

1. 产品设计环节——三维建模是基础

在产品设计环节利用数字化建模技术为产品构建三维模型，能够有效减少物理实体样机制造和人员重复劳动所产生的成本。同时，三维模型涵盖产品所有的几何信息与非几何制造信息，这些信息会通过 PDM/cPDM（产品数据管理/协同产品定义管理）数据平台，贯穿产品整个生命周期，是实现产品协同研制、产品从设计端到制造端一体化的重要保证。

经历了 30 余年的发展，数字化建模技术已经相当成熟，至今使用三维 CAD（计算机辅助设计）软件的全三维建模技术在制造业的应用已经相当普及。数字化建模技术的应用始于航空航天领域，由于对产品和零部件的精度、质量、加工工艺有着比其他行业更加苛刻的要求，航空航天工业让数字化建模技术的效用得以充分发挥。例如，美国波音公司在其 737-NXK 和 787 的设计制造中，利用数字化建模技术，不但有效缩短了研制周期，大幅降低了研制成本，而且通过 PDM/cPDM，有效实现了产品设计与制造环节的信息协同，从而大幅提高了生产效率。

2. 生产规划环节——工艺仿真是关键

在生产规划环节，基于 PDM/cPDM 中所同步的产品设计环节数据，利用虚拟仿真技术，可以对工厂的生产线布局、设备配置、生产制造工艺路径、物流等进行预规划，并在仿真模型“预演”的基础之上，进行分析、评估、验证，迅速发现系统运行中存在的问题和有待改进之处，并及时调整与优化，减少后续生产执行环节对实体系统的更改与返工次数，从而有效降低成本、缩短工期、提高效率。

虚拟仿真技术广泛应用于汽车、船舶及其他大型设备制造过程中。例如，大众汽车公司旗下斯柯达捷克工厂，就采用西门子的 Tecnomatix，利用虚拟仿真工艺路径规划，来减少实际生产线调整和改进所需要花费的成本。

此外，随着“人”在制造业中的地位和作用逐渐被重新认识，虚拟现实/增强现实技术的应用也日渐增多，使人能够融入虚拟仿真环境之中，身临其境地参与生产规划。

3. 生产执行环节——数据采集实时通

早期的数字化工厂，其实并不包含生产执行环节，但随着制造业企业具体实践与应用的发展，数字化工厂的概念开始向覆盖产品整个生命周期的全价值链拓展与延伸。作为将产品从设计意图转化为实体成品的关键环节，生产执行无疑应该是数字化工厂的关键一环。

这个环节的数字化体现在制造执行系统（MES）与其他系统之间的互联互通上。制造执行系统与企业资源计划（ERP）、PDM/cPDM 之间的集成，能够保证所有相关产品属性信息从始至终保持同步，并实现实时更新。

如果某一款产品的零部件或原材料发生变化，PDM/cPDM 和制造执行系统中的数据信息会同步变化，制造执行系统会自动调整制造解决方案，从而有效避免传统制造企业由于信息无法及时传递和同步而造成的误工。借助 RFID（射频识别）技术，制造执行系统还能够对生产线上的产品零部件进行识别和路径规划，从而实现柔性化混线生产，大幅提高生产效率。

玛莎拉蒂的 Bertone 工厂就采用上述技术实现 Quattroporte 与 Ghibli 两款不同车型的全自动生产与组装（见图 1-1-1），据不完全统计，其产能提升幅度高达两倍以上。

图 1-1-1　Quattroporte 与 Ghibli 两款不同车型的全自动生产与组装

创设情景②

请学生在教师的指引下观看 MINT 仿真平台中的动态数字化工厂，并畅想未来的工厂，将畅想结果写在下方空白处。引导学生树立正确的就业观念，立鸿鹄志、做奋斗者，不负时代、不负韶华，在实现中华民族伟大复兴的生动实践中创造精彩人生。

您眼中的未来工厂：

1.1.3 数字化工厂的特征

和传统工厂相比，数字化工厂的显著特征是：在“人、机、料”之外多了数字虚体（计算机、网络、软件、模型、报表和图形等的组合）。三体智能制造理论有助于理解数字化车间。在传统车间中只存在二体，即意识人体和物理实体，而没有三体中的数字虚体和数字化工厂最为显著的特点。意识人体是指车间管理人员和生产人员，以及这些人的知识、技能、经验和智慧等构成的意识与行为；物理实体是指设备、物料、产品、工装、工位和场地等对象以及它们形成的生产能力。车间活动就是人体用意识和行为操作或操纵实体来完成生产任务，人的脑力和体力就是生产条件的组成部分，也就是说，人体和实体同样处于生产回路中（见图1-1-2）。

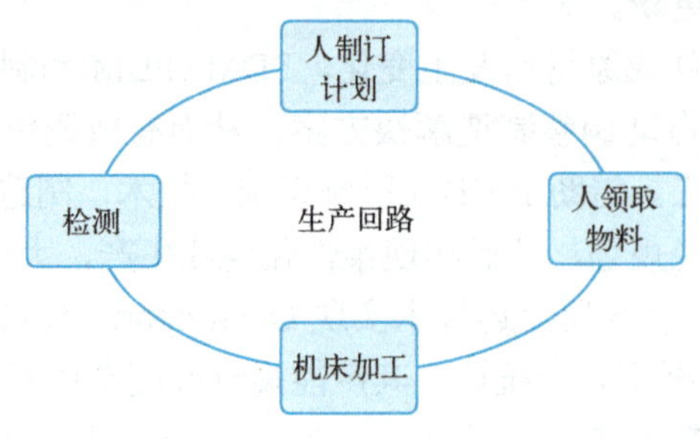

图1-1-2　生产回路

按照上述生产方式，人需要劳心劳力，而且效率低下。如果机器、物料等实体具有人的智能，就可以将人类从繁重的体力或脑力劳动中解放出来，而且生产效率、产品质量等都会得到极大提升。计算机尤其是软件技术的发展提供了这种可能性。虽然无法将人脑接在物理实体（如机器）上，但可以建立与物理实体对应的数字虚体（软件、模型、数据等），将人的知识技能、经验和智慧植入数字虚体中，用数字虚体代替大部分脑力，指挥物理实体完成“体力”工作，这个过程就是智能制造（见图1-1-3）。

图1-1-3　智能制造

模仿上述智能制造的定义，可以通俗地定义：数字化车间=传统车间+车间数字虚体。车间数字是传统车间中的实体和行为在数字空间的映射。实体映射包括“人、机、料”的数字化表现，表现形式有图片、表格、视频、虚拟现实（VR）、数据类以及XML文件等。行为映射是根据采集的生产过程数据推演到的生产过程动态场景。如果数据足够多，就可以想象数字化车间是虚、实两个版本镜像车间，这也被称作“数字孪生”（Digital Twins）车间。数字孪生车间由四部分组成，即物理车间、虚拟车间、车间服务系统、车间孪生数据，如图1-1-4所示。

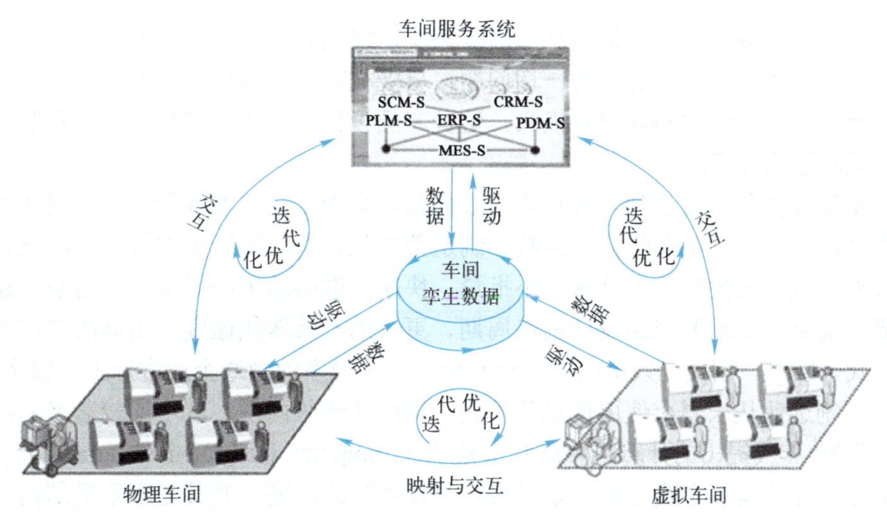

图 1-1-4　数字孪生车间

1.1.4　数字化工厂的关键技术

1. 数字化建模技术

通常研究的制造系统是非线性离散化系统，需要建立产品模型、资源模型，涉及制造设备、材料、能源、工具、生产人员和制造环境等。工艺模型、工艺规则、制造路线等受到生产管理模型系统的限制和约束。数字化工厂是建立在模型基础上的优化仿真系统，所以数字化建模技术是数字化工厂的基础。

2. 优化仿真技术

随着虚拟设计技术、三维造型、装配分析和数控模拟技术以及工程分析技术的不断发展和完善，优化仿真技术进一步向制造过程领域发展。在数字化建模的基础上，数字化工厂对制造系统进行运动学、动力学、加工能力等各方面的动态仿真优化。

3. 虚拟现实技术

文本信息很难满足制造业的需求，随着三维造型技术的发展，三维实体造型技术已得到普遍应用，具有沉浸式的虚拟现实技术，使用户能身临其境地感受产品的设计过程和制造过程，使仿真的旁观者成为虚拟环境的组成部分。

4. 软件之间的重组和集成

数字化工厂软件模块之间以及和其他软件模块之间会有信息交换和集成。

5. 应用工具

数字化工厂拥有产生虚拟环境的工具集、各种数据转换工具、设备控制程序生成器、各种报表输出工具等。

1.1.5　数字化工厂的发展趋势

虽然 CAD 与 PDM 等专注于产品设计的专业软件自诞生至今已有几十年的历史，但在相当长的时间里，由于缺乏科学有效的数据协同管理手段，研发设计阶段所产生的产品数据与信息，无法与后续生产规划、生产执行环节同步共享，仅能通过负责生产的工作人员的经验判断来安排生产，由信息不对称而造成的一切问题，只能被动应对与处理，不仅严重影响实际生产效率，还需承担由此产生的额外成本损失。这种产品设计与制造环节数据与信息脱节所引发的种种问题，是制造业的痛点。

如今，制造业竞争日益激烈，客户需求多样化、制造工艺日益复杂、市场对质量与效率的要求不断提升，传统制造业面临巨大挑战。制造数字化转型，制造生态链分工细化，使得传统的生产模式遇到极大的挑战。多品种、小批量、快速、透明的生产诉求，使得越来越多的制造企业认识到，需要以更短的产品设计制造周期、更快的产品迭代速度、更高的生产效率与更灵活的生产方式来应对。因此，残酷的生存现状使得越来越多的制造企业进行工厂数字化转型。

事实上，制造业从未停止使用信息化手段尝试解决这些问题，其中比较著名的解决方案，包括 20 世纪 80 年代提出的计算机集成制造系统（Computer Integrated Manufacturing System，CIMS），但在企业的具体实践当中，限于成本与技术瓶颈问题，尤其是限于机制问题，实施后收效甚微，有些甚至无果而终。

20 世纪 90 年代末，基于虚拟制造技术的数字化工厂解决方案逐步发展起来。它利用数据协同管理、三维建模、虚拟仿真等数字化技术，以及统一的数据平台实现产品设计与制造阶段的数据协同，实现从产品研发设计到实际生产制造之间数据与信息的协同与集成，从而填补产品研发设计与生产制造之间的鸿沟，同时在计算机虚拟环境中对物理制造系统与实际生产过程进行仿真，使生产制造过程能够在生产线实际布局前，在数字虚拟空间内提前验证、调整与优化。

实践证明，数字化工厂解决方案能够帮助制造企业缩短产品上市周期、降低产品研发成本、消除信息不对称所造成的成本与效率损失、提高生产线配置与布局效率、降低生产线潜在故障与风险、减少生产制造过程中的不确定性等。

正如北京航空航天大学刘强教授于 2015 年提出的“智能制造三不要”所描述的那样：

1）不要在落后的工艺基础上搞自动化——工业 2.0 必须先解决的问题。

2）不要在落后的管理基础上搞信息化——工业 3.0 必须先解决的问题（需以建立在现代管理基础上的信息化为前提）。

3）不要在不具备数字化、网络化基础时搞智能化——工业 4.0 必须先解决的问题（需夯实数字化网络化基础）。要实现工业 4.0，必须先构建智能工厂，而要构建智能工厂，必须先打造数字化工厂，数字化工厂是走向智能制造与实现工业 4.0 愿景的必由之路。

近年来，数字化工厂逐渐成为国内外制造业企业关注的重点，具体的实践与应用也实现了快速发展，但是业内对数字化工厂含义的解读却是千差万别的，至今也没有达成统一的认识。

随堂笔记：

 创设情景③

请学生查阅资料，了解数字化工厂中常用的数字化管理系统有哪些，各有什么作用，填写表 1-1-1 学生要从一点一滴的小事做起，树立脚踏实地、精益求精的大国工匠精神。

表 1-1-1　数字化管理系统

序号	数字化管理系统名称	作用

1.1.6 数字化管理系统

1. 战略性业务模式：PLM

PLM（产品生命周期管理）是一种战略性业务模式，它应用一系列一致的业务解决方案，支持产品信息在全企业和产品全生命周期内（从概念到生命周期结束）的创建、管理、分发和使用，集成了流程和信息等众多要素。

PLM 软件解决方案是以产品为中心，以应用软件为手段，以灵活应对市场需求为目标，通过对企业知识型资产的管理，实现对产品的数据管理、项目管理、变更管理、协同管理、标准化管理、安全管理等，为制造企业提供了一个可伸缩的研发管理平台。

PLM 与 ERP 集成：PLM 将 PBOM（计划物料清单）和工艺路线传给 ERP，ERP 根据零部件的标准成本、建议成本、现行成本基础数据，结合加工中心和成本中心，自动生成 CBOM（采购物料清单）。

PLM 与 MOM（制造运行管理）集成：PLM 将 MBOM（制造物料清单）、SOP（标准作业程序）传给 MOM，指导 MOM 生产管理。当产品发生设计变更时，会将变更数据实时同步到 ERP、MOM 系统。

2. 管理平台：ERP

ERP（企业资源计划）是指建立在信息技术基础上，集信息技术与先进管理思想于一身，以系统化管理思想，为企业员工及决策层提供决策手段的管理平台。

ERP 是从 MRP（物料需求计划）发展而来的新一代集成化管理信息系统，扩展了 MRP 的功能，其核心思想是供应链管理。它跳出了传统企业边界，从供应链范围优化企业的资源，优化了现代企业的运行模式，反映了市场对企业合理调配资源的要求。将企业的三大流——物流、资金流、信息流进行全面一体化管理。它对于改善企业业务流程、提高企业核心竞争力具有显著作用。特别提一下，ERP 不要过多管理制造端，只需以报工方式，保存制造端的生产结果，用于财务成本核算。

ERP 与 MOM 集成：将生产基础数据（物料、销售订单）传给 MOM。APS（高级排产排程）将分解后的制造工单回传给 ERP，MES 将生产数量、物料消耗数量按照一定周期回传给 ERP。

ERP 与 MES 集成：实时同步物料基础数据、仓库基础数据、库存数量。

3. 管理系统：WMS

WMS（仓库管理系统）是指通过入库业务、出库业务、仓库调拨、库存调拨等功能，对批次管理、物料对应、库存盘点、质检管理、虚拟仓管理和即时库存管理等功能综合运用的管理系统，它能够有效控制并跟踪仓库业务的物流和成本管理全过程。

WMS 与 ERP 集成：如果需要提供一整套仓库解决方案，则 ERP 依然存在一些缺陷，我们也了解到 WMS 可以弥补 ERP 的一些缺陷。因此，如果想拥有一个强大的仓库管理解决方案，那么可以将 ERP 与 WMS 两者结合起来使用。

WMS 与 MOM 集成：当车间 MES 接料时，WMS 实时将物料批次信息传给 MES，绑定接料工位。当成品入库时，MES 会实时将物料批次信息传给 WMS，绑定仓库和储位。

4. 仪表控制系统：DCS

DCS（集散式控制系统）是以微处理器为基础，采用控制功能分散、显示操作集中、兼顾分散和独立以及综合协调设计原则的新一代仪表控制系统。它采用控制分散、操作和管理集中的基本设计思想，多层分级、合作自治的结构形式。其主要特征是它的集中管理和分散控制。目前 DCS 在电力、冶金、石化等行业都获得了极其广泛的应用。

DCS 与 MOM 集成：MES 将工单下达到机台设备，对设备、模具、刀具、人员防错，指导设备生产。DCS 将设备状态、工艺参数数据（温度、压力、扭矩等）回传给 MES，与生产工单关联，用于生产追溯。

5. 运行系统：MOM

美国仪器、系统和自动化协会（Instrumentation, System, and Automation Society，ISA，现为国际自动化学会）于 2000 年开始发布 ISA-95（也称 SP95）标准，首次确立了 MOM 的概念，

针对更广义的制造管理划定边界，作为该领域的通用研究对象和内容，并构建通用活动模型应用于生产、维护、质量和库存四类主要运行区域，详细定义了各类运行系统的功能及各功能模块之间的相互关系。

数字化工厂解决方案的系统工具组合包括：APS（高级排产排程），MES（制造执行系统），QMS（质量管理系统），SCADA（数据采集与监控系统）。

通过 APS、MES、QMS、SCADA 无缝深度集成，打造数字化工厂制造运营端一体化解决方案，实现自动化、智能化制造运营流程，实现高效、透明的运营管理。

1.1.7 数字化工厂的优势

时间、效率、灵活性是当前制造企业在激烈的市场竞争中所面临的主要议题，也是制造业经由数字化转型向智能制造迈进，最终现实工业 4.0 愿景所面临的三大挑战。数字化工厂利用其工厂布局、工艺规划和仿真优化等功能手段，改变了传统工业生产的理念，给现代化工业带来了新的技术革命，其优势作用较为明显。

（1）预规划和灵活性生产　利用数字化工厂技术，整个企业在设计之初就可以对工厂布局、产品生产水平与能力等进行预规划，从而进行评估与检验。同时，数字化工厂技术的应用使得工厂设计不再是各部门单一地流水作业，各部门成为一个紧密联系的有机整体，这有助于工厂建设过程中灵活协调与并行处理。此外，在工厂生产过程中能够最大限度地关联产业链上的各节点，增强生产、物流、管理过程中的灵活性和自动化水平。

（2）缩短产品上市时间、提高产品竞争力　数字化工厂能够根据市场需求的变化，快速、方便地对新产品进行虚拟化仿真设计，从而加快了新产品设计的进度。同时，通过对新产品的生产工艺、生产过程进行模拟仿真与优化，保证了新产品生产过程的顺利与产品质量的可靠，加快了产品的上市时间，在企业竞争中占得先机。

（3）节约资源、降低成本、提高资金效益　通过数字化工厂技术方便地进行产品的虚拟设计与验证，最大限度地降低了物理原型的生产与更改，从而有效地减少资源浪费、降低产品开发成本。同时，充分利用现有的数据资料（客户需求、生产原料、设备状况等）进行生产仿真与预测，对生产过程进行预先判断与决策，从而提高生产收益与资金使用效益。

（4）提升产品质量水平　利用数字化工厂技术，能够对产品设计、产品原料、生产过程等进行严格把关与统筹安排，降低设计与生产制造之间的不确定性，从而提高产品数据的统一性，方便进行质量规划，提升质量水平。

据不完全统计，采用数字化工厂技术后，企业能够将产品上市时间缩短 30%，减少 60%以上的设计修改与返工作业，生产工艺规划时间减少 40%，产能提高 15%以上，同时节约 15%左右的生产成本。

1.1.8 数字化工厂的案例

作为工业 4.0 概念的提出者，德国也是第一个实践智能工厂的国家。位于德国巴伐利亚州东部，20 世纪八九十年代工业风格的红砖厂房内正进行着一场向着工业 4.0 方向的自我进化。这是德国工业巨头西门子旗下的安贝格工厂，是欧洲乃至全球最先进的数字化工厂之一，如图 1-1-5 所示。

图 1-1-5　德国安贝格工厂

安贝格工厂创建于 1989 年，是德国政府、企业、大学以及研究机构合力研发全自动、基于互联网智能工厂的早期案例。在占地约 10 万 m^2 的厂房内，员工仅有 1000 名，近千个制造单元仅通过互联网进行联络，大多数设备都在无人力操作状态下进行挑选和组装。最令人惊叹的是，在安贝格工厂中，每年可生产约 1500 万件 Simatic 控制设备，按每年生产 230 天计算，即平均每秒就能生产出一台控制设备。每 100 万件产品中，次品约为 15 件，产品合格率高达 99.9985%，追溯性更是达到 100%。安贝格工厂自身生产过程也利用 Simatic 设备进行控制，生产过程实现了高度自动化。这里的生产设备和计算机可以自主处理 75%的流程工作，由人力完成的部分只有生产过程的开头部分，即员工将初始组件放置到生产线上的环节，此后所有的工作均由机器自动控制完成。依靠 Simatic 设备的高度自动化，在 24h 内西门子安贝格工厂就可将面向全球约 6 万名用户的产品做好交付准备。

工业 4.0 意味着网络进入工厂大生产，是一个崭新的工业制造逻辑和方式。过去是由中心控制指挥系统每一分钟对机器发出指令；而现在则由产品所附带的信息告诉机器需要什么样的生产过程，以制造出符合客户要求的产品。这样的智能工厂能够让产品完全实现产品全生命周期自动化生产，堪称智能工厂的典范。

在生产之前，产品的使用目的就已预先确定，包括部件生产所需的全部信息，都已经“存在”于虚拟现实中，这些部件有自己的“名称”和“地址”，具备各自的身份信息，它们“知道”什么时候、哪条生产线或哪个工艺过程需要它们。通过这种方式，这些部件得以协商确定各自在数字化工厂中的运行路径。在未来的工厂里，设备和工件之间甚至可以直接交流，从而自主决定后续的生产步骤，组成一个分布式、高效和灵活的系统。

目前，安贝格工厂的姊妹工厂——西门子工业自动化产品成都生产研发基地（下称“西门子成都工厂”）已在我国四川成都建立。西门子成都工厂承担着西门子全球工业自动化产品研发的角色，厂内实现了从管理、产品研发、生产到物流配送全过程的数字化，并且通过信息技术，与西门子在德国的生产基地和美国的研发中心进行数据互联。

随堂笔记：

1.1.9 数字化工厂的岗位

创设情景④

通过本堂课的学习，学生毕业以后可在数字化工厂中从事哪些岗位？引导学生树立正确的就业观念，让其完成表 1-1-2 的填写。

表 1-1-2 数字化工厂岗位

序号	岗位	岗位职责

1. 企业组织结构

一个生产企业的主要业务部门包括市场营销中心、研发生产中心、供应链管理中心、管理保障中心和技术保障中心，其中管理保障中心和技术保障中心为内部条件支撑部门。某生产企业组织结构如图 1-1-6 所示。

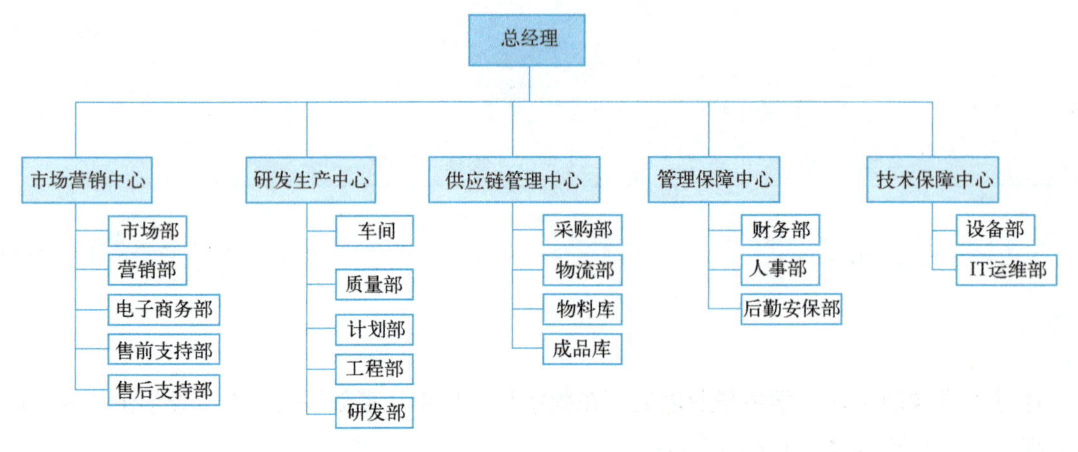

图 1-1-6　某生产企业组织结构图

生产企业各业务部门以及下属子部门分工明确，各司其职，具体分工见表 1-1-3。

表 1-1-3　各业务部门以及下属子部门分工明细

编号	部门	分工
1	市场营销中心	市场推广、业务与客户扩展、产品销售及售前售后支持
2	研发生产中心	产品技术研发、生产工艺设计、生产技术制定
3	车间	按生产计划和质量要求，完成生产
4	质量部	对物料、设备、成品进行质量检测
5	计划部	制订生产计划，车间排产，跟踪、统计和分析计划执行情况
6	工程部	工业设计
7	研发部	产品技术研发、升级
8	供应链管理中心	负责采购、仓储和物流
9	采购部	采购原材料、零部件、设备
10	物流部	供应链物流、生产物流系统建立与运营
11	物料库	物料入库、保管、盘点、出库和退库
12	成品库	成品入库、保管、盘点、出库和退库
13	技术保障中心	为生产活动提供设备和信息系统保障
14	设备部	设备维护保养
15	IT 运维部	IT 系统建设与运维
16	管理保障中心	人事、财务、行政、后勤和安保管理

2. 车间人员组织结构

在研发生产中心，车间是主要生产活动的场所。车间的任务是，根据计划部制订的生产计划，在质量部的质量保证监督下，将研发部设计开发的产品，按照工程部设计的生产工艺生产出来。制造执行系统是车间管控软件，是实现车间数字化的主要工具。以下重点介绍生产车间的运行管理活动。一个生产车间的典型组织结构中，每个岗位由个人或班组负责，除了作业岗位外，其他岗位都需要和车间之外的部门打交道。不同企业相似职责的岗位，可能名称不同。某生产车间人员组织结构如图 1-1-7 所示。

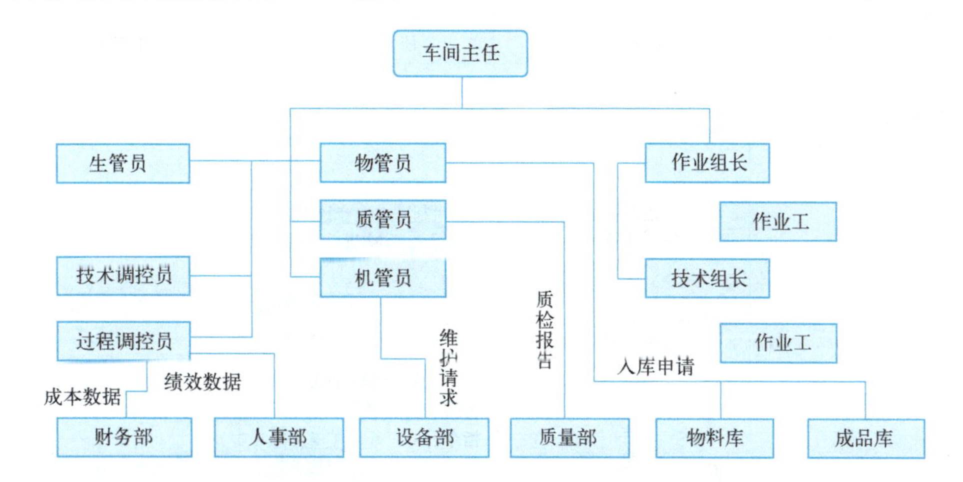

图 1-1-7 某生产车间人员组织结构图

生产车间人员主要职责见表 1-1-4。

表 1-1-4 生产车间人员主要职责

编号	岗位	职责
1	车间主任	负责车间“人、机、料、法、环”的全面管理
2	生管员	根据作业计划，定义、调整、检查和关闭生产过程，保证生产过程按照计划和规程进行
3	过程调控员	根据生管员拟订的计划和规程，跟踪、检查、协调、控制和报告生产过程，保证生产过程按照计划和规程进行
4	技术调控员	根据产品技术文档和工艺清单，检查、协调、控制和报告生产中的技术执行过程，保证产品生产的技术符合性
5	物管员	根据物料需求计划和车间生产要求，领取、分发、跟踪和管理物料与工装，负责在制品跟踪管理和产品入库，保证生产对象与生产计划的动态、高效匹配
6	质管员	根据质检计划，对物料、产品和设备进行测试，检查和控制质量保证过程，保证生产对象、条件和过程符合质量要求
7	机管员	根据设备维护计划和车间生产要求，管理、调配和维护设备，保证生产、检测和 IT 设备状态与生产计划动态、高效匹配
8	作业组长	负责作业组的全面管理及与车间其他岗位的协调，保证生产任务按时、按质、按量完成
9	技术组长	作好技术服务工作，指导解决施工现场技术问题，跟踪技术方案、措施的实施，并验证以实现持续改进

3. 数字化工厂运营管理流程

生产车间的主要运行管理流程如图 1-1-8 所示。生产车间运行活动从接到生产任务开始，直到成品入库结束。中间要经历排程排产、制订物料需求计划、作业分派、生产线准备、物料接收、生产线执行以及成品入库等过程，需要从工程部获取工艺资料，接受质量部的物料产品检验及质量标准检查，与设备部配合完成设备管理和维护工作，还需要和研发部共同解决生产技术问题等。归纳起来，生产车间的运行管理活动包括四个范畴：生产管理、物料管理、质量管理和设备管理。

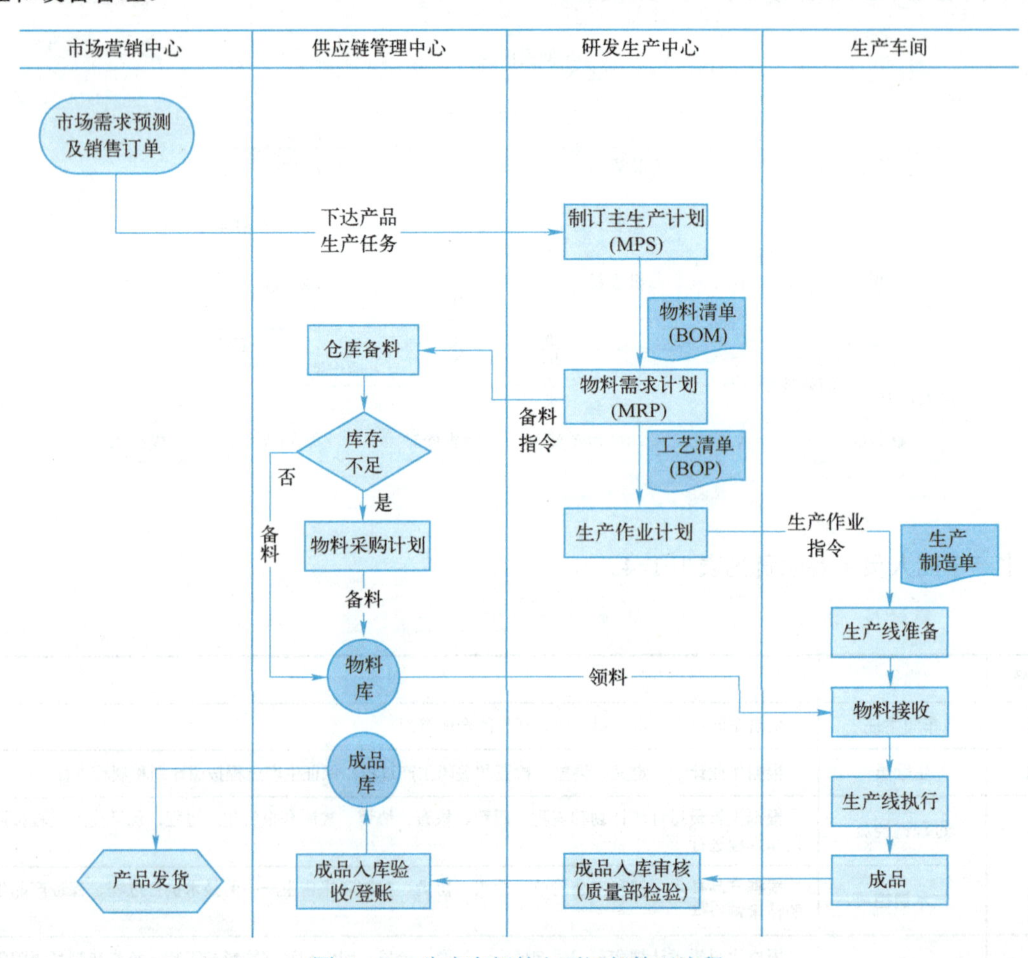

图 1-1-8 生产车间的主要运行管理流程

任务考核

结合各小组的任务实施情况，对照“走进数字化工厂任务实施考核表”对每名学生进行任务实施考核。考核过程参照“制造执行系统实施与应用”职业技能等级证书要求，并将检查结果记录在表 1-1-5 中。结合各小组的任务实施情况，对照“走进数字化工厂任务实施考核表”，学生互评，再请教师复评。通过任务实施评价，各小组之间、学生之间可以通过分享实施过程，相互评价，借鉴经验。

表 1-1-5　走进数字化工厂任务实施考核表

<table>
<tr><td colspan="3">班级：</td><td colspan="4">姓名：</td></tr>
<tr><td colspan="3">小组：</td><td colspan="4">学号：</td></tr>
<tr><td colspan="2">项目</td><td>要求</td><td colspan="2">应得分</td><td>得分</td><td>备注</td></tr>
<tr><td rowspan="8">任务实施</td><td rowspan="2">数字化工厂组成</td><td rowspan="2">理解数字化工厂的定义和组成</td><td>准确率</td><td>10</td><td></td><td></td></tr>
<tr><td>速度</td><td>5</td><td></td><td></td></tr>
<tr><td rowspan="2">数字化工厂核心技术</td><td rowspan="2">知道数字化工厂的特征以及核心关键技术</td><td>准确率</td><td>10</td><td></td><td></td></tr>
<tr><td>速度</td><td>5</td><td></td><td></td></tr>
<tr><td rowspan="2">数字化工厂管理系统</td><td rowspan="2">知道数字化工厂 PLM、EPR、WMS、DCS、MOM 等管理系统的作用</td><td>准确率</td><td>10</td><td></td><td></td></tr>
<tr><td>速度</td><td>5</td><td></td><td></td></tr>
<tr><td rowspan="2">工厂人员组织结构</td><td rowspan="2">了解工厂人员组织结构</td><td>准确率</td><td>10</td><td></td><td></td></tr>
<tr><td>速度</td><td>5</td><td></td><td></td></tr>
<tr><td rowspan="2">任务评价</td><td>小组互评</td><td>从安全操作、信息获取、任务实施结果、工作态度、职业素养等方面进行评价</td><td colspan="2">20</td><td></td><td></td></tr>
<tr><td>教师评价</td><td>从安全操作、信息获取、任务实施结果、工作态度、职业素养等方面进行评价</td><td colspan="2">20</td><td></td><td></td></tr>
<tr><td colspan="3">合计</td><td colspan="2">100</td><td></td><td></td></tr>
<tr><td colspan="2">经验总结</td><td colspan="5"></td></tr>
</table>

课后活动

一、填空题

1. 数字化工厂是以产品________的相关数据为基础，在计算机虚拟环境中，对整个生产过程进行________、________和________，并扩展到整个________的新型生产组织方式。

2. 数字化工厂主要涉及________、________与________三大环节，数字化建模、________、虚拟现实/增强现实（VR/AR）等技术也包含在其中。

3. 车间数字是传统车间中的______和________在数字空间的映射。

4. 数字孪生车间由四部分组成：________、________、________和车间孪生数据。

5. PLM 软件解决方案以________为中心，以________为手段，以灵活应对________为目标。

6. 生产企业的主要业务部门包括________中心、________中心、供应链管理中心、________中心和管理保障中心，其中________中心和管理保障中心为内部条件支撑部门。

二、问答题

1. 简述企业实现数字化管理一般来说要经历哪几个步骤。

2. 简述数字化工厂三大环节的核心内容及优势所在。
3. 简述数字化工厂的关键技术有哪些。

任务 1.2 制造执行系统的组成及作用

任务描述

制造执行系统是如何管理数字化车间的日常生产的？工作人员（设定某个新员工，例如小张）要进行哪些操作才能保证生产任务顺利完成？通过本次任务引导学生树立责任担当意识。

制造执行系统（MES）是数字化工厂中不可或缺的一部分，它通过基础数据、设备、物料、工艺、生产、仓库、质检等环节的管理来提高工厂生产效率。在操作 MES 时，只有提前熟练掌握 MES 的组成及作用，才能根据任务要求，正确地操作 MES。下面我们就一起来认识 MES。

素质目标

1. 养成科学严谨的工作态度。
2. 认识 MES 信息录入的重要性，增强责任感。
3. 体验工作的成就感，增强热爱劳动的意识。
4. 树立爱岗敬业、脚踏实地、责任担当、无私奉献的精神。

知识目标

1. 理解 MES 模块的组成与功能。
2. 理解 MES 的作用。
3. 理解 MES 在企业中的价值以及未来发展趋势。

能力目标

1. 能够说出 MES 各个模块的组成与作用。
2. 能够熟练掌握 MES 的基础操作。
3. 能够完成 MES 与 MINT 仿真场景的联通。

任务实施

任务实施指引	在教师的安排下，各学习小组在 MES 中通过各模块操作完成 MINT 仿真灌装生产线信息的查询，通过任务学习能够熟练掌握 MES 基础操作。通过启发式教学法激发学生的学习兴趣与学习主动性

创设情景①

打开 MES 软件，请学生通过操作 MES 菜单页面完成表 1-2-1 的填写。

表 1-2-1　MES 软件模块

序号	模块名称	子菜单组成
1		
2		
3		
4		
5		
6		
7		

1.2.1　制造执行系统的模块组成与功能

1. 基础数据模块组成与功能

基础数据包含工厂、车间、生产线和工位数据，组织结构数据，生产角色与员工数据等。

基础数据的子菜单包含工厂、车间、生产线、工位、部门、班组、职位与用户，其各子菜单及功能见表 1-2-2。

表 1-2-2　基础数据中各子菜单及功能

序号	子菜单名称	功能
1	工厂	用于区分企业各个分厂，在制订生产计划时选择哪个分厂（加工厂），工厂下面有 N 个对应的车间，车间下面有 N 个对应的生产线。每个工厂的信息必须包含编号、名称、状态（是否启用）、负责人、地址
2	车间	车间是工厂下的子项，车间有 N 个生产线，一般每个车间各司其职，完成不同半成品或成品的生产，每个车间的信息必须包含编号、名称、状态（是否启用）、负责人、地址
3	生产线	车间里面会部署 N 条生产线
4	工位	一条生产线中会有许多个位置，每个位置都有其负责的任务，每个位置就是一个工位
5	部门	一个企业会分为多个部门，如市场部、销售部、产品部、生产部等
6	班组	每个部门下会划分多个班组，如生产部中可划分装配班组、加工班组、检测班组等
7	职位	班组由许多职工（员工）组成，同一工种的员工即为同一职位，如张三和李四均为生产部下装配班组的装配工程师，王五为装配班组的组长
8	用户	用户即 MES 的使用者，一般用工号作为登录名。用户页面包含其所属部门、班组、职位、名字、工作状态（上下班或者在职与否）以及联系方式、照片等部分个人信息

随堂笔记：

2. 设备管理模块组成与功能

设备管理主要收集工厂中所有设备的信息，包含设备与设备类型。设备管理各子菜单及功能见表 1-2-3。

表 1-2-3 设备管理中各子菜单及功能

序号	子菜单名称	功能
1	设备	设备管理模块主要记录一些设备信息，如设备属于哪个车间中的哪个工位、出厂编号、制造商、安全规范、操作规程、设备类型、使用状态、负责人等
2	设备类型	设备类型的定义和描述

3. 物料管理模块组成与功能

物料管理主要是收集所有物料（来料、退料）的信息，包含物料和物料清单（BOM）。物料管理各子菜单及功能见表 1-2-4。

表 1-2-4 物料管理中各子菜单及功能

序号	子菜单名称	功能
1	BOM	BOM 即物料清单，包含哪些物料、对应的数量等。每一类物料都有唯一的编号，因此 BOM 需要包含物料编号、数量、描述、审核状态（判断数量和对应物料是否准确）、审核人、状态（是否启用）
2	物料	该子菜单是为了管理各种物料的信息，如录入物料“铁片”到系统，“铁片”物料信息应包含物料名称、类型、属性、规格、计量单位（块）、用途、批号、合格与否、生产日期、入库日期等

随堂笔记：

4. 工艺管理模块组成与功能

工艺管理收集生产过程中涉及的工艺流程、工序信息，使生产线能按照选择的工艺生产，包含工艺与工序。工艺管理各子菜单及功能见表 1-2-5。

表 1-2-5 工艺管理中各子菜单及功能

序号	子菜单名称	功能
1	工艺	工艺通常也称为工艺路线，是指多个工序按照物料加工、零部件装配的操作顺序组成的序列。该子菜单下有多道工序，并且与 BOM 有关联，当按照特定工艺路线生产时，BOM 中需要减去消耗的物料
2	工序	工序是指一个（或一组）工人在一个工作地对一个（或几个）劳动对象连续进行生产活动的综合，是组成生产过程的基本单位。“工序”子菜单中需要配置编号、所属工艺、所需的标准工时、类型、所处工位等信息

5. 生产管理模块组成与功能

生产管理负责下发订单，让车间生产线开始按照订单信息生产，包含订单与订单（调度）。

生产管理各子菜单及功能见表 1-2-6。

表 1-2-6 生产管理中各子菜单及功能

序号	子菜单名称	功能
1	订单	订单是指系统接收到客户的订单
2	订单（调度）	订单（调度）则是将接收到的客户订单按照计划下发到车间进行生产，计划中包含销售订单号、订单编号、需完成的成品物料编号、需完成的数量/单位、完成的时间等

随堂笔记：

6. 仓库管理模块组成与功能

仓库管理中包含当前所有工厂的仓库物料库存状况、剩余多少库位以及所有功能仓库的尺寸空间信息。仓库管理包含库位、仓库与库存，各子菜单及功能见表 1-2-7。

表 1-2-7 仓库管理中各子菜单及功能

序号	子菜单名称	功能
1	仓库	仓库是用于存储物料（原料、半成品、成品）的地方，在“仓库”子菜单中的每一个仓库都有对应的编号、属哪个工厂、何种类型（原料仓、半成品仓、成品仓）等
2	库存	“库存”用于记录当时仓库所有物料的在储信息，如当前仓库何种物料还有多少余量，处于哪个库位
3	库位	库位则是某个仓库中划分多少个存储的位置，库位包含编号、库位的尺寸大小、隶属于哪个仓库、启用状态等信息

7. 质检管理模块组成与功能

质检管理中包含质检人员在生产过程中对抽检产品质量的检查信息，如被抽检产品的尺寸信息、抽检人等。其子菜单的功能作用见表 1-2-8。

表 1-2-8 质检管理中各子菜单及功能

子菜单名称	功能
质检	质检管理子菜单中包含质检人员在生产过程中对抽检产品质量的检查信息，如被抽检产品的尺寸信息、检查的项目、抽检人等

1.2.2 制造执行系统的定义与作用

无论产业界或者学术界如何解读工业 4.0，它的本质都是数据，这些数据包括了智能产品数据、企业运营数据、产业链上数据、企业外部数据等。这些数据串起来就是工业 4.0 的生态圈。从目前的市场热度及反应来看，大家对于工业 4.0 的认识存在一定程度上重硬轻软的现象，各种展会或者媒体宣传的示范线，常常是生产装备。我们可以把智能工厂比作一个人，工业软件就是这个人的神经系统，而 MES 在工业软件制造板块中的作用尤为重要。

1. MES 的定义

MESA（制造企业解决方案协会）对 MES 所下的定义：MES 能通过信息传递对从订单下达到产品完成的整个生产过程进行优化管理。当工厂发生实时事件时，MES 能对此及时做出反应、报告，并用当前的准确数据对它们进行指导和处理。这种对状态变化的迅速响应使 MES 能够减少企业内部没有附加值的活动，有效地指导工厂的生产运作过程，从而使企业既能提高工厂及时交货能力，改善物料的流通性能，又能提高生产回报率。MES 还通过双向的直接通信在企业内部和整个产品供应链中提供有关产品行为的关键任务信息。

MESA 在 MES 定义中强调了以下三点：

1）MES 是对整个车间制造过程的优化，而不是单一地解决某个生产瓶颈。

2）MES 必须提供实时收集生产过程中数据的功能，并做出相应的分析和处理。

3）MES 需要与计划层和控制层进行信息交互，通过企业的连续信息流来实现企业信息全集成。

从定位角度来看，MES 是服务于工厂生产执行的信息系统，位于企业经营的计划系统与生产过程的直接工业控制系统之间。该定位将企业的运作划分为三个层次，分别是计划层、执行层和控制层。其中，计划层有 MRP II 或 ERP 等经营管理信息系统；控制层包括 DCS、PLC、NC/CNC（数字控制/计算机数字控制）或 SCADA 中的一个系统或这几种系统的组合，以及各种仪器设备等；介于两者之间的是执行层，包括 MES（制造执行系统）。

2. MES 的作用

MES 介于企业的“计划层”和“控制层”之间，对企业生产计划进行“再计划”，“指令”生产设备“协同”或“同步”动作，对产品生产过程进行及时响应，使用当前确实的数据对生产过程进行及时调整、更改或干预。双向直接的通信，使得在整个企业的产品供需链中，既可以向生产过程人员传达企业的期望，又可以向有关的部门提供产品制造过程状态的信息反馈，如图 1-2-1 所示。

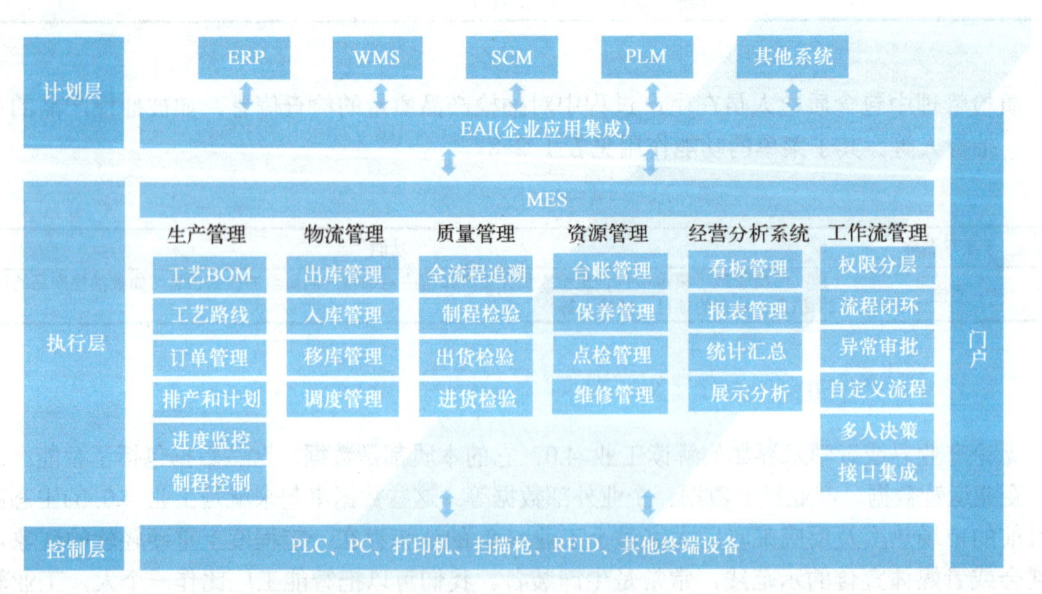

图 1-2-1　MES 的作用

1.2.3　制造执行系统在数字化工厂中的作用

创设情景②

结合本任务的情景，请学生思考并讨论，说出他认为 MES 在数字化工厂中的作用有哪些，并将结果填写在空白处。结合现状，谈谈数字化工厂还有哪些需要改进的地方。

MES 在数字化工厂中的作用：

1. MES 对企业的价值

MES 是为了车间级业务有序、协调、可控和高效进行而建立的全业务协同制造平台，其对企业的价值主要体现为以下三个方面。

（1）全过程管理　对产品从输入到输出包括工艺准备、生产准备、生产制造、周转入库的全过程进行管理，包括过程的进展状态、异常情况监控等。

（2）全方位视野　从工艺、进度、质量、成本等方面进行全过程的管理。

（3）全员参与形式　车间领导、计划人员、工艺人员、调度人员、操作人员、质量管理人员、库存人员、协作车间人员等根据自身角色参与制造执行过程，在获取和反馈实时数据的基础上，通过及时沟通与协调，实现业务协同，提高企业核心竞争力。

2. MES 对企业的影响

在工业 4.0 背景下，企业需要推动智能制造，构建智能工厂、智能生产、智能物流和智能服务体系。

（1）MES 深度融入企业运营环节　智能工厂中的机器将全部由软件控制，工人只需要通过 MES 现场的操作计算机或者移动终端就可以完成生产。MES 结合企业运营的其他工业软件构建一个具有高度协同性的生产系统，对企业的设计、采购、销售、计划、制造、运维等各个环节中每一个与制造相关的指令，都能够精确调度、发送、跟踪和监控该指令影响生产的过程，从而成为实现车间制造智能化的基本技术手段。MES 收集及整合整个智能工厂的业务数据，通过工业大数据的分析整合，使全产业链可视化，达到生产最优化、流程最简化、效率最大化、成本最低化和质量最优化的目的。

MES 集成了生产计划管理、生产设备管理、生产过程管理、生产质量管理、物料和产品追溯管理、制造资源管理、看板和可视化展示等子系统或模块，将制造业企业的人、机、料、法、环等生产要素有机结合在一起（见图 1-2-2）。

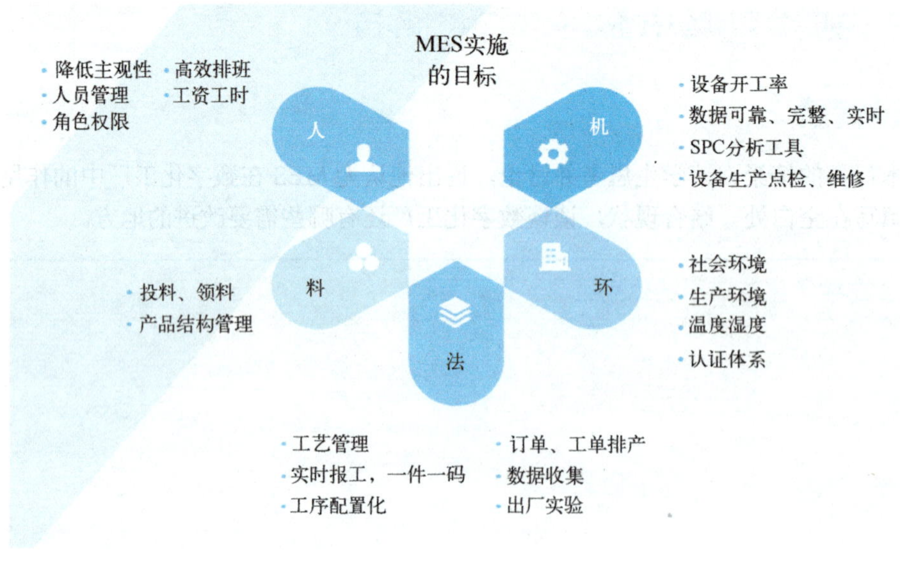

图 1-2-2　人、机、料、法、环与 MES

MES 的部分功能如下：

智能排产：多模型排产，根据条件变化实现动态调整。

设备管理：设备运行数据实时采集，基于数据分析进行设备预测性维护。

物流协同：利用物流调度指令实现物料高效流转，并按指令快速配送，减少物料等待时间。通过物流协同管理，促进库存最小化。

生产质量追溯：生产全过程实时监控，通过质量控制实现交付产品高质量，根据检测数据实现批次及履历可追溯。

生产预警：零故障为目标，对设备故障实时预警、生产过程问题实时警示。

可视化展示：全面图报表多维度分析数据指标，多种看板实时展示全局效率及利用率，通过车间现场可视化展示，来促进生产持续改进。

伴随着制造企业的发展，未来制造企业势必也是一家软件公司，其软件系统的应用会越来越多，MES 一定会成为制造企业运营的基石。在中国制造到中国智造，中国智造到中国创造的过程中，新时代的大学生责任在肩，应负重前行，树立“开天辟地、敢为人先”的红船精神。

重新定义的 MES 与其他业务板块具有同等重要的地位，具体体现在以下几点：

1）以网络化和扁平化的形式对企业的生产计划进行“再计划”，“指令”生产设备“协同”或“同步”动作，对产品生产过程进行及时响应，使用当前的数据对生产过程进行及时调整、更改或干预等处理。

2）针对大规模定制的需求可以实现柔性排程和调度。

3）采用多向直接的通信，在整个企业的产品供需链中，既向生产过程人员传达企业的期望（计划），又向有关部门提供产品制造过程状态的信息反馈，还要告知车间底层装备之间加工的法则、彼此的加工状态。

4）既不同于类似于 ERP 的企业运营系统，也不同于企业的过程控制系统，使用 MES 的经验表明，它不再单纯针对制造过程进行优化，而是可以延伸至企业运营的其他板块，缩短产品的研发周期，提高生产效率，降低单元产品的制造成本，提高产品的合格率和能源利用率。

（2）MES 的业务应用范围更加广泛　传统 MES 的作用就是实现企业的连续信息流，并通过传递和处理信息，对订单下达到产品完成的整个生产过程进行优化管理。

MESA 归纳了应用 MINT 软件后的 MES 的 11 个主要功能模块。

1）资源分配和状态管理（Resource Allocation and Status）。管理机床、工具、人员、物料、其他设备以及其他生产实体（例如进行加工必须准备的工艺文件、数控加工程序等文档资料），以保证生产的正常进行。MES 还要提供资源使用情况的历史记录，确保设备能够正确安装和运转，以提供实时的状态信息。对这些资源的管理，还包括为满足作业排程计划目标而对其所做的预定和调度。

2）工序详细调度（Operations/Detail Scheduling）。在具体生产单元的操作中，根据相关的优先级（Priorities）、属性（Attributes）、特征（Characteristics）以及配方（Recipes），提供作业排序功能。例如，当根据形状和其他特征对颜色顺序进行合理排序时，可最大限度减少生产过程中的准备时间。这个调度功能的能力有限，主要是通过识别替代性、重叠性或并行性操作来计算出准确时间、设备上下料，以做出相应调整来适应变化。

3）生产单元分配（Dispatching Production Units）。以作业、订单、批量和工作单等形式管理生产单元间工作的流动。分配信息用于作业顺序的制定以及车间有事件发生时的实时变更。生产单元分配功能具有变更车间已制订的生产计划的能力，对返修品和废品进行处理，用缓冲区管理的方法控制任意位置的在制品数量。

4）文档管理（Document Control）。管理生产单元有关的记录和表格，包括工作指令、配方、工程图纸、标准工艺规程、零件的数控加工程序、批量加工记录、工程更改通知以及班次间的通信记录，并提供按计划编辑信息的功能。它将各种指令下达给操作层，包括向操作者提供操作数据或向设备控制层提供生产配方。此外它还包括对环境、健康和安全制度信息以及IS0 信息的管理与完整性维护，例如纠正措施控制程序。当然，还要提供存储历史信息功能。

5）数据采集（Data Collection/Acquisition）。能通过数据采集接口来获取生产单元的记录和各种作业生产数据和参数。数据采集有手工录入和自动化提取两大类。手动方式又包括手工方式、手持终端方式和条码扫描方式；自动化提取则包括 DNC 网卡、RFID 和 PLC 等方式。

6）人力资源管理（Labor Management）。提供按分钟级更新的内部人员状态，作为作业成本核算的基础。包括出勤报告、人员的认证跟踪以及追踪人员的辅助业务能力，如物料准备或工具间工作情况。劳务管理与资源分配功能相互作用，共同确定最佳分配方案。

7）质量管理（Quality Management）。对生产制造过程中获得的测量值进行实时分析，以保证产品质量得到良好控制，质量问题得到确切关注。此功能还可针对质量问题推荐相关纠正措施，包括将症状、行为和结果加以关联以确定问题原因。质量管理还包括对统计过程控制（SPC）和统计质量控制（SQC）的跟踪，以及实验室信息管理系统（LIMS）的线下检修操作和分析管理。

8）过程管理（Process Management）。监控生产过程、自动纠错或向用户提供决策支持以纠正和改进制造过程活动。这些活动具有内操作性，主要集中在被监控的机器和设备上，同时具有互操作性，可以跟踪从一项到另外一项作业的流程。过程管理还包括报警功能，使车间人员能够及时察觉到出现了超出允许误差的过程更改。通过数据采集接口，过程管理可以实现智能设备与 MES 之间的数据交换。

9）维护管理（Maintenance Management）。跟踪和指导作业活动，维护设备和工具以确保它们能正常运转并安排定期检修，以及对突发问题能够即刻响应或报警。它还能保留以往的维护管理历史记录和问题，帮助进行问题诊断。

10）产品跟踪和产品清单管理（Product Tracking and Genealogy）。提供工件在任一时刻的位置和状态信息。其中，状态信息可包括：进行该工作的人员信息、按供应商划分的组成物料、产品批量、序列号、当前生产情况、警告、返工或与产品相关的其他异常信息。其在线跟踪功能可创建一个历史记录，使得零部件和每个末端产品的使用都具有追溯性。

11）性能分析（Performance Analysis）。提供按分钟级更新的实际生产运行性能结果报告信息，将过去记录和预想结果进行比较。运行性能结果包括资源利用率、资源可获取性、产品单位周期、与排程表的一致性、与标准的一致性等指标的测量值。性能分析则包含SPC/SQC。该功能从度量操作参数的不同性能提取信息，当前性能的评估结果以报告或在线公布的形式呈现。

通过MES这些功能模块的有效协作，可以沟通企业计划层和控制层，凭借信息技术提供精确的实时数据，最终达到优化管理活动和生产活动的目的。而在现实当中，企业可以根据自身行业特点和企业实际情况，开发出适合自身情况的多种功能模块。从MESA的定义也可以看出，提供精确的实时数据是一个优秀的MES的优势所在。MES对数据提供的实时性要求明显高于ERP。

基于我国制造企业的现状，我国制造企业常用的八大MES应用模块、核心业务支撑平台和客户化定制体系见表1-2-9。

表1-2-9　中国制造企业常用的八大MES应用模块、核心业务支撑平台和客户化定制体系

序号	模块名称	模块描述
1	生产计划管理	A. 支持我国制造企业的不同的ERP应用情况： a. 根据制造企业的ERP应用情况，基于ERP中的主生产计划，在MES中基于生产资源进行工单排程，转化为车间的生产计划管理生产任务 b. 直接应用ERP系统中的生产工单，在MES中进行排序，确定最终的生产任务 B. 根据工单排程结果形成可执行工单，对可执行工单进行任务派工，生成派工单，下发至车间制造终端、智能装备
2	生产执行过程管控	A. 实时数据采集 B. 在制工单监控 C. 智能装备与人之间的指令调度 D. 智能装备与智能产品之间的参数协同
3	制造现场管理	A. 异常闭环管控（制造业务、智能装备） B. 精益可视化看板 C. 产品制造与工艺数据协同化管控 D. 智能产品身份识别
4	物流调度	A. 结合供应商的制造进度、配送进度，调度生产任务 B. 厂内精益化物流体系建设
5	质量管理	A. 质量管理体系深入应用 B. 在制品、原材料和产成品的质量管控 C. 数据档案归结，为智能服务提供数据支撑
6	设备管理	A. 智能装备资产生产周期监控（TPM） B. 智能装备运行参数调度 C. 智能装备运行状态监控
7	制造资源管理	A. 制造资源（工装、模具、刀具、夹具、量具等）生命周期监控 B. 制造资源库存数据协同
8	人力资源	A. 人力资源绩效 B. 人力调度与装备协同优化
9	核心业务支撑平台	A. 集团级业务支持 B. 通过多级建模机制完成业务扩展 C. 参数（调度、规划、分发）自定义 D. 图形化业务、网络、应用的监控和运维服务支持
10	客户化定制体系	A. 图形化自定义研发体系 B. 业务级的研发体系

随堂笔记：

（3）MES 未来的市场效益 MES 除了解决企业“信息孤岛”问题外，还起到承上启下、连左通右的作用：通过采集即时生产数据，达到对生产现场的实时控制，并为管理者提供精细的决策支持；通过实时指令调度其他生产资源，提高生产效率；通过对实时生产数据的采集和分析，达到优化生产排程、合理调配生产资源、改善生产工艺、提高产品质量和及时处理客户投诉等目的。

MES 未来的市场效益主要体现在以下方面：

1）生产数据的即时采集（ERP 为事后录入采集），通过实时数据采集，大大减少了 ERP 等系统数据录入时间。

2）对生产数据的即时查询、历史查询和精细化数据分析。

3）不良产品追溯管理。一方面，即时处理不良产品维修并及时改进以减少不良产品；另一方面，销售产品出现不良现象时，及时追溯相关批次，并准确召回不良批次，提高服务质量，并减少召回成本。

4）收集工艺参数，优化工艺数据，缩短产品研发周期。

5）改进生产工艺，提高产品质量。

6）提高生产效率，监控生产工人生产状况，提高工作积极性（说明：在实际生产中，有一些生产车间为了降低自身工作量而舞弊）。

7）准确追溯不合格供应商，减少不必要的损失。

8）合理调配生产资源，如人员、物料、生产线等。

9）按时交货，建立良性供货关系。

10）为降低成本提供有力的数据来源。

11）实现零库存管理，提高企业资金流的运转效率。

12）与能源监控协同调度制造装备，提高能源利用率。

13）统一标准和时刻，归结统计单元产品的制造成本，优化分析，达到降低制造成本的目的。

工业领域正在全球范围内发挥越来越重要的作用，是推动科技创新、经济增长和社会稳定的重要力量。但与此同时，其市场竞争也在变得愈发激烈，客户需要新的、高质量的产品，要求以更快的速度交付根据客户要求而定制的产品。此外，制造企业还必须不断提高生产力水平，只有那些能以更少的能源和资源完成产品生产的企业，才能够应对不断增长的成本压力。

智能制造的整体解决方案实现虚拟生产与现实生产环境的融合，采用创新的工业软件、自动化技术、驱动技术及服务，让 MES 深入企业运营应用过程中，促进企业缩短产品研发周期、提高生产效率、降低单元产品的制造成本、提高产品的优良率和能源利用率。

（4）MES 未来发展趋势　新形势下，落后产能过剩即将被淘汰，企业转型升级成为必然。制造企业的核心竞争力是以合适的成本适时交付高性价比的产品，来满足客户各方面的需求。对于制造企业而言，客户为什么选择本企业的产品？这就不得不谈到质量、交付、服务、价格（见图 1-2-3）。

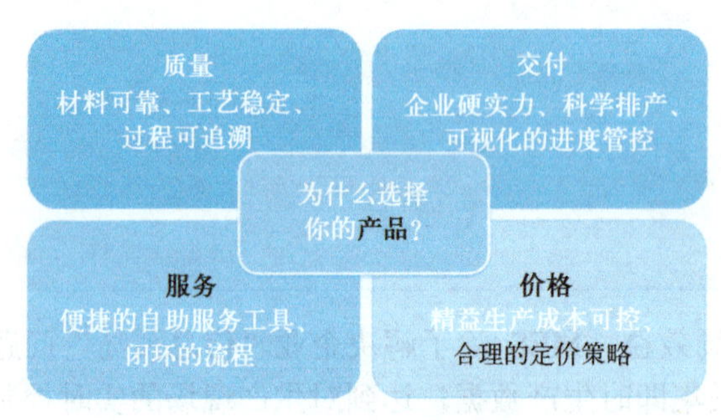

图 1-2-3　产品四要素

通过 MES，制造企业可以达到以下目的：

1）使产品有足够的质量性能优势。要明确并解决以下质量问题：原料是否合格？操作机台、人员、经过的工序、生产时间是否可追溯？关键工艺参数是否可控？能否防止工人装错部件、产品生产流程错误、产品混装？

2）使产品有足够的交付优势。要明确并解决以下交付问题：平均生产周期是否明显高于同行业平均水平，加工周期是否稳定，是否预先可知准确的交付日期？生产过程中是否可以及时知道产品所在的工序位置？若工序中有报废，是否可以立即捕获到报废数据，并投料进行加工？

3）使产品有足够的成本优势。要明确并解决以下成本问题：内部精益生产的水平如何？影响产能的原因是设备故障，调度失误，材料供应不及时，工人培训不够，还是工艺指标不合理？是否使 OEE、材料利用率达到行业领先水平？

4）在客户心目中有足够的服务优势。要明确并解决以下服务问题：是否可以引入客户自助服务 APP，让客户录入订单号自行查看其对应订单的执行进度、产品的质量状态，方便地追溯产品的原料批次、工艺参数是否在控制线以内？

5）使企业各级管理者享用清洁及时的生产数据。让整个生产现场完全透明化，以便做出最合理的决策。尽量废除人工报表，自动统计每个过程的生产数量、合格率和缺陷、设备台时、设备运行参数、利用率、OEE 等：针对在线检测数据与关键工序的运行参数，通过大数据分析的方式，找出适合企业的最佳产品工艺。

无论何时身处何地，各级管理者都能通过互联网将生产现场的状况一览无余。

随堂笔记：

任务考核

结合小组的任务实施情况，对照“认识 MES 任务实施考核表”对每名学生进行任务实施考核。考核过程参照“制造执行系统实施与应用”职业技能等级证书要求，并将检查结果记录在表 1-2-10 中。综合小组的任务实施情况，对照“认识 MES 任务实施考核表”，学生互评，再请教师复评。通过任务实施评价，各小组之间、学生之间可以通过分享实施过程，相互借鉴经验。教师引导学生树立顾全大局、互帮互助的精神。

表 1-2-10　认识 MES 任务实施考核表

班级：					姓名：	
小组：					学号：	
项目		要求	应得分		得分	备注
任务实施	MES	知道 MES 模块组成以及各子菜单的功能	准确率	20		
			速度	10		
	MES 的作用	知道 MES 对企业的价值以及未来发展趋势	准确率	20		
			速度	10		
任务评价	小组互评	从安全操作、信息获取、任务实施结果、工作态度、职业素养等方面进行评价	20			
	教师评价	从安全操作、信息获取、任务实施结果、工作态度、职业素养等方面进行评价	20			
合计			100			
经验总结						

课后活动

一、填空题

1. 基础数据包含工厂、________、________和________数据，组织结构数据，________与员工数据。

2. MES 是为了车间级业务有序、________、________和________而建立的全业务协同制造平台，其对企业的价值主要体现在________、全方位视野、________。

3. MES 未来发展趋势主要有：使产品有足够的________优势，使产品有足够的________优势，使产品有足够的________优势，在客户心目中有足够的________优势，使企业各级管理者享用________的生产数据。

4. MESA 归纳了 MES 的 11 个主要功能模块，包括：①________；②________；③________；④________；⑤________；⑥________；⑦________；⑧________；⑨________；⑩产品跟踪和产品清单管理；⑪性能分析。

二、问答题

1. 根据所学知识，简述 MESA 对 MES 的定义。

2. 根据所学知识，简述 MES 对企业的影响。

任务 1.3 认识自动化颗粒灌装生产线

任务描述

自动化颗粒灌装生产线是一条具备颗粒下料、包装、检测、贴标、入库等功能的全自动化生产线。在使用 MES 控制自动化颗粒灌装生产线前，需要知道生产线的组成和生产工艺流程。本节任务从自动化颗粒灌装生产线的结构组成、生产工艺流程两方面向大家进行介绍。接下来，让我们一起认识自动化颗粒灌装生产线。

素质目标

1. 养成科学严谨的工作态度。
2. 感受科技发展，树立积极学习态度。
3. 分享学习成果，帮助他人。

知识目标

1. 知道自动化颗粒灌装生产线的结构组成以及功能。
2. 知道自动化颗粒灌装生产线的生产工艺流程。

能力目标

1. 能够说出自动化颗粒灌装生产线的工位组成以及功能。
2. 能够说出自动化颗粒灌装生产线的生产工艺流程。

任务实施

任务实施指引	在教师的安排下，各学习小组认真观看 MINT 系统中自动化颗粒灌装生产线的生产过程，根据任务学习要求，知道颗粒灌装生产线的结构组成和功能、生产工艺流程。通过启发式教学法激发学生的学习兴趣与学习主动性。

创设情景

认真观看 MINT 仿真平台中的颗粒灌装生产线，请学生分组讨论说出颗粒灌装生产线的结构组成及其生产工艺流程，并将讨论结果填写在表 1-3-1 中。过程中培养学生不忘初心、牢记使命，脚踏实地、敢为人先的精神。

表 1-3-1 结构组成和功能、生产工艺流程

序号	结构名称	功能
1		
2		
3		
4		
5		
6		
颗粒灌装生产线生产工艺流程		

以流程图形式表述：

1.3.1 自动化颗粒灌装生产线结构组成

自动化颗粒灌装生产线是一条具备颗粒下料、包装、检测、贴标、入库等功能的全自动化生产线（见图 1-3-1）。主要设备包括颗粒灌装机、上盖机、拧盖机、拧盖检测机、称重检测机、贴标机、堆垛机等，各个设备各司其职，共同完成颗粒从下料到成品入库的生产流程。

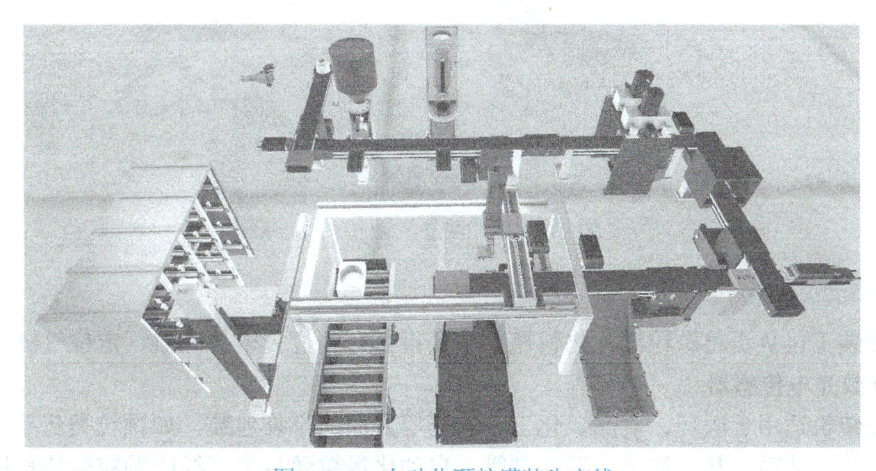

图 1-3-1　自动化颗粒灌装生产线

自动化颗粒灌装生产线由六个工位组成，按照生产顺序分别是物料瓶上料工位、颗粒灌装工位、装盖工位、检测工位、贴标与包装工位、仓储单元。

1. 物料瓶上料工位

物料瓶上料工位主要负责进站扫码，将物料瓶运输到下一工位。主要设备有皮带输送线、推瓶气缸、光电传感器。

（1）皮带输送线　皮带输送线也称皮带输送机，运用输送带的连续或间歇运动来输送各种轻重不同的物品，既可输送各种散料，也可输送各种纸箱、包装袋等单件重量不大的件货，用途广泛。自动化颗粒灌装生产线的皮带输送线主要运输物料瓶。图 1-3-2 所示为自动化颗粒灌装生产线皮带输送线。

（2）推瓶气缸　气缸是引导活塞在缸内进行直线往复运动的圆筒形金属机件。自动化颗粒灌装生产线推瓶气缸是推动物料瓶进入下一段皮带输送线的设备。

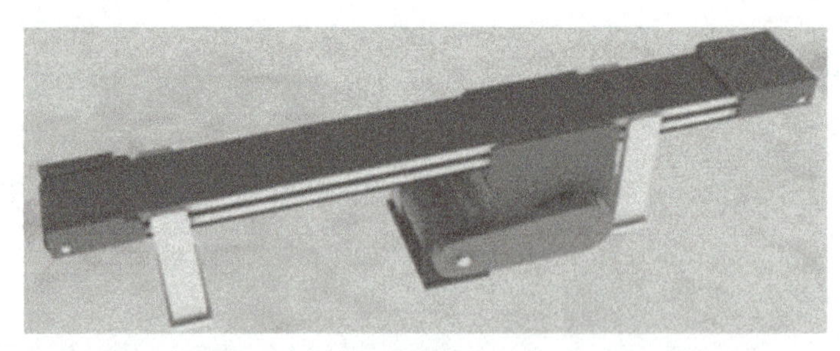

图 1-3-2　自动化颗粒灌装生产线皮带输送线

（3）光电传感器　光电传感器是将光信号转换为电信号的一种器件。其工作原理基于光电效应。它既可用于检测直接引起光量变化的非电物理量，如光强、光照度、辐射测温、气体成分分析等，也可用于检测能转换成光量变化的其他非电物理量，如零件直径、表面粗糙度、应变、位移、振动、速度、加速度，以及物体的形状、工作状态等。自动化颗粒灌装生产线光电传感器用于检测产品的位置、形态，如图 1-3-3 所示。

图 1-3-3　自动化颗粒灌装生产线光电传感器

2．颗粒灌装工位

颗粒灌装工位负责将颗粒灌入物料瓶。主要设备有到位光电传感器、定位气缸、颗粒灌装机、颗粒计数光电传感器。

颗粒灌装机适用于医药、食品、化工、农药等方面的小袋包装，如颗粒类药品、砂糖、咖啡、果珍、茶、味精、盐、种子、干燥剂等。自动化颗粒灌装生产线的颗粒灌装是指将颗粒输送进物料瓶。图 1-3-4 所示为自动化颗粒灌装生产线的颗粒灌装机。

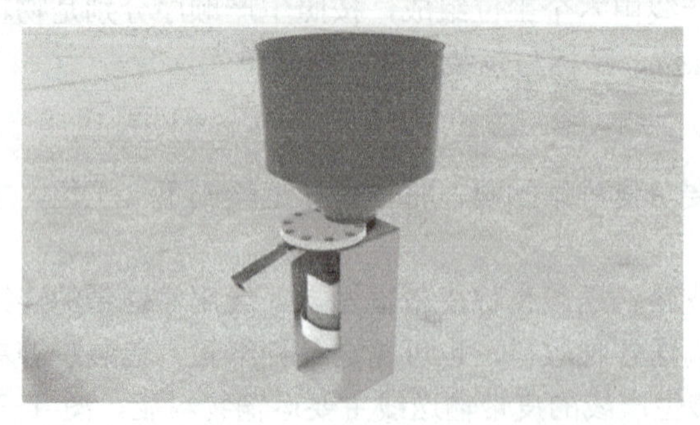

图 1-3-4　自动化颗粒灌装生产线的颗粒灌装机

3．装盖工位

装盖工位的作用是为下料后的物料瓶装盖和拧盖。主要设备有装盖到位光电传感器、装盖定位气缸、自动装盖机、拧盖到位光电传感器、拧盖定位气缸、自动拧盖机。

（1）装盖定位气缸　装盖定位气缸可以定位物料瓶位置，辅助自动装盖机装盖，如图 1-3-5 所示。

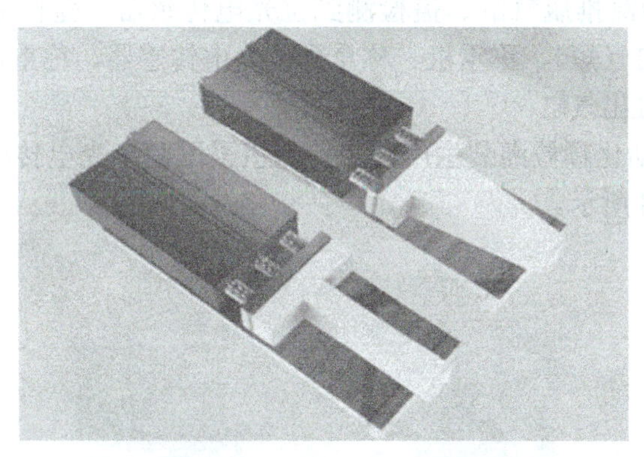

图 1-3-5　自动化颗粒灌装生产线装盖定位气缸

（2）自动装盖机　自动装盖机的作用是将物料瓶盖准确安放到物料瓶的瓶口，辅助自动拧盖机完成装盖工作，如图 1-3-6 所示。

图 1-3-6　自动化颗粒灌装生产线自动装盖机

（3）自动拧盖机　自动化颗粒灌装生产线自动拧盖机的作用是完成物料瓶拧盖工作，如图 1-3-7 所示。自动拧盖机拧盖速度快、合格率高，适用于食品、制药、日化、农药、化妆品等行业不同瓶形的拧盖。

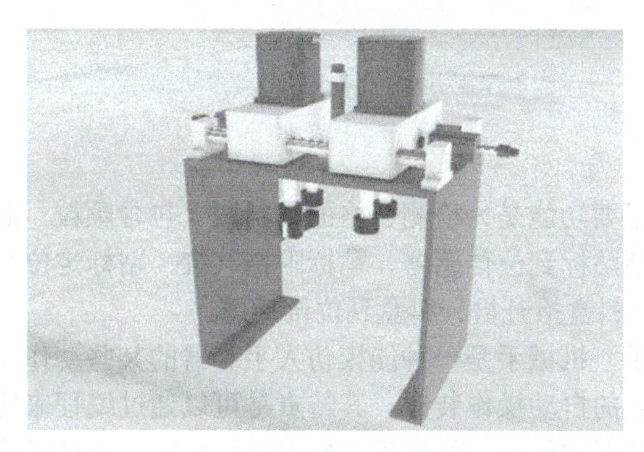

图 1-3-7　自动化颗粒灌装生产线自动拧盖机

4. 检测工位

检测工位的主要作用是检测物料瓶瓶盖是否拧紧和重量是否达标。主要设备包括皮带输送线（如变频电机）、盖检测推瓶气缸、盖检测到位光电传感器、盖检测机、重量检测推瓶气缸（长）、重量检测推瓶气缸（短）、称重机、称重到位光电传感器、称重位光电传感器、次品推出到位光电传感器、次品推出气缸。

（1）盖检测机　自动化颗粒灌装生产线盖检测机采用两个光电传感器检测物料瓶的瓶盖安装是否到位，如图 1-3-8 所示。

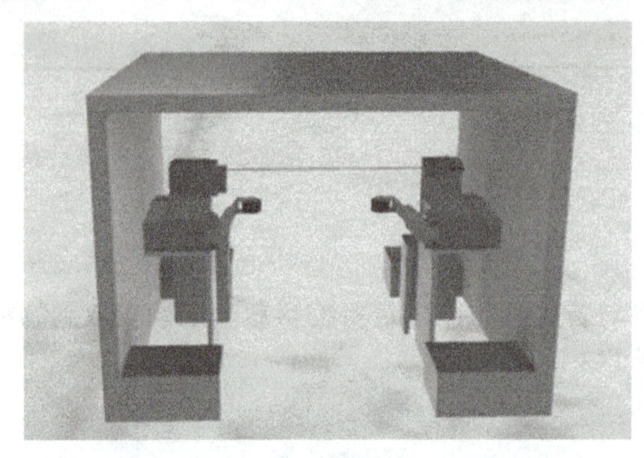

图 1-3-8　自动化颗粒灌装线盖检测机

（2）称重机　称重机通常是指用于工业或贸易的大型物体的重量称量器具，是指将程控、群控、电传打印记录、屏幕显示等现代电子技术配套使用的设备。自动化颗粒灌装生产线称重机的作用是完成物料瓶称重检测工作，如图 1-3-9 所示。

图 1-3-9　自动化颗粒灌装生产线称重机

5. 贴标与包装工位

贴标与包装工位的主要功能是为检测合格的物料瓶（包含颗粒、瓶盖）贴标签并将其转入成品盒中。主要设备包括贴标到位传感器、贴标阻挡气缸、贴标定位气缸、贴标气缸、步进电机机械手、滚筒输送线、料盒抬升机、料盒到位传感器。

（1）步进电机机械手　机械手是一种能模仿人手和臂的某些动作功能，用以按固定程序抓取、搬运物件或操作工具的自动操作装置。其特点是可以通过编程来完成各种预期的作业，在构造和性能上兼有人和机器的优点。机械手主要由执行机构、驱动机构和控制系统三大部分组成。步进电机机械手是指驱动电机采用步进电机的机械手，由于电机速度高，通常要采用减速机构（如谐波传动、RV 摆线针轮传动、齿轮传动、螺旋传动和多杆机构等）。自动化颗粒灌装生产线步进电机机械手如图 1-3-10 所示，其作用是完成物料瓶的包装工作。

图 1-3-10 自动化颗粒灌装生产线步进电机机械手

（2）滚筒输送线 滚筒输送线是指能够输送单件重量很大的物料，或承受较大的冲击载荷的机械，适用于各类箱、包、托盘等件货的输送，散料、小件物品或不规则的物品需放在托盘上或周转箱内输送。滚筒输送线如图 1-3-11 所示。

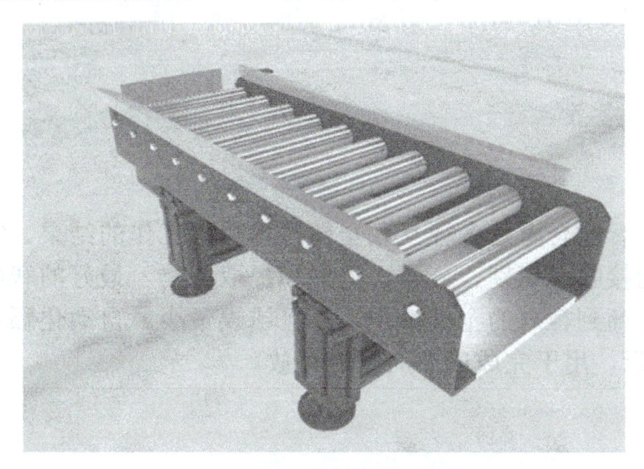

图 1-3-11 自动化颗粒灌装生产线滚筒输送线

（3）料盒抬升机 抬升机是通过改变势能进行运输的大型机械设备。自动化颗粒灌装生产线的料盒抬升机可将料盒抬升到指定高度，辅助堆垛机取料。料盒抬升机如图 1-3-12 所示。

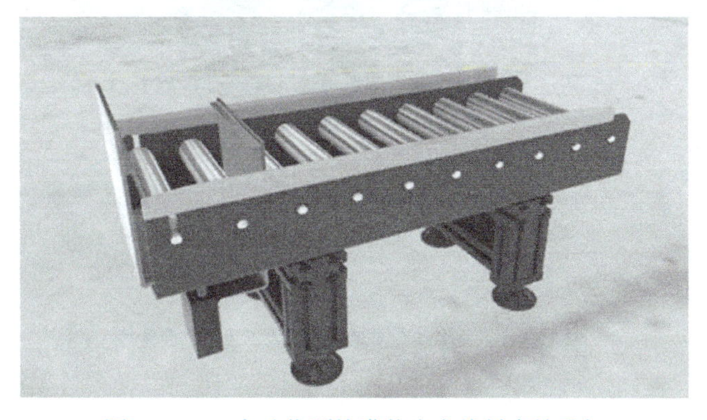

图 1-3-12 自动化颗粒灌装生产线料盒抬升机

6. 仓储单元

仓储单元用于放置颗粒成品盒。主要设备有堆垛机、智能仓库。

（1）堆垛机 堆垛机是立体仓库中的主要起重运输设备，是随立体仓库发展起来的专用起重机械设备。运用这种设备的仓库最高可达 40m，大多数在 10～25m。堆垛机的主要用途是在立体仓库的巷道间来回穿梭运行，将位于巷道口的货物存入货格，或将货格中的货物取出运送到巷道口。这种设备只能在仓库内运行，还需配备其他设备让货物出入库。自动化颗粒灌装生产线的堆垛机可将料盒从生产线运送到智能仓库。堆垛机如图 1-3-13 所示。

图 1-3-13 自动化颗粒灌装生产线堆垛机

（2）智能仓库 智能仓库是各种互联仓储技术协同工作的结果。它们形成了一个技术生态系统，可以自动接收、识别、分类、组织和提取货物。最好的智能仓库解决方案几乎可以自动完成从供应商到客户的全部操作，并且错误最少。自动化颗粒灌装生产线的智能仓库如图 1-3-14 所示，用于完成成品的智能存放。

图 1-3-14 自动化颗粒灌装生产线智能仓库

1.3.2　自动化颗粒灌装生产线生产工艺流程

自动化颗粒灌装生产线的生产过程为：物料瓶被放置于皮带输送线上，物料瓶上料工位作业员对物料瓶进行扫码（物料瓶上料），扫码完成进入颗粒灌装工位，颗粒灌装机向物料瓶中灌入订单需要的颗粒数量（颗粒灌装），灌装完成后物料瓶被输送至下一工位，装配工位作业员扫码后由自动装盖机对物料瓶装盖（瓶盖上盖），物料瓶装盖完成后流转到自动拧盖机下方，自动拧盖机对物料瓶进行拧盖动作（瓶盖拧盖）；拧盖完成后的物料瓶被输送至检测工位，检测工位作业员进行扫码录入，盖检测机对物料瓶瓶盖进行检测，检测项为物料瓶是否有瓶盖、瓶盖是否拧紧、瓶盖是否有划痕等，瓶盖出现任何以上问题之一均被判定为不合格（瓶盖检测）；瓶盖检测完成后再进行物料瓶重量检测，一旦称重机上的数值超出设置的标准范围就被判定不合格（称重检测）；检测工位中物料瓶被检测出不合格项，该物料瓶就会被作为次品推出到次品处理筐中（次品推出），当物料瓶所有项均被检测合格后，物料瓶被输送至贴标与包装工位；贴标设备对物料瓶进行贴标和打包装箱（瓶身贴标和打包装箱），最后物料瓶变成颗粒瓶成品盒被堆垛机送入智能仓库，整个自动化颗粒灌装线生产工艺流程完成。如图 1-3-15 所示。

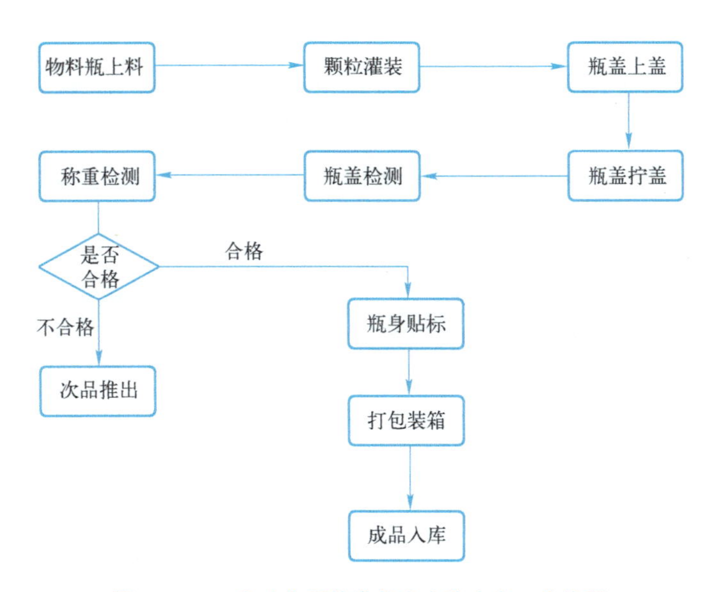

图 1-3-15　自动化颗粒灌装生产线生产工艺流程

任务考核

结合小组的任务实施情况，对照“认识自动化颗粒灌装生产线任务实施考核表”对每名学生进行任务实施考核，并将检查结果记录在表 1-3-2 中。综合小组的任务实施情况，对照“认识自动化颗粒灌装生产线任务实施考核表”，学生互评，再请教师复评。通过任务实施评价，各小组之间、学生之间可以通过分享实施过程，相互借鉴经验。教师在此过程中引导学生树立一丝不苟、脚踏实地、精益求精的精神。

表 1-3-2 认识自动化颗粒灌装生产线任务实施考核表

<table>
<tr><td colspan="5">班级：</td><td colspan="2">姓名：</td></tr>
<tr><td colspan="5">小组：</td><td colspan="2">学号：</td></tr>
<tr><td colspan="2">项目</td><td>要求</td><td colspan="2">应得分</td><td>得分</td><td>备注</td></tr>
<tr><td rowspan="4">任务实施</td><td rowspan="2">颗粒灌装生产线结构组成</td><td rowspan="2">能够熟练对照 MINT 平台颗粒灌装生产线说出其结构组成</td><td>准确率</td><td>20</td><td rowspan="2"></td><td rowspan="2"></td></tr>
<tr><td>速度</td><td>10</td></tr>
<tr><td rowspan="2">颗粒灌装生产线生产工艺流程</td><td rowspan="2">能够熟练对照 MINT 平台颗粒灌装生产线说出其生产工艺流程</td><td>准确率</td><td>20</td><td rowspan="2"></td><td rowspan="2"></td></tr>
<tr><td>速度</td><td>10</td></tr>
<tr><td rowspan="2">任务评价</td><td>小组互评</td><td>从安全操作、信息获取、任务实施结果、工作态度、职业素养等方面进行评价</td><td colspan="2">20</td><td></td><td></td></tr>
<tr><td>教师评价</td><td>从安全操作、信息获取、任务实施结果、工作态度、职业素养等方面进行评价</td><td colspan="2">20</td><td></td><td></td></tr>
<tr><td colspan="3">合计</td><td colspan="2">100</td><td></td><td></td></tr>
<tr><td colspan="2">经验总结</td><td colspan="5"></td></tr>
</table>

模块 2 颗粒灌装生产线基础信息配置

产品定义与生产能力的匹配是生产启动的条件。产品定义描述的是如何生产一件产品以及需要什么条件，而生产能力由当前可用的生产资源决定，生产资源依托于生产基础数据来呈现。因此，为了实现数字化，首先需要在制造执行系统中完成基础信息配置。

本项目以颗粒灌装生产线为例，围绕“人、机、料、法、环”设置了环境信息配置、人员信息配置、设备信息配置、物料信息配置、工艺信息配置和订单信息配置六个工作任务，学生在完成工作任务的过程中完成颗粒灌装生产线基础信息配置。图 2-0-1 所示为颗粒灌装生产线滚筒输送线设备基础信息。

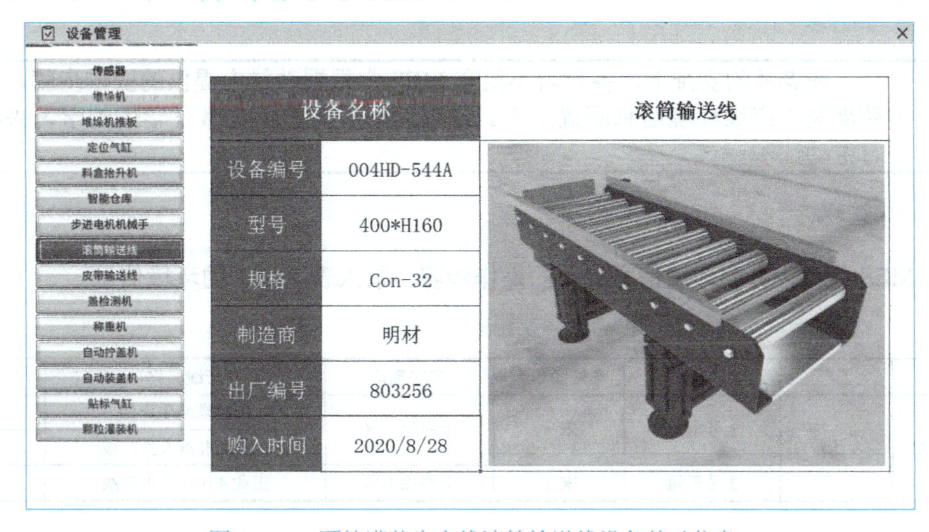

图 2-0-1 颗粒灌装生产线滚筒输送线设备基础信息

任务 2.1 颗粒灌装生产线环境信息配置

任务描述

在制造执行系统（MES）中环境信息配置确定产品生产的工厂、车间、生产线和工位。本节任务在 MES 基础数据模块中配置工厂、车间、生产线和工位信息。接下来，让我们一起在 MES 中完成颗粒灌装生产线环境信息的配置。

素质目标

1. 养成科学严谨的工作态度。

2．认识 MES 信息配置的重要性，增强责任感。
3．体验工作的成就感，树立热爱劳动意识。
4．树立无私奉献、敢为人先、爱岗敬业的精神。

知识目标

1．知道 MES 中工厂、车间的含义。
2．知道 MES 中生产线、工位的含义。

能力目标

1．完成颗粒灌装生产线工厂信息配置。
2．完成颗粒灌装生产线车间信息配置。
3．完成颗粒灌装生产线生产线信息配置。
4．完成颗粒灌装生产线工位信息配置。

任务实施

任务实施指引	在老师的安排下，各学习小组在 MES 中根据教材中提供的操作步骤，完成颗粒灌装生产线环境信息配置工作。通过行动导向教学法激发学生的学习兴趣与学习主动性

创设情景

打开 MES 软件，参照环境信息配置的操作步骤，录入表 2-1-1 的环境信息。

表 2-1-1　某制造企业环境信息汇总

企业	工厂	车间	车间负责人	车间地址	产线名称	产线负责人
某制造企业	A 工厂	1 号车间	宋一	上海徐汇区	颗粒灌装生产线	王一
					Dobot 机器人生产线	王二
		2 号车间	宋二	上海徐汇区	工业 4.0 焊接生产线	王三

2.1.1　工厂信息配置

工厂信息在 MES 中主要包括工厂名称、地址、负责人以及工厂当前的状态等。下面以“A 工厂”为例，介绍如何录入“工厂”信息，具体操作步骤见表 2-1-2。

表 2-1-2　MES 中工厂信息配置操作步骤

序号	操作步骤	图片说明
1	登录 MES 软件，选择“基础数据”→“工厂”，进入工厂信息界面	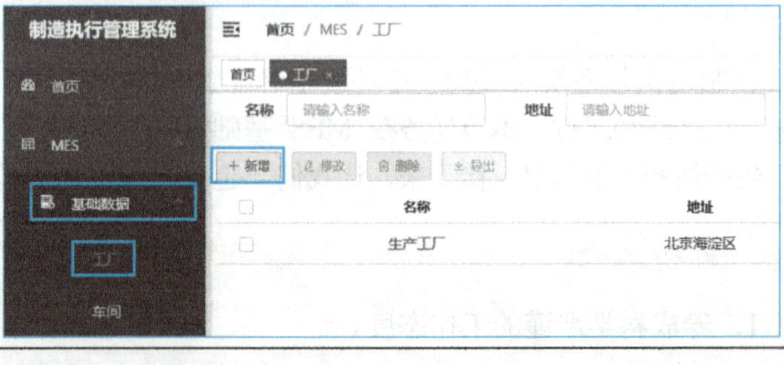

（续）

序号	操作步骤	图片说明
2	单击“新增”，显示添加工厂信息界面	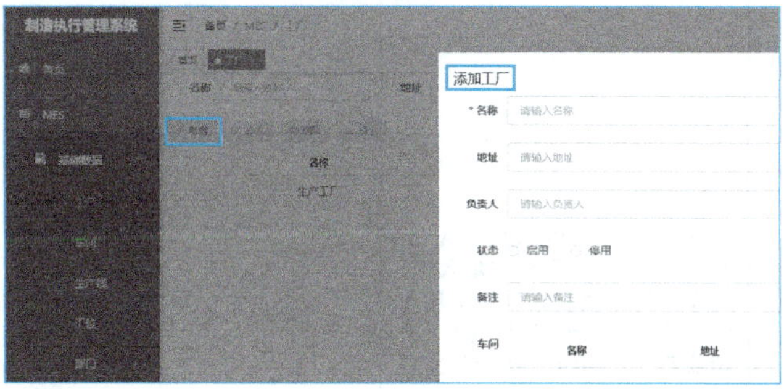
3	在“名称”栏中填入“A 工厂”，“负责人”栏中填入“宋三”，在“地址”栏填入“上海徐汇区”，单击“确定”，完成工厂信息录入	

2.1.2 车间信息配置

车间信息在 MES 中主要包括选择的工厂，车间名称、地址、负责人以及车间当前的状态等。以“A 工厂下的 1 号车间”为例，介绍如何录入“车间”信息，具体操作步骤见表 2-1-3。

表 2-1-3　MES 中车间信息配置操作步骤

序号	操作步骤	图片说明
1	选择“车间”，进入车间信息界面	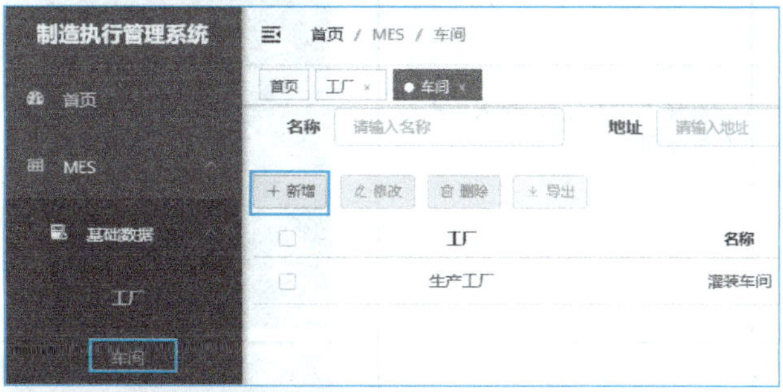
2	单击“新增”，进入车间录入信息界面	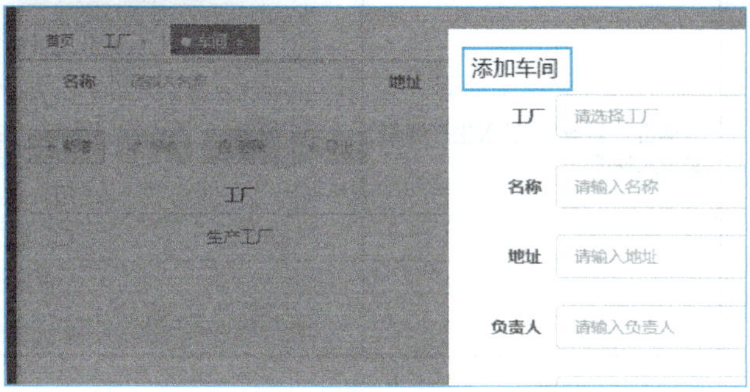

（续）

序号	操作步骤	图片说明
3	在“工厂”栏选择“A工厂”，在“名称”栏中填入“1号车间”，“负责人”栏中填入“宋一”，在“地址”栏填入“上海徐汇区”，单击“确定”完成车间信息录入	添加车间 工厂 A工厂 名称 1号车间 地址 上海徐汇区 负责人 宋一 状态 启用 备注 请输入备注 产线 ID 工厂 车间 名称 描述 位置 状态 备注 暂无数据 确定 取消

2.1.3 生产线信息配置

生产线信息在MES中主要包含选择的工厂、车间，生产线名称、地址、负责人以及生产线当前的状态等。以“A工厂下的1号车间的颗粒灌装生产线”为例，介绍如何录入“生产线”信息，具体操作步骤见表2-1-4。

表2-1-4 MES中生产线信息配置操作步骤

序号	操作步骤	图片说明
1	选择“生产线”，进入生产线信息界面	MES 基础数据 工厂 车间 生产线 + 新增 修改 删除 导出 工厂 车间 生产工厂 灌装车间
2	单击“新增”，进入生产线信息录入界面	首页 / MES / 生产线 添加生产线 工厂 请选择工厂 车间 请输入车间 名称 请输入名称 编号 请输入编号

（续）

序号	操作步骤	图片说明
3	在“工厂”栏选择“A 工厂”，“车间”栏选择“1 号车间”，在“名称”栏中填入“颗粒灌装生产线”，“负责人”栏中填入“宋二”，在“位置”栏填入“001 位”，单击“确定”完成信息录入	

2.1.4 工位信息配置

工位信息在 MES 中主要包括选择生产线、车间，工位名称、地址、类型、负责人以及工位当前的状态等。以“颗粒灌装生产线下的工位”为例，介绍如何录入“工位”信息，具体操作步骤见表 2-1-5。

表 2-1-5　MES 中工位信息配置操作步骤

序号	操作步骤	图片说明
1	登录 MINT 软件，进入灌装产线仿真场景，单击“工位管理”，打开“工位管理”文件，可以看到灌装产线所有的工位信息	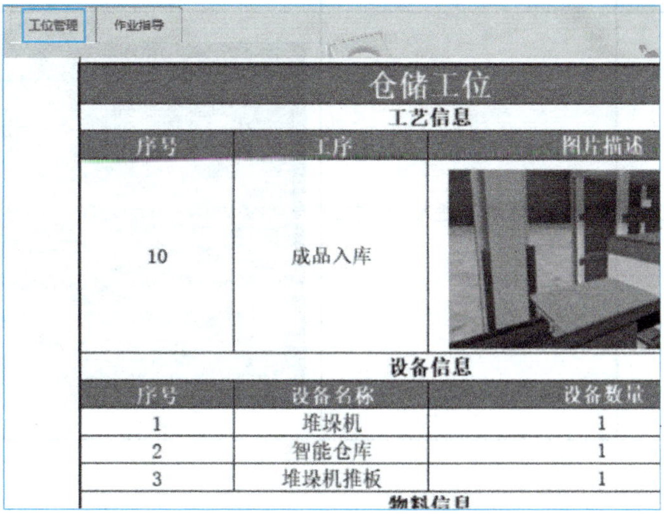

（续）

序号	操作步骤	图片说明
2	在“工位管理”界面中，选择“物料上料工位”，查看该工位下的详细信息 物料上料工位的信息：①工艺信息，包含序号、工序、图片描述；②设备信息，包含序号、设备名称、设备数量；③物料信息，包含序号、物料、数量	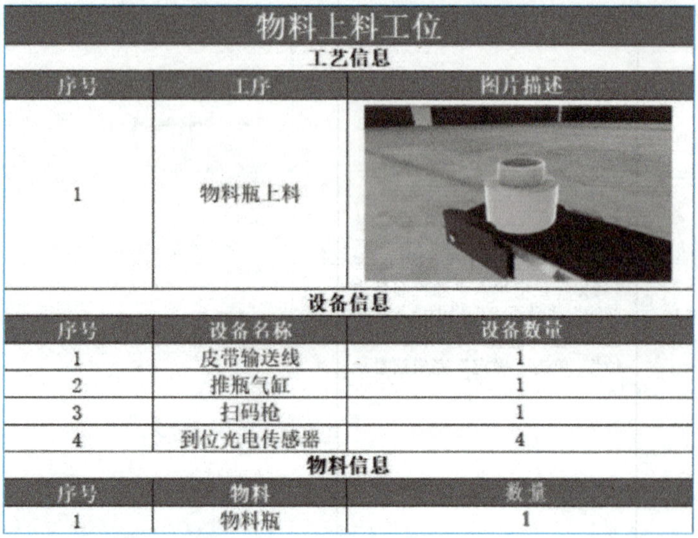 物料上料工位（见下表）
3	在 MES 软件中录入物料上料工位的信息。打开 MES，选择“基础数据”→“工位”，进入工位信息界面	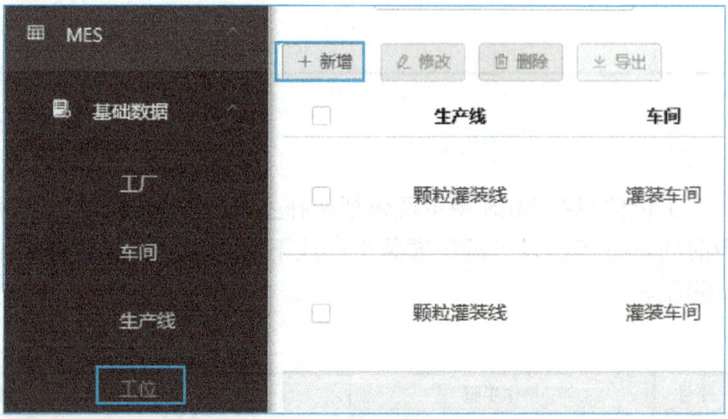 MES 基础数据 工厂 车间 生产线 工位 + 新增　修改　删除　导出 生产线　车间 颗粒灌装线　灌装车间 颗粒灌装线　灌装车间
4	单击“新增”，进入工位信息录入界面	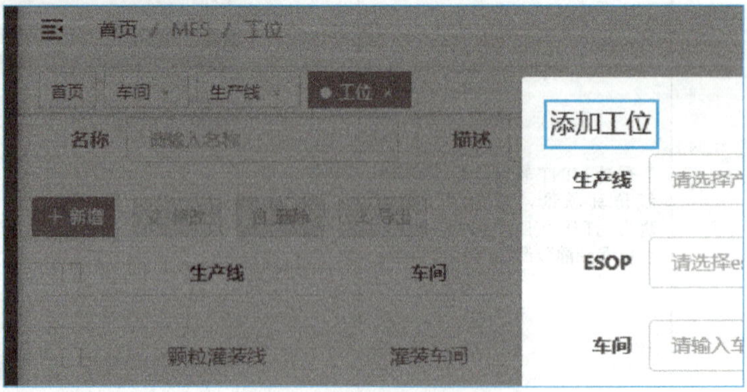 首页 / MES / 工位 首页　车间　生产线　工位 名称　请输入名称　描述 + 新增　修改　删除　导出 生产线　车间 颗粒灌装线　灌装车间 添加工位 生产线　请选择产 ESOP　请选择es 车间　请输入车

物料上料工位

工艺信息

序号	工序	图片描述
1	物料瓶上料	

设备信息

序号	设备名称	设备数量
1	皮带输送线	1
2	推瓶气缸	1
3	扫码枪	1
4	到位光电传感器	4

物料信息

序号	物料	数量
1	物料瓶	1

（续）

序号	操作步骤	图片说明
5	在“生产线”栏选择“颗粒灌装生产线”，“车间”栏选择“1号车间”，在“名称”栏中填入“物料上料工位”，“负责人”栏中填入“小红”，“工位类型”选择“包装工位”，状态选择“启用”，单击“确定”完成车间信息录入	添加工位 生产线 颗粒灌装生产线 ESOP 请选择esop 车间 1号车间 名称 物料上料工位 编号 请输入编号 负责人 小红 工位类型 包装工位 状态 启用 备注 请输入备注 设备 ID 车间 名称 描述 设备图片 设备类型 负责人 状态 确定

温馨提示：MES 中配置的信息如果有误，可以单击对应信息后的“修改”，修改信息。

关联知识

1．工厂

工厂又称制造厂，如图 2-1-1 所示，是一类用来生产货物的大型工业建筑物。大部分工厂拥有由大型机器或设备构成的生产线。

图 2-1-1　工厂

2．车间

车间是企业内部组织生产的基本单位，也是企业生产行政管理的一级组织；每个工厂里包含多个车间，一般每个车间各司其职，完成不同半成品或成品的生产，如图 2-1-2 所示。

3．生产线

每个车间里部署的流水线或生产模组，或产品生产过程中所经过的路线，是指从原料进入生产现场开始，经过加工、运送、装配、检验等一系列生产活动所构成的路线。狭义的生产线是按对象原则组织起来的，完成产品工艺过程的一种生产组织形式，即按产品专业化原则，配备生产某种产品（零部件）所需要的各种设备和各工种的工人，负责完成某种产品（零部件）的全部制造工作，对相同的劳动对象进行不同工艺的加工。

图 2-1-2 车间

4. 工位

工位是生产过程最基本的生产单元，在工位上安排人员、设备、原料工具进行生产装配。标准 SMT 流水线的工位分布如图 2-1-3 所示，标准流水线工位分布如图 2-1-4 所示。

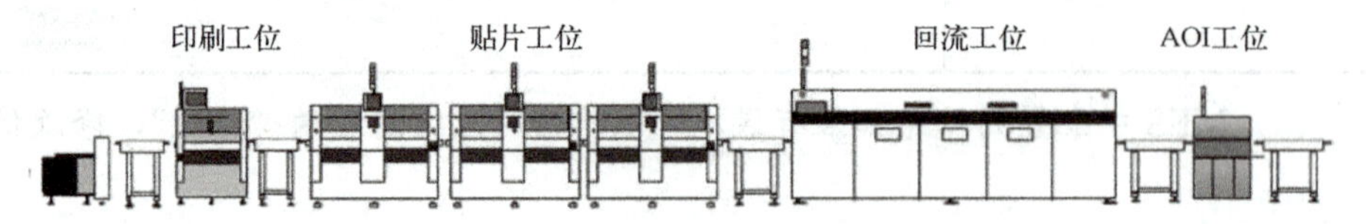

图 2-1-3 标准 SMT 流水线的工位分布

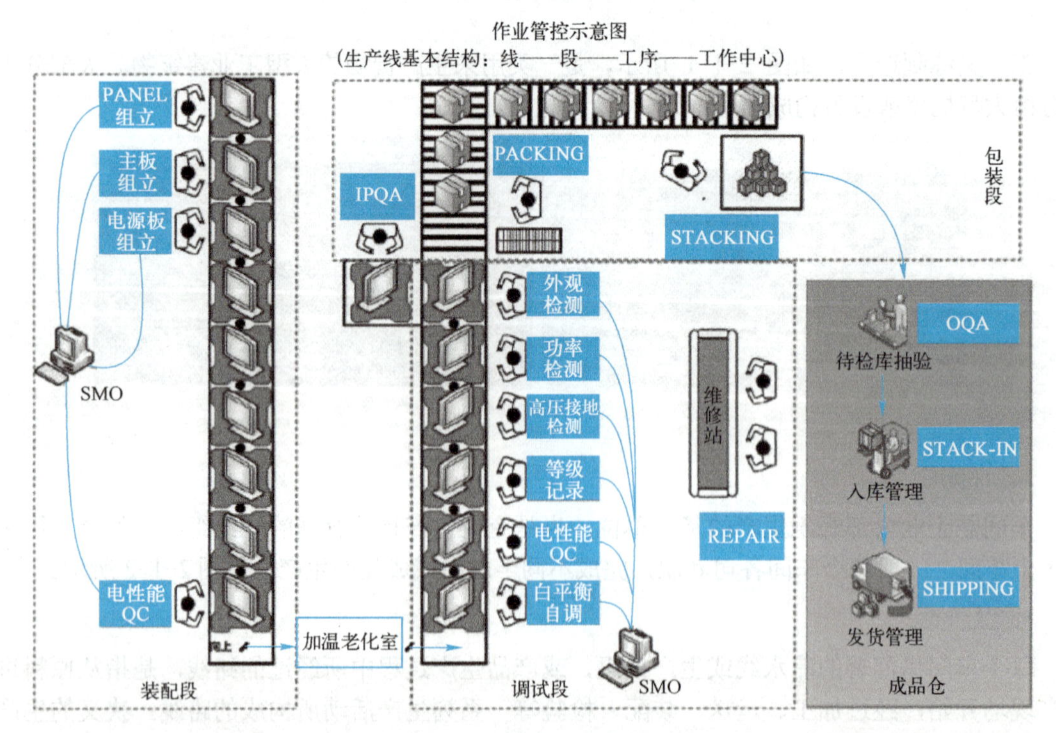

图 2-1-4 标准流水线工位分布

随堂笔记：

任务考核

结合小组的任务实施情况，对照 MES “颗粒灌装生产线环境信息配置任务实施考核表”，对每名学生进行任务实施考核。考核过程参照“制造执行系统实施与应用”职业技能等级证书要求，并将考核结果记录在表 2-1-6 中。综合小组的任务实施情况，对照“颗粒灌装生产线环境信息配置任务实施考核表”，学生互评，再请教师复评。通过任务实施评价，各小组之间、学生之间可以通过分享实施过程，相互借鉴经验。在此过程中，引导学生树立坚定执着追求理想、实事求是闯新路的精神。

表 2-1-6　颗粒灌装生产线环境信息配置任务实施考核表

班级：				姓名：		
小组：				学号：		
项目		要求	应得分		得分	备注
任务实施	工厂信息配置	根据排产计划，配置工厂信息	准确率	10		
			速度	5		
	车间信息配置	根据排产计划，配置车间信息	准确率	10		
			速度	5		
	生产线信息配置	根据排产计划，配置工厂生产线信息	准确率	10		
			速度	5		
	工位信息配置	根据排产计划，配置工位信息	准确率	10		
			速度	5		
任务评价	小组互评	从安全操作、信息获取、任务实施结果、工作态度、职业素养等方面进行评价	20			
	教师评价	从安全操作、信息获取、任务实施结果、工作态度、职业素养等方面进行评价	20			
合计			100			
经验总结						

课后活动

请学生根据表 2-1-7 中任务要求，完成 MES 中环境信息配置，同时思考如何快速、准确地完成这项任务。

表 2-1-7　某制造企业环境信息

企业	工厂	车间	车间负责人	车间地址	生产线名称	生产线负责人
某制造企业	B 工厂	3 号车间	宋三	上海普陀区	糖果分拣线	王四
		4 号车间	宋四	上海普陀区	放大镜加工装配线	王五
	C 工厂	5 号车间	宋五	上海崇明区	鲁班锁自动化装配线	王六
		6 号车间	宋六	上海崇明区	注射器自动组装线	王七

任务 2.2　颗粒灌装生产线人员信息配置

任务描述

人员信息配置

人是生产管理中最大的难点，也是所有管理理论中讨论的重点。本节任务在 MES 基础数据模块中配置人员的部门、班组、职位、用户信息。接下来，在 MES 中完成颗粒灌装生产线人员信息的配置。

素质目标

1. 养成科学严谨的工作态度。
2. 认识 MES 人员信息配置的重要性，增强责任感。
3. 体验工作的成就感，增强热爱劳动的意识。
4. 树立无私奉献、敢为人先、爱岗敬业的精神。

知识目标

1. 了解工厂人员组织架构。
2. 理解 MES 部门、班组的含义。
3. 理解 MES 职位、用户的含义。

能力目标

1. 完成颗粒灌装生产线部门信息配置。
2. 完成颗粒灌装生产线班组信息配置。
3. 完成颗粒灌装生产线职位信息配置。
4. 完成颗粒灌装生产线用户信息配置。

任务实施

任务实施指引	在教师的安排下，各学习小组在 MES 中，参考教材中提供的操作步骤，完成颗粒灌装生产线人员信息配置工作。通过行动导向教学指引法激发学生的学习兴趣与学习主动性

创设情景

打开 MES 软件，完成表 2-2-1、表 2-2-2 的人员信息录入。

表 2-2-1　某企业班组信息

班次	班组	班组描述
8:00—16:00（早班）	工程 1 组	灌装生产线的生产
	工程 2 组	Dobot 机器人生产线的生产
	采购组	1 号车间物料的采购
16:00—24:00（晚班）	检修组	1 号车间设备的检修

表 2-2-2　某企业人员信息

工号	人员（用户）	部门	班组	职位	身份证号	手机号
101	宋一	工程部	工程 1 组	部门负责人、车间主任	130×××××××××××××7	156×××××42
102	王二	工程部	工程 1 组	生产组长	322×××××××××××××5	155×××××88
103	张三	采购部	采购组	过程调控员	450×××××××××××××7	188×××××28
104	李四	工程部	工程 2 组	作业员	110×××××××××××××2	148×××××23

2.2.1 部门信息配置

部门信息在 MES 中主要包含部门名称、负责人等。以“工程部”为例，介绍如何录入部门信息，具体操作步骤见表 2-2-3。

表 2-2-3　MES 中部门信息配置操作步骤

序号	操作步骤	图片说明
1	选择“基础数据”→“部门”，进入部门信息界面	
2	单击“新增”，系统显示“添加部门”界面	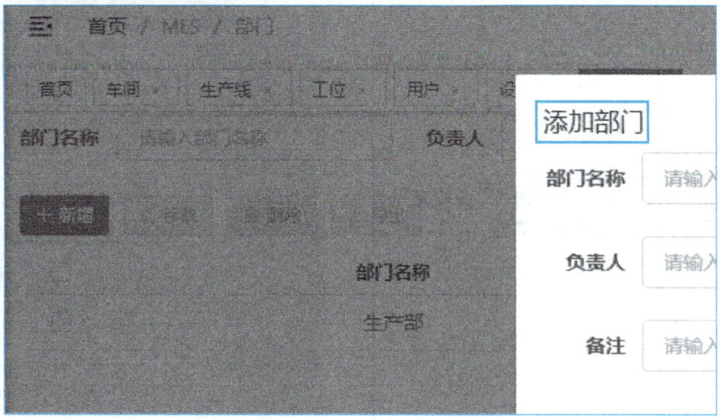

（续）

序号	操作步骤	图片说明
3	在“部门名称”栏中填入“工程部”，“负责人”栏中填入“宋一”，单击“确定”，完成工程部信息录入	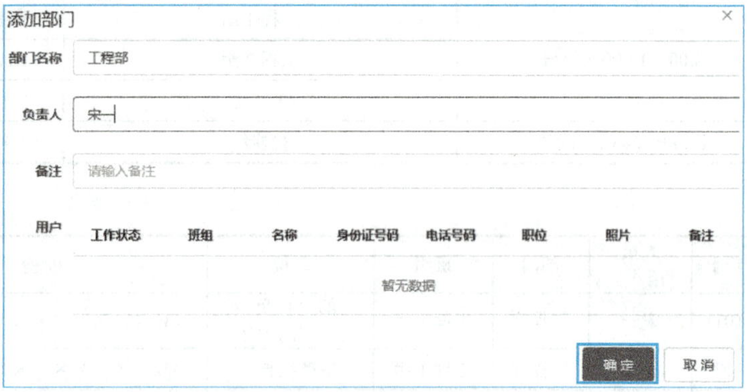 添加部门 × 部门名称 工程部 负责人 宋一 备注 请输入备注 用户 工作状态 班组 名称 身份证号码 电话号码 职位 照片 备注 暂无数据 确定 取消

2.2.2 班组信息配置

班组信息在 MES 中主要包含班组名称、描述等信息。以“工程一组”为例，介绍如何录入班组信息，具体操作步骤见表 2-2-4。

表 2-2-4 MES 中班组信息配置操作步骤

序号	操作步骤	图片说明
1	选择“基础数据”→“班组”，进入班组信息界面	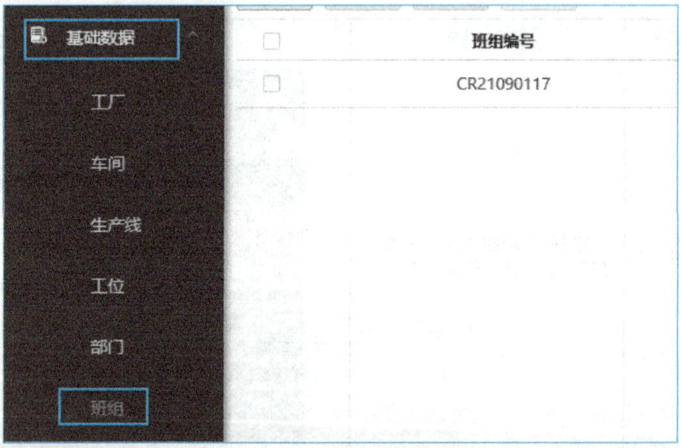 基础数据 工厂 车间 生产线 工位 部门 班组 班组编号 CR21090117
2	单击“新增”，系统显示“添加班组”界面	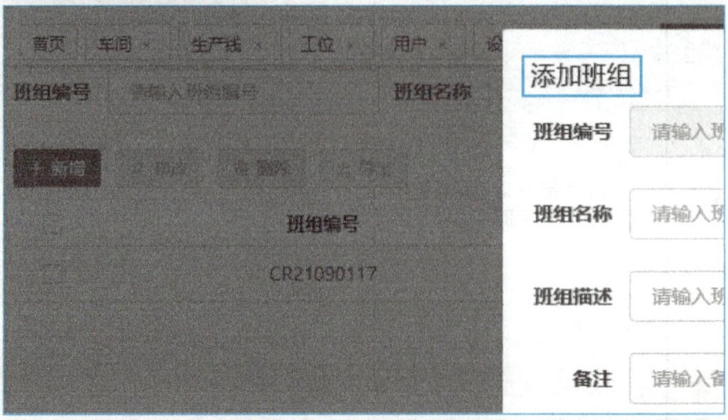 首页 车间 生产线 工位 用户 班组编号 请输入班组编号 班组名称 + 新增 修改 删除 导出 班组编号 CR21090117 添加班组 班组编号 请输入班 班组名称 请输入班 班组描述 请输入班 备注 请输入备

（续）

序号	操作步骤	图片说明
3	在“班组名称”栏中填入“工程一组”，“班组描述”栏中对该班组的负责范围进行描述，在这里填入“灌装产线的生产”，单击“确定”，完成工程一组信息录入	

2.2.3 职位信息配置

职位信息在 MES 中主要包括职位名称、描述等。以“车间主任”为例，介绍如何录入职位信息，具体操作步骤见表 2-2-5。

表 2-2-5　MES 中职位信息配置操作步骤

序号	操作步骤	图片说明
1	选择“基础数据”→“职位”，进入职位信息界面	
2	单击“新增”，系统显示“添加职位”界面	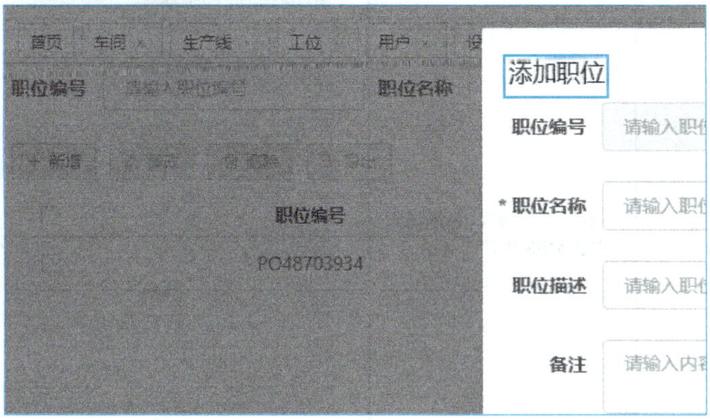

（续）

序号	操作步骤	图片说明
3	在“职位名称”栏中填入“车间主任”，“职位描述”栏中定义该职位的工作性质，可填入“1 号车间的全面管理”，单击“确定”，完成职位信息录入	

2.2.4 用户信息配置

用户信息在 MES 中主要包含选择的班组、部门，用户名称、身份证号、手机号、职位等。以“宋一”为例，介绍如何录入人员信息，具体操作步骤见表 2-2-6。

表 2-2-6 MES 中用户信息配置操作步骤

序号	操作步骤	图片说明
1	选择“基础数据”→“用户”，进入用户信息界面	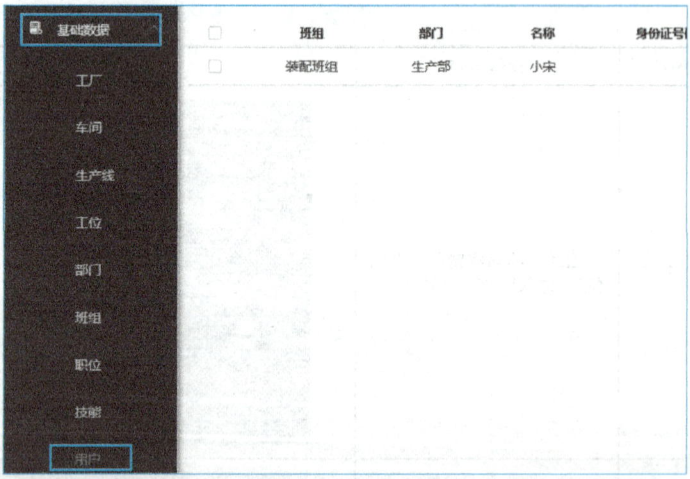
2	单击“新增”，系统显示“添加 MES 用户”界面	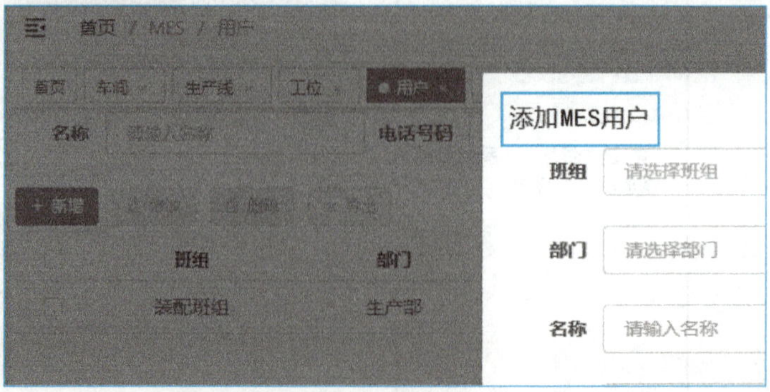

（续）

序号	操作步骤	图片说明
3	在“班组”栏中选择“工程一组”，“部门”栏中选择“工程部”，“名称”栏中填入“宋一”，“身份证号码”栏中填入“130×××××××××××××7”，“电话号码”栏中填入“156××××××42”，“职位”栏中选择“车间主任”，单击“确定”，完成宋一的人员信息录入	添加MES用户 班组 工程一组 部门 工程部 名称 宋一 身份证号码 130×××××××××××××7 电话号码 156××××××42 密码 请输入密码 职位 车间主任 照片 工作状态 请选择工作状态 备注 请输入备注 确定 取消

关联知识

1. 人员组织架构

组织架构是企业流程运转、部门设置及职能规划等的最基本结构依据，一般指各个部门的职责及其在企业中的作用。MES 会根据部门来部署相应的模块，如质量部会部署质检模块、出入库模块，商务部会部署销售管理模块。这样既能实现 MES 日常使用的专业性，也便于给每个用户、每个部门划分权限。

一般企业的人员组织架构如图 2-2-1 所示。

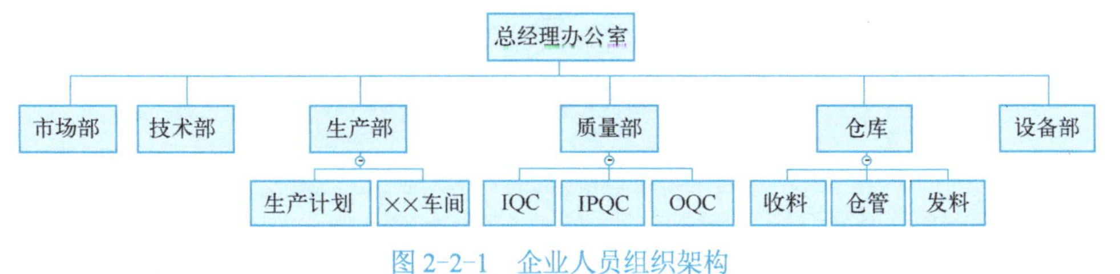

图 2-2-1　企业人员组织架构

MES 支持添加二级部门直到 N 级部门，如图 2-2-2 所示。

组织架构的划分并不是越细越好，而是要根据角色的划分来具体规划，目的是要做到对每个角色的工作任务加以区分。

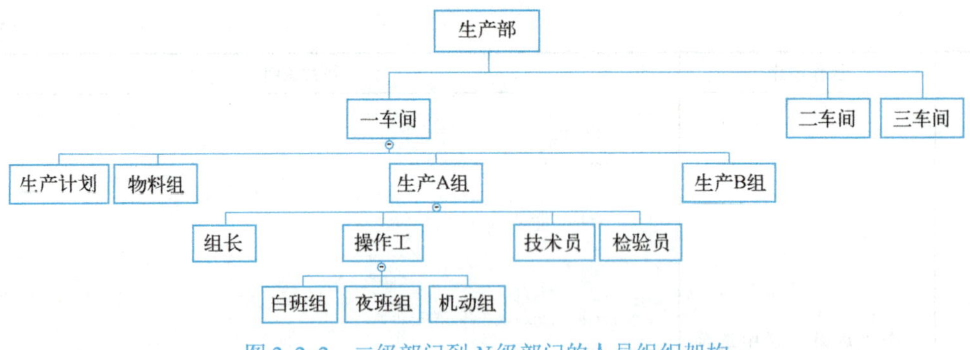

图 2-2-2　二级部门到 N 级部门的人员组织架构

2. 部门

部门是指组织为完成规定的任务而设置的有权管辖一个或多个特定领域事务的机构，如市场部、生产部、技术部等。

3. 班组

班组是在劳动分工的基础上，把生产过程中相互协同的同工种、相近工种或不同工种工人组织在一起，从事生产活动的一种组织。

4. 职位

职位即部门里有哪些工作岗位，如计划员、操作工、仓管员、班组长、调度员等。当职位及角色确立后，可以为其添加 MES 的使用权限和可显示的模块、子菜单。

5. 用户

用户即 MES 的使用者，一般以工号作为登录名，达到唯一性和可识别性。为了便于用户登录移动端，通常会以用户名/工号为关键词，制作用户二维码，用户可以扫码登录系统。

用户确认后，在角色页面中，根据角色的定义来分配具体的用户。这样每一个 MES 用户就有了自己在 MES 里的角色定义和操作权限了。

扩展：通常，MES 会同 OA 系统或 ERP 系统对接，获取用户信息。

随堂笔记：

6. 排班

根据工厂实际情况，制定每个班次的上下班时间，关联具体用户后，可实现自动考勤、生产调度、生产权限管控等功能。

比如某车间白班有 20 人，工作时间为 8:30—17:00，因为每个用户有其独立且唯一的登录名，所以 MES 可根据每个用户的登录时间来判断其是否出勤、是否迟到。OA 系统对接 MES 后，可记录考勤情况，也可记录作业者在 MES 中操作某个工位生产订单的实际开工时间、完工的作业时间，以此依据来记录生产工时。比如某员工是被安排夜班的，但其违规连续白班工作，登录 MES 后，系统可自动判定，该员工非白班班次生产员工，可禁止其操作系统。

随堂笔记：

任务考核

结合小组的任务实施情况，对照 MES“颗粒灌装生产线人员信息配置任务实施考核表”，对每名学生进行任务实施考核。考核过程参照“制造执行系统实施与应用”职业技能等级证书要求，并将考核结果记录在表 2-2-7 中。综合小组的任务实施情况，对照“颗粒灌装生产线人员信息配置任务实施考核表”，学生互评，再请教师复评。通过任务实施评价，各小组之间、学生之间可以通过分享实施过程，相互借鉴经验。在此过程中，引导学生树立脚踏实地、一丝不苟、责任担当、爱岗敬业的精神。

表 2-2-7　颗粒灌装生产线人员信息配置任务实施考核表

班级：					姓名：	
小组：					学号：	
项目		要求	应得分		得分	备注
任务实施	部门信息配置	根据任务要求，配置部门信息	准确率	10		
			速度	5		
	班组信息配置	根据任务要求，配置班组信息	准确率	10		
			速度	5		
	职位信息配置	根据任务要求，配置职位信息	准确率	10		
			速度	5		
	用户信息配置	根据任务要求，配置用户信息	准确率	10		
			速度	5		
任务评价	小组互评	从安全操作、信息获取、任务实施结果、工作态度、职业素养等方面进行评价	20			
	教师评价	从安全操作、信息获取、任务实施结果、工作态度、职业素养等方面进行评价	20			
合计						
经验总结						

课后活动

请学生根据表 2-2-8、表 2-2-9 中的任务要求完成 MES 中人员信息配置。

表 2-2-8　某企业班组信息

班次	班组	班组描述
8:00—16:00（早班）	采购组	灌装生产线的生产
	质检 1 组	Dobot 机器人生产线的生产
	质检 2 组	1 号车间物料的采购
16:00—24:00（晚班）	检修	2 号车间设备的检修

表 2-2-9　某企业人员信息

工号	人员（用户）	部门	班组	职位	身份证号	手机号
105	赵五	采购部	采购组	物管员	205××××××××××××××5	155××××××62
106	杨六	质量部	质检 1 组	质管员	206××××××××××××××4	156××××××23
107	顾七	质量部	质检 2 组	质管员	207××××××××××××××3	188××××××46
108	陈八	设备部	检修组	机管员	208××××××××××××××7	186××××××76

任务 2.3　颗粒灌装生产线设备信息配置

任务描述

设备是指在生产过程中被生产工人操纵的，直接改变原材料属性、性能、形态或增强外观价值所必需的劳动资料或器物。本节任务在 MES 设备管理模块中配置设备的设备类型、设备信息。接下来，在 MES 中完成颗粒灌装生产线设备信息的配置。

素质目标

1. 养成科学严谨的工作态度。
2. 认识 MES 设备信息配置的重要性，增强责任感。
3. 体验工作的成就感，增强热爱劳动的意识。
4. 树立无私奉献、敢为人先、爱岗敬业的精神。

知识目标

1. 理解 MES 中设备类型的含义。
2. 理解 MES 中设备的含义。

能力目标

1. 完成颗粒灌装生产线设备类型信息配置。
2. 完成颗粒灌装生产线设备信息配置。

任务实施

任务实施指引

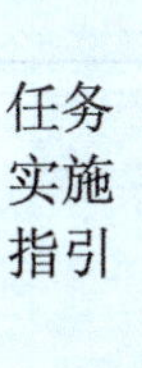

在教师的安排下，各学习小组在 MES 中根据教材中提供的操作步骤，完成颗粒灌装生产线设备信息的配置工作。通过行动导向教学法，激发学生的学习兴趣与学习主动性

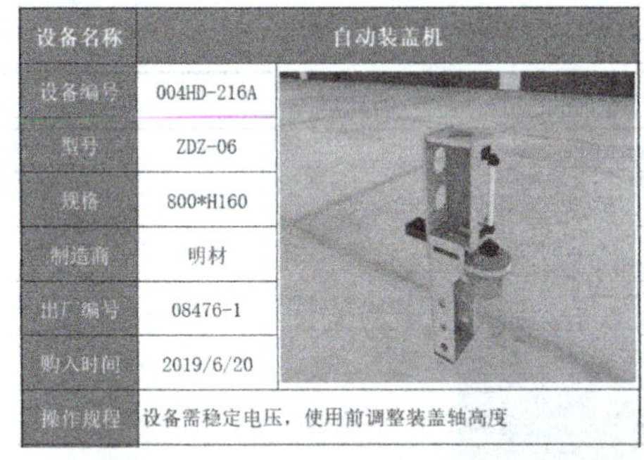

设备名称	自动装盖机
设备编号	004HD-216A
型号	ZDZ-06
规格	800*H160
制造商	明材
出厂编号	08476-1
购入时间	2019/6/20
操作规程	设备需稳定电压，使用前调整装盖轴高度

自动装盖机

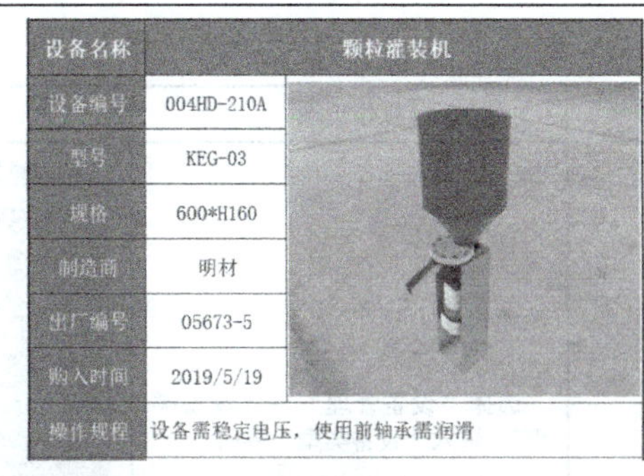

设备名称	颗粒灌装机
设备编号	004HD-210A
型号	KEG-03
规格	600*H160
制造商	明材
出厂编号	05673-5
购入时间	2019/5/19
操作规程	设备需稳定电压，使用前轴承需润滑

颗粒灌装机

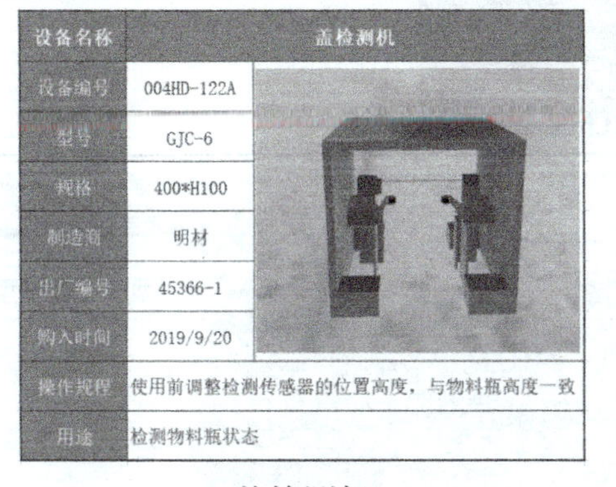

设备名称	盖检测机
设备编号	004HD-122A
型号	GJC-6
规格	400*H100
制造商	明材
出厂编号	45366-1
购入时间	2019/9/20
操作规程	使用前调整检测传感器的位置高度，与物料瓶高度一致
用途	检测物料瓶状态

盖检测机

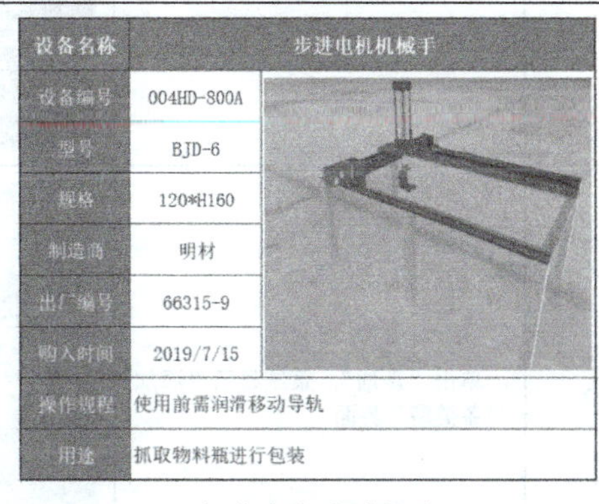

设备名称	步进电机机械手
设备编号	004HD-800A
型号	BJD-6
规格	120*H160
制造商	明材
出厂编号	66315-9
购入时间	2019/7/15
操作规程	使用前需润滑移动导轨
用途	抓取物料瓶进行包装

步进电机机械手

设备名称	堆垛机推板
设备编号	004HD-241A
型号	DDJ-3
规格	200*H160
制造商	明材
出厂编号	64822-1
购入时间	2019/8/15
操作规程	使用前需润滑，提供稳定电压
用途	辅助颗粒成品盒入库

堆垛机推板

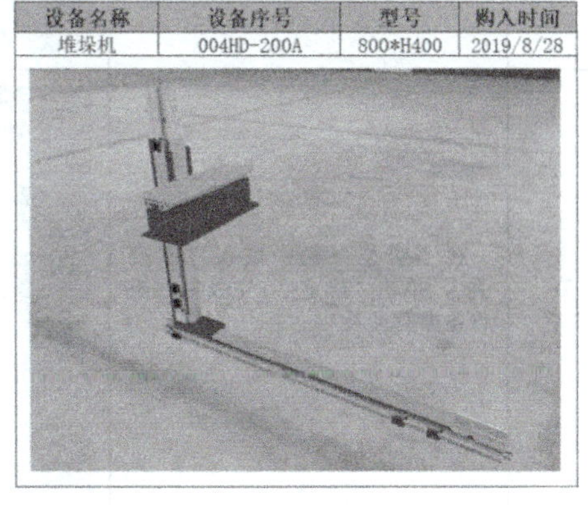

设备名称	设备序号	型号	购入时间
堆垛机	004HD-200A	800*H400	2019/8/28

堆垛机

创设情景

打开 MES 软件，参照表 2-3-1、表 2-3-2 的设备信息配置操作步骤，完成 MINT 平台中颗粒灌装生产线的设备信息录入。

2.3.1 设备类型信息配置

工厂中的设备一般分为生产类、仪器类、辅助类、工具类、运输类、管理类。设备类型信息主要包括类型、备注等。以添加“生产类”设备类型为例，介绍如何配置设备类型，具体操作步骤见表 2-3-1。

表 2-3-1 MES 中设备类型信息配置操作步骤

序号	操作步骤	图片说明
1	选择“设备管理”→“设备类型”，进入“设备类型”界面	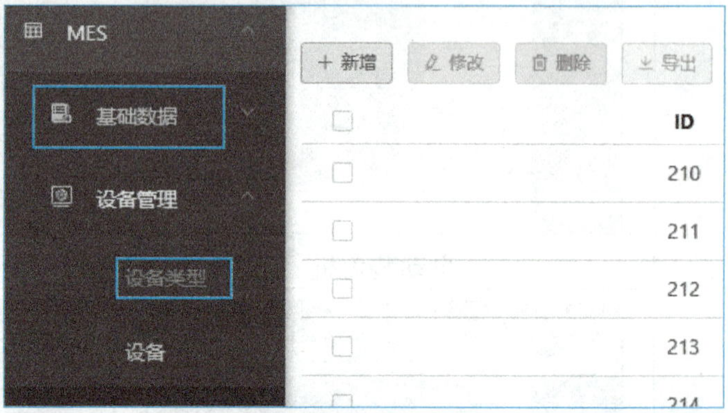
2	单击“新增”，系统显示“添加设备类型”界面	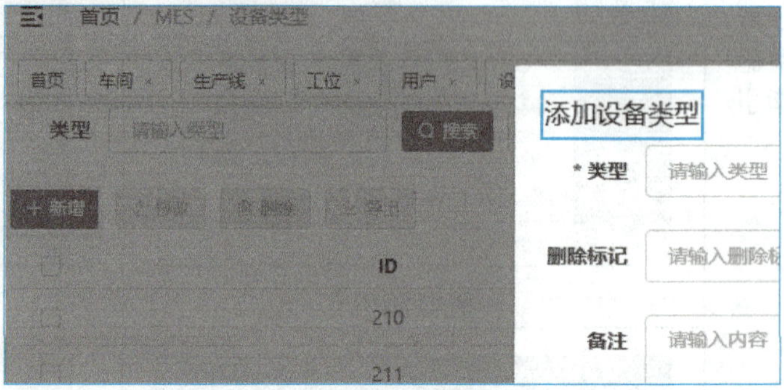
3	在“类型”栏中填入“生产类”，单击“确定”，完成生产类设备类型录入	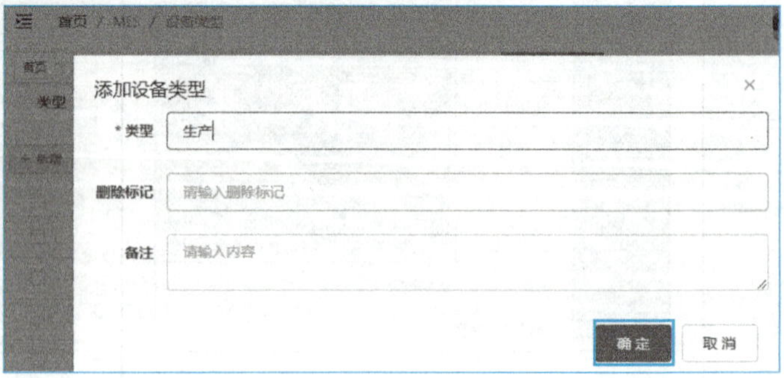

2.3.2 设备信息配置

设备信息主要包括选择的工位、车间，设备名称、类型、负责人、状态等信息。下面以颗粒灌装生产线中的一个设备——自动拧盖机为例，介绍如何配置设备信息，具体操作步骤见表 2-3-2。

表 2-3-2　MES 中设备信息配置操作步骤

序号	操作步骤	图片说明
1	打开 MINT 软件，进入颗粒灌装生产线仿真场景，单击“生产管理”，打开“设备管理”文件，可以看到颗粒灌装生产线所有的设备信息	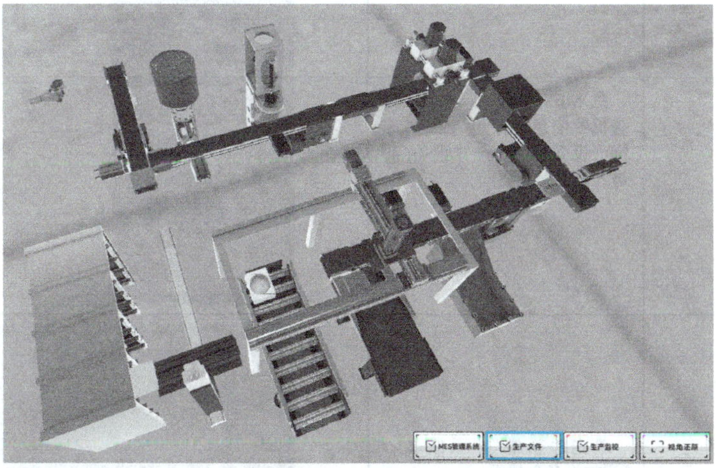
2	在“设备管理”界面中，选择“自动拧盖机”，查看拧盖机的详细信息，可以获得设备名称、设备编号、型号、规格、制造商、出厂编号等基础信息。	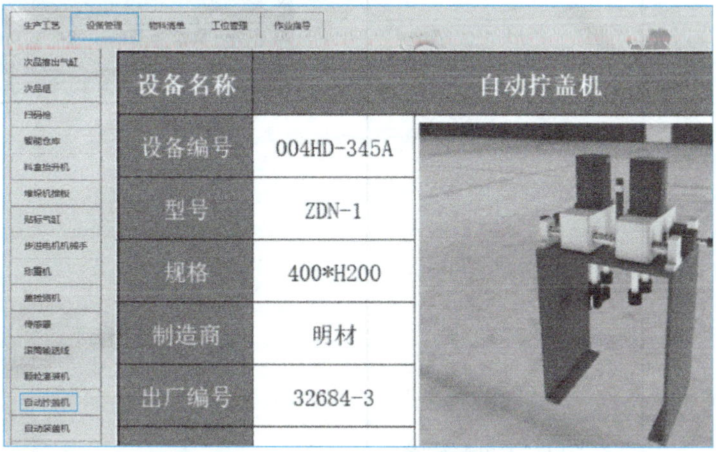
3	我们要看自动拧盖机具体在生产线的哪个位置上，单击“生产管理”，打开“工位管理”文件，可以看到自动拧盖机属于三号工位——装盖工位	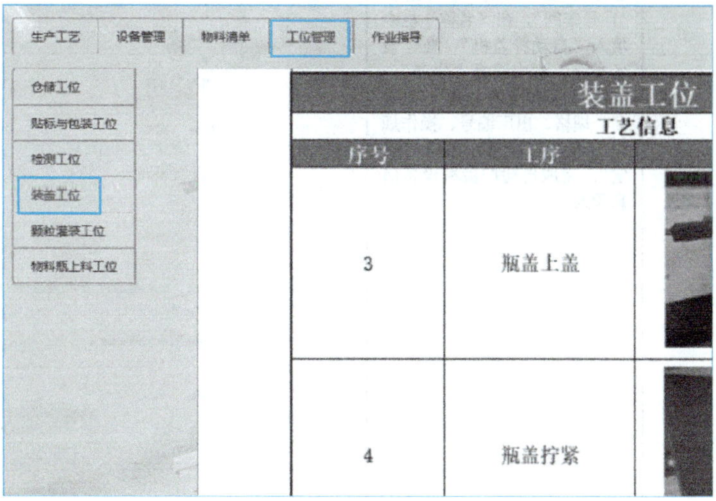

（续）

序号	操作步骤	图片说明
4	在 MES 软件上录入自动拧盖机的信息。打开 MES，选择“设备管理”→“设备”，进入设备信息界面	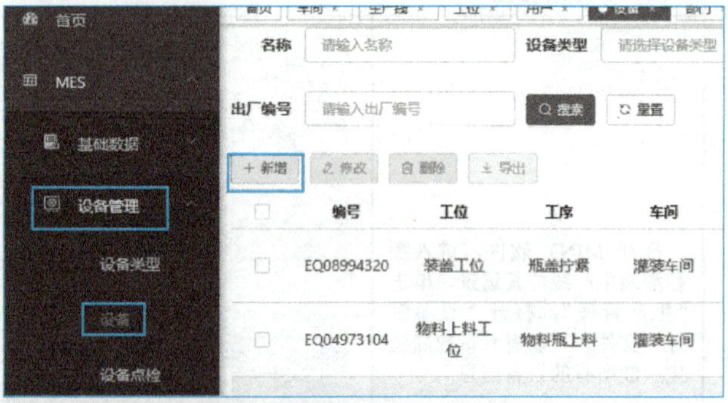 首页 MES 基础数据 设备管理 设备类型 设备 设备点检 名称 请输入名称 设备类型 请选择设备类型 出厂编号 请输入出厂编号 搜索 重置 + 新增 修改 删除 导出 编号 工位 工序 车间 EQ08994320 装盖工位 瓶盖拧紧 灌装车间 EQ04973104 物料上料工位 物料瓶上料 灌装车间
5	单击“新增”，系统显示“添加设备”界面	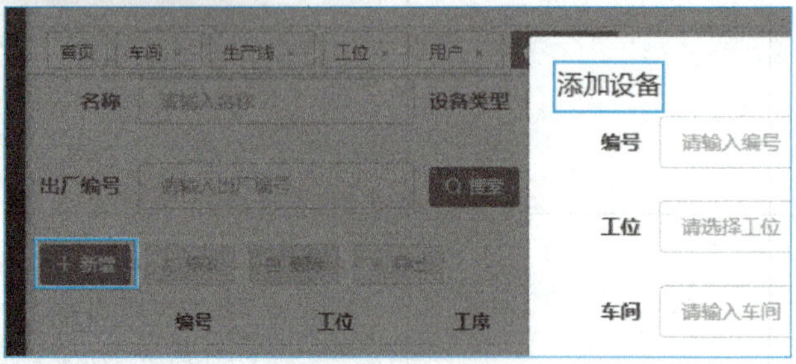 首页 车间 生产线 工位 用户 名称 请输入名称 设备类型 出厂编号 请输入出厂编号 搜索 + 新增 编号 工位 工序 添加设备 编号 请输入编号 工位 请选择工位 车间 请输入车间
6	在“工位”栏中选择“装盖工位”，在“车间”栏中选择“1 号车间”，在“名称”栏中填入“自动拧盖机”，在“设备类型”栏中选择“生产”，同时录入对应的状态、制造商、规格、出厂编号、操作规程、用途等信息，单击“确定”，完成自动拧盖机设备信息录入	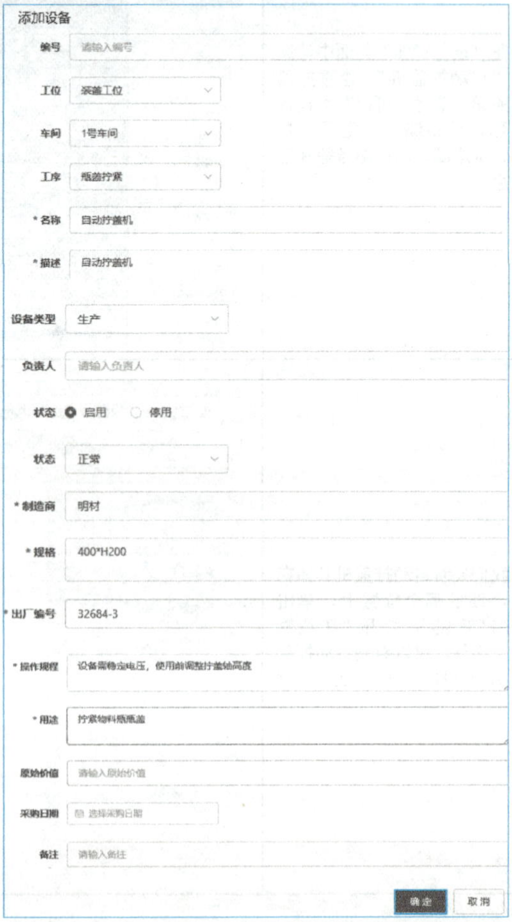 添加设备 编号 请输入编号 工位 装盖工位 车间 1号车间 工序 瓶盖拧紧 * 名称 自动拧盖机 * 描述 自动拧盖机 设备类型 生产 负责人 请输入负责人 状态 启用 停用 状态 正常 * 制造商 明材 * 规格 400*H200 * 出厂编号 32684-3 * 操作规程 设备需稳定电压，使用前调整拧盖轴高度 * 用途 拧紧物料瓶瓶盖 原始价值 请输入原始价值 采购日期 选择采购日期 备注 请输入备注 确定 取消

（续）

序号	操作步骤	图片说明
7	选择“基础数据”→“工位”，找到“装盖工位”，可以看到自动拧盖机已经添加至该工位上	工位类型　装配工位 状态　启用 备注　请输入备注 设备　ID　车间　名称　描述　设备图片　设备类型　负责人　状态　状态 1882　1号车间　自动拧盖机　自动拧盖机　image　启用　正常

关联知识

1. 设备

设备是制造企业进行生产的主要物质和技术基础，制造企业的生产率、产品质量、生产成本都与设备直接相关。设备在 MES 里的基础信息管理称为设备的台账管理。设备台账管理涉及两类信息：一类是设备自身所固有的信息，如设备编号、设备型号、设备名称、设备生产商、采购日期、设备附件信息等；另一类是随着设备运行而产生的数据，如设备运行时间、设备维护时间、设备维修时间、设备点检记录等。设备台账管理能够根据设备唯一编码检索到该设备历史运行及维护情况，支持进行设备电子文档的存储与调取（如设备图纸、安装说明书、设备图片等），实现设备电子档案的建立。

2. 设备类型

MES 首先需要对企业所有设备进行分类，如生产类、仪器类、辅助类、工具类、运输类、管理类。

现以化工企业为例，对其设备进行分类。根据化工企业设备在生产上的重要程度，可将设备分为主要设备和一般设备两大类，各自又分成两类，如图 2-3-1 所示。

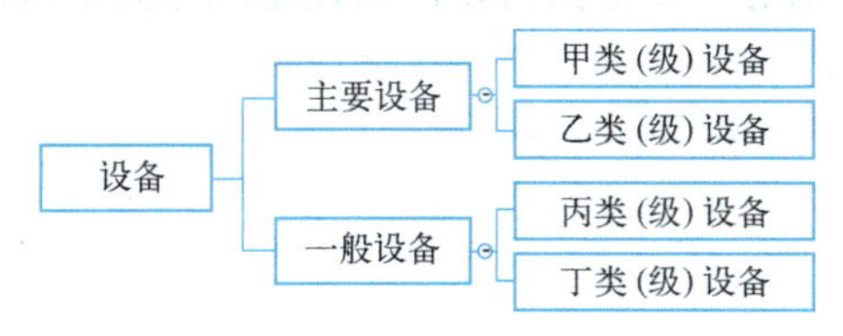

图 2-3-1　化工企业的设备类型

主要设备分为甲类（级）设备和乙类（级）设备。

（1）甲类（级）设备　甲类（级）设备是工厂的“心脏”设备。在无备用机的情况下，如若其出现故障，将引起全厂停产。有的企业称之为关键设备，在一个企业中约占全部设备的 5%～10%，如乙烯厂的原料气、气体压缩机，超高压反应器等，都是乙烯厂的“心脏”设备。

（2）乙类（级）设备　乙类（级）设备是工厂主要生产设备，但有备用设备。其重要程度比甲类（级）设备要低一些，对全厂生产和安全影响不重要。乙类（级）设备约占全厂设备的 10%。

在化工企业中，一般设备的重要性虽不及主要设备，但所占比重较大，约占 90%。一般设备又分为丙类（级）和丁类（级）设备。

（1）丙类（级）设备　丙类（级）设备是运转设备或检修比较频繁的静止设备，如一般反应设备、换热器、机、泵设备等。

（2）丁类（级）设备　丁类（级）设备属于结构比较简单，平时维护工作较少，检修也简单的设备，如高位槽、小型储槽等静止设备。

这种类别（等级）的划分，是为了便于管理，只能是相对的，是根据设备在企业经济地位中的重要性来衡量的。

根据化工企业生产性质，可将使用设备分为 14 个大类：①炉类；②塔类；③反应设备类；④储罐类；⑤换热设备类；⑥化工机械类；⑦橡胶与塑料机械类；⑧化纤机械类；⑨通用机械类；⑩动力设备；⑪仪器仪表类；⑫机修设备机床类；⑬起重运输和施工机械类；⑭其他类设备。

综上所述，设备分类不是一概而论的，可以根据生产企业的实际情况来划分。

3. 设备信息

设备自入厂后，都需要相关负责部门对其进行登记管理。设备登记内容一般包括以下信息：

1）设备编号：设备在 MES 里的唯一编码，以此为设备建立电子档案和电子标签，电子标签与生产设备绑定，方便在设备生命周期中完整追溯。

2）设备名称：设备的中文名称，更直观。

3）设备属性：可以此信息对不同设备进行分类管理。

4）所属车间：可与车间做绑定关联，便于日常派工管理。

5）工位编号：可与工位做绑定关联，便于日常派工管理。

6）负责人：设备的责任人，设备出现问题可直接向其反馈。

7）设备状态：在用、在库、检修、停用、报废等。

8）其他设备出厂信息，如型号、规格、总功率、颜色、出厂编号、尺寸、重量、用气量、购买厂商、出厂时间等。

设备出厂后一般都会有部分随机附件，如使用说明书、电气说明书、基本的操作指导、安装光盘、特殊工具、保养须知等。要根据需要，以设备编号为单位，以附件的形式单独保存这些随机附件，便于日常查看。

随堂笔记：

4. 输送线

输送线主要用于完成物料的输送任务。在环绕库房、生产车间和包装车间的场地，设置了由许多皮带输送机、滚筒输送机等组成的一条条输送链，经首尾连接形成连续的输送线。图 2-3-2 所示为某企业的输送线。

图 2-3-2　某企业的输送线

5. 仓库

仓库是工厂物流的基础单位，仓库的设定目标是让不同状态的物料不混淆。根据物料属性，仓库可分为原料仓、半成品仓、成品仓、辅材仓、设备仓；根据物料检验情况，仓库可分为待检仓、良品仓、隔离仓、不良品仓、报废仓；根据物料分类，仓库可分为普通电子仓、湿敏元件仓、结构件仓、危险品仓、包装物仓。在 MES 中，每个仓库需单独编号，日常生产运行中物料其实就是在不同仓库中流转的。

比如一个物料从进厂开始，从待检仓、良品仓根据不同属性进入电子仓或包装物仓，领料后进入线边仓，生产后进入半成品仓，最后组装完成后进入成品仓。生产中损坏的物料，从线边仓、隔离仓，经过质量检验后，进入不良品仓再经过判断进入报废仓或修整后回到线边仓。MES 中针对不同的仓库属性，可对里面的物料做相应的逻辑限制，比如不良品仓、隔离仓的物料是不允许被生产领用的，电子类半成品的领料 BOM（物料清单）是不会有包装仓的物料的。

6. 堆垛机

堆垛机是整个自动化立体仓库的核心设备，通过手动操作、半自动操作或全自动操作实现把货物从一处搬运到另一处。它由机架（上横梁、下横梁、立柱）、水平行走机构、提升机构、载货台、货叉及电气控制系统构成。图 2-3-3 所示为某企业堆垛机。

图 2-3-3　某企业堆垛机

随堂笔记：

任务考核

结合小组的任务实施情况，对照 MES“颗粒灌装生产线设备信息配置任务实施考核表”，对每名学生进行任务实施考核。考核过程参照“制造执行系统实施与应用”职业技能等级证书要求，并将考核结果记录在表 2-3-3 中。结合小组的任务实施情况，对照“颗粒灌装生产线设备信息配置任务实施考核表”，学生互评，再请教师复评。通过任务实施评价，各小组之间、学生之间可以通过分享实施过程，相互借鉴经验。设备的先进与否直接关系着企业存亡，甚至国计民生，在此过程中，引导学生树立“为国分忧、为民族争气”的爱国主义精神。

表 2-3-3　颗粒灌装生产线设备信息配置任务实施考核表

<table>
<tr><td colspan="4">班级：</td><td colspan="3">姓名：</td></tr>
<tr><td colspan="4">小组：</td><td colspan="3">学号：</td></tr>
<tr><td colspan="2">项目</td><td>要求</td><td colspan="2">应得分</td><td>得分</td><td>备注</td></tr>
<tr><td rowspan="4">任务实施</td><td rowspan="2">设备类型信息配置</td><td rowspan="2">根据任务要求，设置设备类型信息</td><td>准确率</td><td>15</td><td rowspan="2"></td><td rowspan="2"></td></tr>
<tr><td>速度</td><td>10</td></tr>
<tr><td rowspan="2">设备信息配置</td><td rowspan="2">根据任务要求，设置设备信息</td><td>准确率</td><td>15</td><td rowspan="2"></td><td rowspan="2"></td></tr>
<tr><td>速度</td><td>10</td></tr>
<tr><td rowspan="2">任务评价</td><td>小组互评</td><td>从安全操作、信息获取、任务实施结果、工作态度、职业素养等方面进行评价</td><td colspan="2">20</td><td rowspan="2"></td><td rowspan="2"></td></tr>
<tr><td>教师评价</td><td>从安全操作、信息获取、任务实施结果、工作态度、职业素养等方面进行评价</td><td colspan="2">30</td></tr>
<tr><td colspan="3">合计</td><td colspan="2">100</td><td></td><td></td></tr>
<tr><td colspan="2">经验总结</td><td colspan="5"></td></tr>
</table>

课后活动

请学生根据图 2-3-4～图 2-3-6 的设备信息图，完成 MES 中设备信息的配置。

设备名称		三坐标测量仪
设备编号	CLY302	
型号	MALG-5C	
规格	1200*600*500	
制造商	明材	
出厂编号	3U098	
购入时间	2019/8/28	

图 2-3-4　三坐标测量仪设备信息图

设备名称		数控加工中心
设备编号	JGZX233	
型号	TR-162	
规格	1600/1300/600	
制造商	明材	
出厂编号	89757x5	
购入时间	2018/4/2	

图 2-3-5　数控加工中心设备信息图

设备名称		AGV
设备编号	AGV236	
型号	UC 200UL	
规格	800/600/280	
制造商	明材	
出厂编号	su75	
购入时间	2020/10/23	

图 2-3-6　AGV 设备信息图

任务 2.4 颗粒灌装生产线物料信息配置

任务描述

物料信息配置

物料对于多数企业来说，有广义和狭义之分。狭义的物料就是指材料或原料，而广义的物料包括与产品生产有关的所有物品，如原料、辅助用品、半成品、成品等。本节任务在 MES 物料管理模块中配置物料、BOM（物料清单）信息。接下来，在 MES 中完成颗粒灌装生产线物料信息的配置。

素质目标

1. 养成科学严谨的工作态度。
2. 认识 MES 物料信息配置的重要性，增强责任感。
3. 体验工作的成就感，增强热爱劳动的意识。
4. 树立无私奉献、敢为人先、爱岗敬业的精神。

知识目标

1. 知道物料的定义、属性以及重要性。
2. 理解 MES 中物料的分类。
3. 知道物料编码的定义。
4. 知道物料基本管控原则。
5. 知道 BOM 的分类和重要性。

能力目标

1. 完成颗粒灌装生产线物料信息配置。
2. 完成颗粒灌装生产线 BOM 信息配置。

任务实施

<table>
<tr><td rowspan="2">任务实施指引</td><td colspan="2">在教师的安排下，各学习小组在 MES 中根据教材中提供的操作步骤，完成颗粒灌装生产线物料信息配置工作。通过行动导向教学法激发学生的学习兴趣与学习主动性</td></tr>
<tr><td>
物料瓶</td><td>
瓶盖</td></tr>
</table>

（续）

任务实施指引	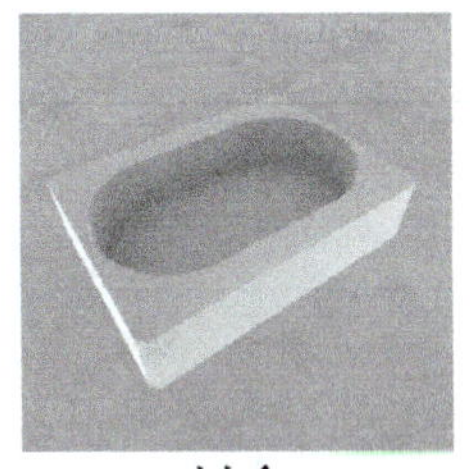 料盒	 料盒盖

创设情景

打开 MES 软件，完成 MINT 平台中颗粒灌装生产线的物料信息录入。图 2-4-1 所示为颗粒灌装生产线 BOM。

颗粒灌装生产线BOM

BOM编码	品名	产品编号	单位	数量	BOM版本	状态	审核人	生效日期	失效日期
CS-BYB-0-120-30C71	颗粒瓶成品盒	KLPCPH-P5	个	1	CS-A0-1	已审核	工	2019/11/25	

层次	品名	子件编码	英文名称	单位	子件用量	规格	型号	物料类型	工序
1	物料瓶	004HD-100A	B.02.1111702	个	1	H15R10	WLP-01	半成品	物料瓶上料
2	颗粒	004HD-670A	B.04.1135416	粒	5	R5	KL-01	半成品	颗粒灌装
1	瓶盖	004HD-663A	B.08.4216500	个	1	R10	PG-01	半成品	瓶盖上盖
1	料盒	004HD-664A	B.03.0016857	个	1	L20W15H12	LH-01	半成品	打包装箱
1	料盒盖	004HD 422A	B.02.1284823	个	1	L20W15H8	LHG-01	半成品	打包装箱

图 2-4-1　颗粒灌装生产线 BOM

2.4.1　物料信息配置

物料信息主要包括物料编号、名称、计量单位、类型、规格、型号等。下面以“颗粒灌装生产线物料”为例，介绍如何录入物料信息，具体操作步骤见表 2-4-1。

表 2-4-1　MES 中物料信息配置操作步骤

序号	操作步骤	图片说明
1	打开 MINT 软件，进入颗粒灌装生产线仿真场景，单击“生产管理”，打开“物料清单”文件，可以看到物料信息	生产工艺　设备管理　物料清单　工位管理　作业编号 颗粒灌装生产线物料清单

BOM编号	名称	产品（物料）编号	是否审核	审核人	类型	状态
CS-BYB-0-120-30C71	颗粒瓶成品盒	KLPCPH-P5	是	王一	标准BOM	启用

层次	品名	物料编号	单位	子件物料数量	规格	型号	类型	工序
1	物料瓶	004HD-100A	个	1	H15R10	WLP-01	半成品	物料瓶上料
2	颗粒	004HD-670A	粒	5	R5	KL-01	半成品	颗粒灌装
1	瓶盖	004HD-663A	个	1	R10	PG-01	半成品	瓶盖上盖
1	料盒	004HD-664A	个	1	L20W15H12	LH-01	半成品	打包装箱
1	料盒盖	004HD-422A	个	1	L20W15H8	LHG-01	半成品	打包装箱

（续）

序号	操作步骤	图片说明
2	在MES软件上录入物料瓶的信息。打开MES，选择“物料管理”→“物料”，进入物料信息界面	
3	单击“新增”，系统显示“添加物料”界面	
4	在“编号”栏中录入“004HD-100A”，在“名称”栏中录入“物料瓶”，在“计量单位”栏中录入“个”，在“类型”栏中选择“半成品”，在“规格”栏中录入“H15R10”，在“型号”栏中录入“WLP-01”，在“状态”栏中选择“启用”，单击“确定”，完成物料瓶的信息录入	

2.4.2 物料管理信息配置

物料管理主要是管理 BOM，BOM 信息主要包含编号、名称、物料编码、是否审核、审核人、类型等。下面以“颗粒灌装生产线 BOM”为例，介绍如何录入 BOM 信息，具体操作步骤见表 2-4-2。

表 2-4-2　MES 中 BOM 信息配置操作步骤

序号	操作步骤	图片说明
1	选择“物料管理”→“BOM”，进入 BOM 信息界面	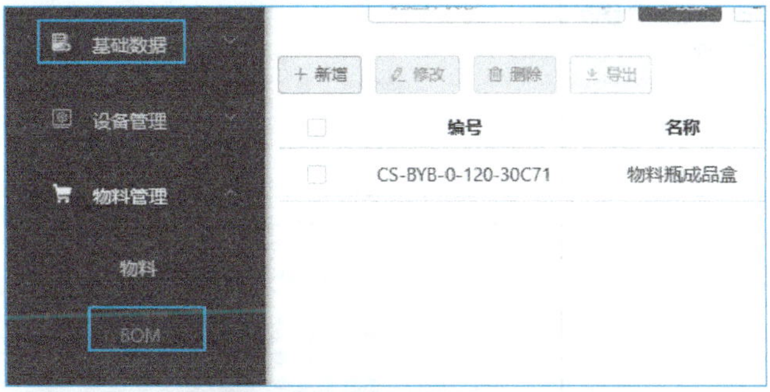
2	单击“新增”，系统显示“添加 BOM”界面	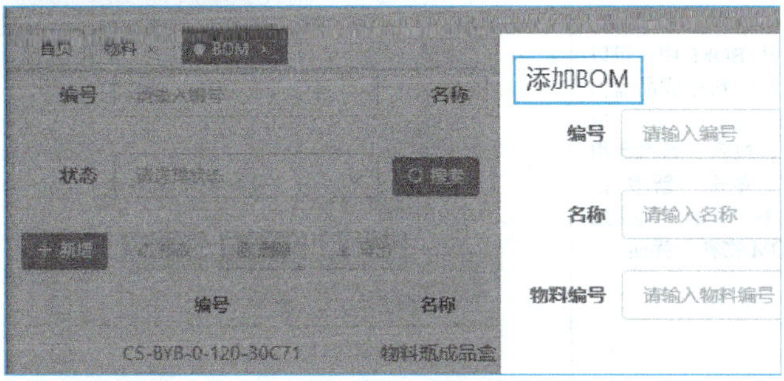
3	在“名称”栏中录入“物料瓶成品盒”，在“物料编码”栏中录入“KLPCPH-P5”，在“是否审核”栏中选择“是”，在“审核人”栏中填入“王一”，在“类型”栏中选择“标准 BOM”，在“状态”栏中选择“启用”，单击“确定”，完成 BOM 的信息录入	

（续）

序号	操作步骤	图片说明
4	在BOM中添加所有物料及相应数量。找到“物料瓶成品盒”的BOM，单击“修改”，进入“修改BOM”界面	 修改BOM 编号 请输入编号 名称 物料瓶成品盒 物料编号 KLPCPH—P5 描述 请输入内容 是否审核 是 审核人 王一
5	从BOM中，可以看到物料瓶成品盒由物料瓶、颗粒、瓶盖、料盒、料盒盖组成。单击“新增”，系统显示“添加BOM物料”界面	 类型 标准BOM 状态 启用 停用 备注 请输入备注 +新增 修改 删除 物料数量 物料编号 所属工序 备注 操作 暂无数据 确定 取消 添加BOM物料 物料数量 请输入物料数量 物料编号 请输入物料编号 所属工序 请选择所属工序 备注 请输入备注 确定 取消
6	以将物料瓶添加至该BOM中为例，从BOM列表中，可以得到物料瓶的编号为004HD-100A、数量为1。因此，在“物料数量”栏中填入“1”，“物料编码”中填入“004HD-100A”，（所属工序，我们将在下节课配置完工序后，进行物料与工序的绑定），单击“确定”，完成添加。同理，可将其他所需物料添加至BOM中	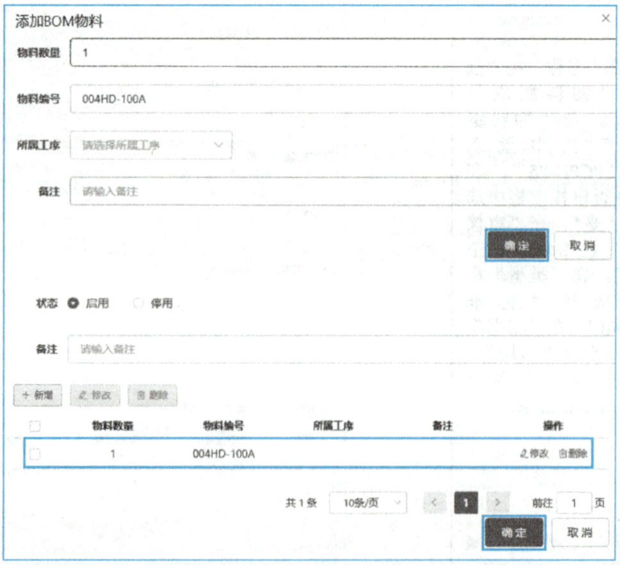 添加BOM物料 物料数量 1 物料编号 004HD-100A 所属工序 请选择所属工序 备注 请输入备注 确定 取消 状态 启用 停用 备注 请输入备注 +新增 修改 删除 物料数量 物料编号 所属工序 备注 操作 1 004HD-100A 修改 删除 共1条 10条/页 1 前往 1 页 确定 取消

关联知识

1. 物料的定义

对于多数企业来说，物料有广义和狭义之分。狭义的物料是指材料或原料；而广义的物料包括与产品生产有关的所有物品，如原材料、辅助材料、半成品、成品等。需要注意的是，在 MES 中，成品属于物料中的一个分类。原材料和辅助材料如图 2-4-2 所示。

a) 原材料

b) 辅助材料

图 2-4-2 原材料和辅助材料

2. 物料的重要性

物料是工厂生产产品的第一道门槛。有许多工厂出现这种情况：因为物料的异常而常常改变生产计划，影响了产品质量或者合同交期；也可能因为库存物料数量不清晰，仓库出现大量呆滞料，从而占用企业大量资金，导致企业运营成本增加。物料牵动着企业各个部门的神经，凸显了自身的重要性。

3. MES 中物料的分类

在 MES 中，企业一般将物料分为三大类：原材料、半成品、成品。原材料是指企业采购回来用于加工生产半成品或成品的材料。半成品是指企业的原材料已经过一定生产过程，并已检验合格，但尚未最终制造成为成品的中间产品。成品是指企业生产合格用于销售的产品。

例如：A 企业是一家生产铅笔的企业，对于 A 企业来说，铅笔可以看作 A 企业的一个成品；因为铅笔是由木质笔杆与铅笔芯组成的，所以笔杆与笔芯是 A 企业的半成品；而笔杆是由木材制成的，笔芯是由石墨制成的，所以木材和石墨便是 A 企业所需要采购的原材料。A 企业通过采购原材料（木材与石墨），将其加工成半成品（笔杆与笔芯），再经过二次加工将笔杆与笔芯制造为成品（铅笔）。这便是 A 企业整个的铅笔制造过程。

同样的物料在不同企业的分类是不同的。比如：X 企业是一家生产计算机屏幕的企业，所以对于 X 企业来说，计算机屏幕便是 X 企业的成品。但是对于生产计算机的 Y 企业来说，计算机屏幕是其需要采购的原材料。所以在 MES 中物料的分类一定是根据企业的实际情况来划分的。

4. 物料编码的定义

物料编码是企业标识物料的唯一代码，通常用字符串或数字表示（见图 2-4-3）。物料编码是 MES 对物料的唯一识别代码。它用一组代码来代表一种物料。物料编码在一家企业内必须是唯一的，也就是说在同一家企业内同一种规格的物料不能有多个物料编码，一个物料编码也不能对应多种不同规格的物料。

通俗一点来解释，做数字化工厂就是要对工厂内所有物料进行管控，在这里可以把工厂看作一个班级，班主任要对班级里面所有学生进行管理，那么就会先给每个学生分配一个学号。学号便是这个学生在这个班级里的唯一标识。物料编码就是这个物料在这个工厂里的唯一标识。类似我们每个人都有自己的身份证号，而身份证号就是我们在中国的唯一标识。

在企业 MES 中，物料编码是整个 MES 的基础，MES 会将企业内所有需要管控的物料通过编码汇聚在一张物料清单中。

物料编码：YJ001-871-000002
规格：EP21主驾 1.6T FR-4 四层板 1盎司 蓝油白字
供应商：上海××电子有限公司
批号：WWWW
日期：20190911
数量：125
库位:A10-02-04-01
}CB+19092600163

图 2-4-3 物料编码示例

5. 物料的属性

在物料清单中，物料名称、物料规格、物料类型、计量单位、物料型号、批号等都属于物料的基本属性（见图 2-4-4），在企业中大部分员工并不能根据物料编码认识物料，只能通过物料基本属性中的某些信息去辨识，比如使用物料名称、物料规格去确认。这类似于在一个班级里，我们无法根据一个学号判断出学生是谁，但能通过学生的姓名、相貌快速辨识。物料清单就是物料编码与物料属性对应关系的表。

6. 物料的基本管控原则

在物料清单中，不但有物料的一些基本属性，还有一部分企业用于管控物料的管控原则信息。比如是否先进先出、是否批次管理、是否超任务下架、是否质检、是否调整数量发料、是否质检、是否禁用等。这些原则信息并不是描述物料客观基础属性的，它们可以根据企业对物料的管控要求随时调整。

编号 请输入编号　名称 请输入名称　类型 请选择类型
种类 请输入种类　型号 请输入型号　批号 请输入批号
供应商 请输入供应商　状态 请选择状态　检测 请选择检测
生产日期 选择生产日期　入库日期 选择入库日期　搜索　重置
新增　修改　删除　导出

编号	名称	计量单位	类型	属性(重量范围)	规格	型号	状态	备注	操作
004HD—100A	物料瓶	个	半成品	undefined~undefined	H15R10	WLP—01	启用		修改 删除
004HD—670A	颗粒	粒	半成品	undefined~undefined	R5	KL—01	启用		修改 删除

图 2-4-4 物料属性

以下是常用物料管控原则：

（1）先进先出原则　在库存管理中我们经常提到“先进先出”（First In First Out，FIFO），那么何谓先进先出？顾名思义，先进先出就是指先放进来的货品要先提取出去。由于先放进来的物料经过了较长时间，品质可能会有所变化，因此要把先放进来的物料最先提取出去，以保证物料的质量。

那么在 MES 中如何实现货品的先进先出呢？这里需要先引入一个概念——条码管理。企业每采购一批物料，当物料到货需要入库时，MES 就会给该批物料生成一个条码，该条码关联了该批的物料编码、物料名称、物料型号、物料数量、供应商等信息。

例如，A 企业是一家生产手机的企业，采购了 500 块手机电池。手机电池便是一种需要先进先出的物料。当电池送到 A 企业时，MES 会为这 500 块电池生成一张二维码标签。A 企业仓管员通过扫描二维码，将该批电池入库。二维码记录了物料编码、物料名称、数量、入库时间等信息，当需要领料出库，仓管员扫描二维码，MES 便会提示该二维码是不是该物料最早入库时间的。如果不是则 MES 不会允许出库，且 MES 会提示入库时间最早的二维码以及所在货位，方便领料出库时做到先进先出。

（2）批次管理原则　批次管理是指产品从原材料投入到交付出厂的整个生产制造过程中，实行严格按批次进行的科学管理，它贯穿于产品生产制造的全过程。其作用主要为一旦发生质量问题，就能够迅速准确地根据批次号来隔离产品，把半成品返修报废的数量和对成品的影响限制在最低限度。对于批次，因为需求不同，所以会有不同的定义，也产生了不同的管理方式。总体来说，批次管理是为追溯提供信息服务的必需要素。

例如：A 企业是一家生产手机的企业，B 企业是 A 企业的电池供应商。A 企业要求 B 企业对生产的电池进行批次管理，因此 B 企业生产的电池每一批都有一个生产批号。每当 B 企业为 A 企业供应一批电池，A 企业在材料入库时需要通过 MES 对这批电池生成一个条码，其中 B 企业的生产批号是该条码的必填项之一，继而 A 企业生成的物料条码会绑定 B 企业的生产批号。后续 A 企业在生产时会通过扫描条码来领用电池材料，这样便完成了原材料与成品的互相关联。当发现 B 企业的某个批次产品有质量问题，需要全部召回时，A 企业便可以通过 B 企业提供的问题产品批号，找出对应入库时的条码，再通过条码找出使用这些条码的生产订单，从而找出相应的成品，针对该批次的产品做出相应的处理，从而减少企业的损失。这样的追溯过程便是批次管理的意义所在。

（3）来料检验管理原则　来料检验（即来料质量控制，IQC）指对采购进来的原材料或部件在入厂前做品质确认和查核，即在供应商送原材料或部件时，通过抽样的方式对品质进行检验，并最后做出判断——该批产品是允收还是拒收。来料检验是企业产品在生产前的第一个控制品质关卡，如把不合格原材料放到制程中，则会导致制程最终产品的不合格，造成巨大的损失。来料检验不仅影响到企业最终产品的品质，还影响各种直接或间接成本。

在制造业中，对产品品质有直接影响的通常为设计、来料、制程、储运四大主项，一般来说设计占 25%，来料占 50%，制程占 20%，储运占 1%到 5%。

综上所述，来料检验对企业产品质量有决定性作用，因此要把来料检验提升到一个企业战略性地位来对待。

那么企业如何通过 MES 来控制来料检验呢？例如：A 企业是一家生产计算机的企业，因为今年接的订单量比较大，原有的显示屏供应商无法满足 A 企业要求，于是 A 企业新洽谈了一家显示屏供应商。但是 A 企业对该显示屏供应商所提供的显示屏质量并不放心，于是在 MES 中对该显示屏的“是否质检”项做了勾选。当供应商送来显示屏时，A 企业仓管员准备收货入库，MES 便会提示仓管员，该物料没有质检，须质检合格后才允许入库。于是仓库员就必须通知企业质检部门人员对该批物料进行质检。质检合格后仓管员进行入库操作。

企业便是通过这种方法，对入库物料做了质量卡控，以保证入库物料的质量都是合格的。同样，又过了段时间，该显示屏供应商提供的显示屏一直是合格的，并且每次显示屏供应商都能提供检验合格报告，A 企业也觉得不用每次入库都做质检了，于是就在 MES 中取消了该物料的“是否质检”项。这样，A 企业的 MES 就不会再卡控该物料。这个供应商供货的显示屏就不需要质检，便可以直接入库了。

（4）最小包装量原则　最小包装指的是原材料从生产方出厂成品时的最小销售单元。大米的 2.5kg/包和 20kg/包、饮料的 330mL/罐和 1.5L/瓶、芯片 IC 的 1000PCS/盘和 200PCS/盘、电子元器件的 4k/盘和 5k/盘等，这些都是最小包装量的具体体现。最小包装根据包装数量的不同，可以适用于不同需求的客户和需求。

最小包装量的不同会影响到物料 MRP（物资需求计划）运算和原料的领用，比如一包五金件是 10k/包的，但领料单的需求只要 4k，因此仓管员有两种发放方式：第一种是直接根据最小包装发 10k 给生产线，同时修改领料单的实际发货数量为 10k；第二种是用称量或点数的方法，根据实际需求量发 4k 给生产线，领料单的实际发货数量为 4k。两种发放方式均有利弊：第一种方式减少了仓库的工作量，但有生产线元件无故耗损、增加成本的风险；第二种方式则增加了仓库的工作量和生产线因数量差异补料的时间损耗，但便于生产过程管控，可以更精细地管控生产成本。企业具体采用哪种发放方式，需要从实际出发，择优选择。

物料 MRP 运算则会考虑原材料的最小包装量。比如 A 物料暂缺 I7k/PCS，供应商分别有 2k/PCS 和 5k/PCS 两种最小包装的成品，采购时会考虑采购成本，决定以 2k×9 或以 5k×4 的方式来采购。来料收货需要根据原材料的最小包装制作物料标签。

7. 产品结构 BOM 的重要性

BOM 不仅是 MES 中重要的输入数据，而且是财务部门核算成本、制造部门组织生产等的重要依据，因此 BOM 的影响面最大，对准确性要求也最高。正确地使用与维护 BOM 是管理系统运行期间十分重要的工作。具体来说，BOM 有以下意义：

1）MRP 的基础。

2）制造指令发料的计算依据。

3）本质上是一项工程文件，不仅是产品的规范说明，也是制造流程的依据。

4）用来核算产品成本的基础。

设计部门是 BOM 的设计者，也是 BOM 的使用者，需要从 B0M 中获取所有零部件的信息以及相互间的结构信息；工艺部门根据 BOM 建立各零部件的制造工艺和装配件的装配工艺，以及确定加工制造过程中应使用的工装、模具等；生产部门根据 BOM 来生产产品；仓库根据 BOM 进行发料；财务部门根据 BOM 中每个自制件或外购件的成本来确定最终产品的成本；质量控制部门要根据 BOM 保证产品的质量合格；生产维修部门通过 BOM 了解最终产品的具体结构，了解需要哪些备件等。可见 BOM 对于企业各部门的管理工作都有着十分重要的作用，它如此重要及影响范围如此大，故其内容必须随时保持正确、及时。BOM 如图 2-4-5 所示。

型号：FT838R-(1-3)W　　　　　　日期：2012/09/21

序号	物料名称	描述	型号规格	单位	用量	工位
1	电路板	PCB	16x24 FR-1 94-V0	PC	1	
2	整流桥	MB6S 4.9mmX3mm	M7 600V-0.5A	PC	1	DB1
3	整流二极管	M7 1A/1000V	M7 1A/1000V	PC	1	D1
4	整流二极管	HER103 1A/200V	HER103 1A/200V	PC	1	D2
5	电解电容	2.2uF/400V±20% 105℃ 8x12	2.2uF/400V±20% 105℃ 8x12	PC	1	C1
6	电解电容	100UF/10V±20% 105℃ 5X11	100UF/10V±20% 105℃ 5X11	PC	1	C2
7	贴片电容	1206-4.7uF/25V±10% 105℃	4.7uF/25V±10% 1206	PC	1	C3
8	开关管	13002 1A/600V	13002 1A/600V	PC	1	Q1
9	贴片IC	PWMIC	FT838R SOT23-5	PC	1	U1
10	贴片电阻	1206-205	2M 1206±5%	PC	1	R1
11	贴片电阻	0603-513	51K 0603±1%	PC	1	R2
12	贴片电阻	0603-85B	7.5K 0603 ±1%	PC	1	R5
13	贴片电阻	0603-010	10K 0603±5%	PC	1	R6
14	变压器	EE10-8P卧式		PC	1	T1
15	贴片电阻	0805-3R0	3R 0805 ±5%	PC	1	R3

图 2-4-5　BOM

8．建立产品结构的要点

（1）BOM 必须能显示制造层次　理想的 BOM，不但应能具体显示产品的组成结构，而且还能说明该产品在制造过程中的阶段。也就是说，BOM 必须从制造层次上来界定产品，每一个层次代表制程中某一个步骤的完成，而每一个存货项目都在 BOM 的上下各层中有进库和出库的动作。产品结构（BOM）如图 2-4-6 所示。

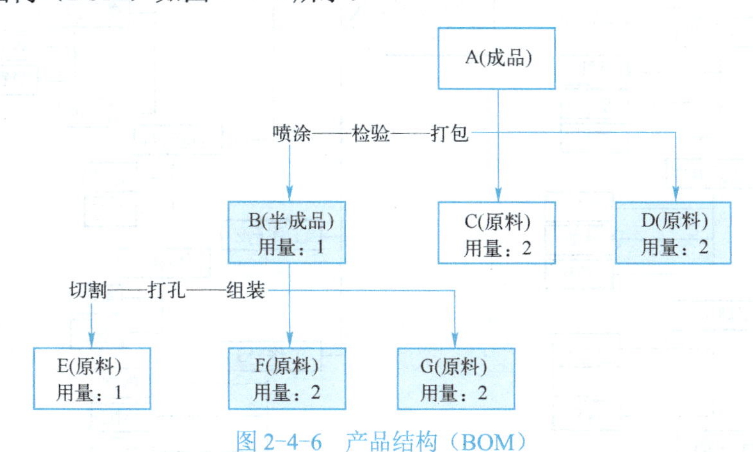

图 2-4-6　产品结构（BOM）

（2）BOM 必须避免含义不清　作业的单元性是关键。一批组件装配后，各自独立，成为一个完整的单元，被送至库存或下一个工作站，则该项装配件便有必要定义一个物料号。如果不定义物料号，则 MRP 将无法为该项装配件产生必要的订单。

（3）产品结构的系统档案设计　虽然产品结构会有很多层次，但在系统中以单层方式记录产品，只需维护父项和子项两层的关系，再经过串联，即可得到多层次关系的产品结构。

9．BOM 的分类

（1）EBOM、PBOM 和 MBOM　一般产品要经过工程设计、工艺制造设计、生产制造三个阶段。相应地，在这三个阶段中分别产生了名称十分相似但内容差异很大的各类 BOM——EBOM（工程 BOM）、PBOM（工艺 BOM）、MBOM（制造 BOM），如图 2-4-7 所示。

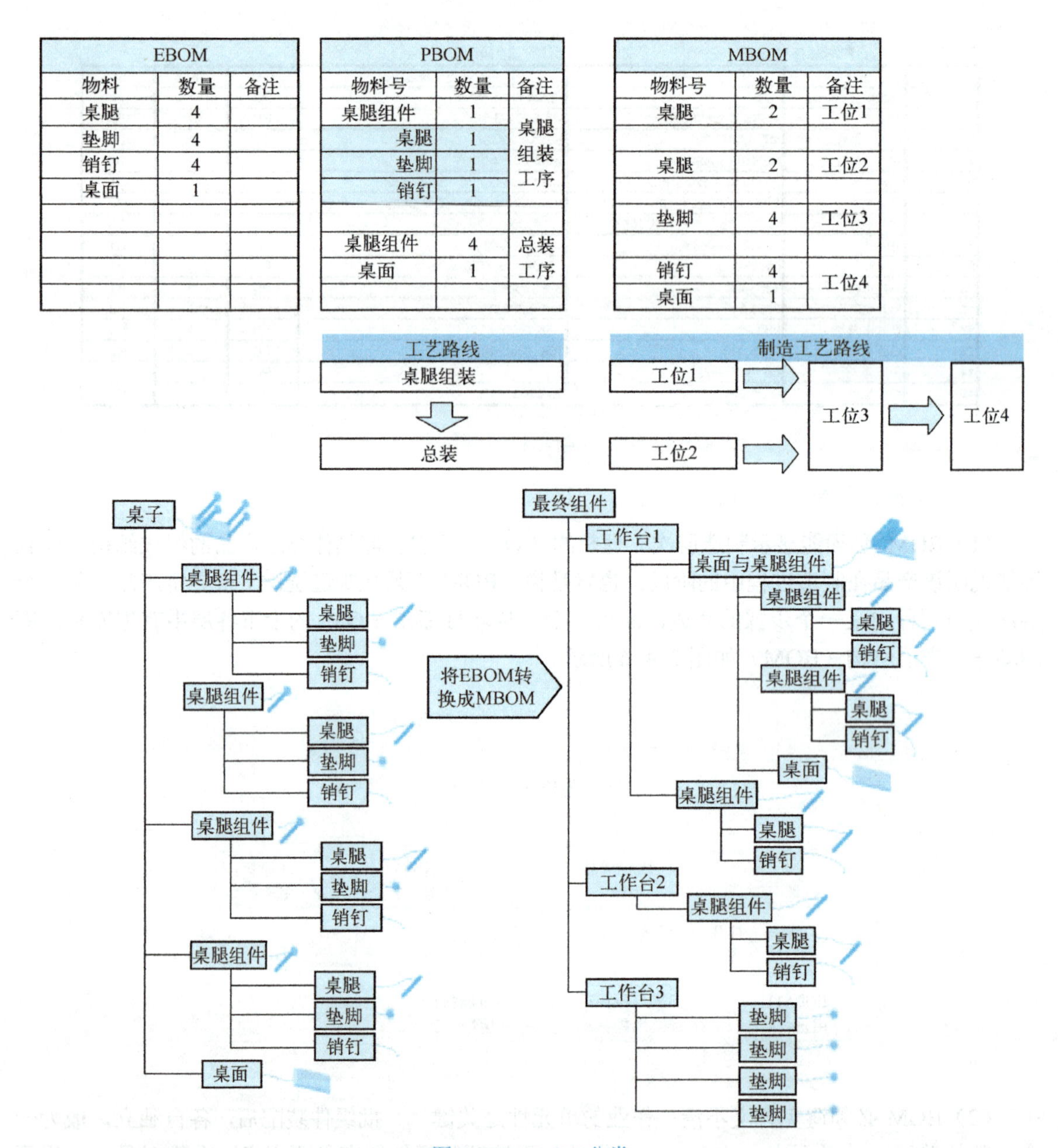

图 2-4-7　BOM 分类

下面详细说明一下 MBOM 里必备的字段：

1）序号。由于工序不同或有效时段不同或插件位置不同，因此每一个父项下面可能有多个子项。这种情况不能通过单位用量来说明，父子项可能不唯一，因此同一个父项通过序号唯一来描述。当物料的性质或发料的优先次序要求子项按一定的顺序排列时，这些也通过序号来实现。BOM 展开时，也按序号排列。

2）单位用量。单位用量表示每一库存单位父项需用到多少库存单位的子项，物料的库存单位在物料代码资料表中定义。

3）基数。基数表示父项的数量，如每个纸箱（A 物料代码），可存放 100 个手表（X），则 BOM 中表示如下：

父项：X　　　序号：1　　　子项：A　　　单位用量：1　　　基数：100

A．损耗率。有些物料由于机器设备的原因，或由于装配的原因等，正常的单位用量无法满足其生产的需要，而要定义损耗的百分比率，简称损耗率。

B．固定损耗量。根据损耗率，不同订单的损耗量不同，订单量少的损耗量也少，订单量大的损耗量也大，但有的时候即使是少批量的订单也会有一定的损耗，这部分可通过固定损耗量来定义。也就是：不管订单多少，至少要有这么多损耗。

C．生效日期和失效日期。由于工程变更或不同时期产品结构不同而需指定生效日期和失效日期。如果一直有效，则不要指定失效日期，或指定一个很久之后的日期，或指定失效日期为“1900/1/1”。

D．发料工序号码。每一个父项在物料代码资料表中定义了一条工艺路线，每条工艺路线在工艺路线资料表中需至少定义一道工序或多道工序，BOM 不同子项发料时可能发到同一道工序，也可能发到不同的工序，在此说明子项发料时应该发放到哪道工序。下达制造命令后，系统生成用料明细，如果 BOM 中没有指明发料工序号码，则把工艺路线资料表中第一道工序当作发料工序。

E．状态。BOM 有三种状态：待确认、确认/0K、取消。新增 BOM 子项时为待确认状态，只有确认/0K 的子项才可使用。待确认或确认/0K 的子项都可以取消。

F．客供品标志。客供品标志表示子项为客户提供的物料，计算成本时不考虑此物料成本。

G．制造厂商。有的父项下某项物料要求一定要使用某个品牌，在此指定品牌制造商，采购下单和生产发料时可参考。即使制造商不同，也可以不定义新的物料代码，以简化物料管理，减少物料代用关系。

H．插件位置。插件位置指明子项放在父项的哪个位置，如一电路板上在 P11 位置放一电容，指明插件位置为 P11。

I．开始批号。有的时候，BOM 中的某个子项只被指定的批号所用到，而在其他批号中无效，可通过开始批号和结束批号加以说明。注意只有下列情况才需进行批号控制：当产品或材料有储存有效期限制时；当产品有特殊要求或因印刷包装不同而不用新增机种时，尽量不要使用批号控制。

J．结束批号。参考上面开始批号。

K．备注。仅用于注解说明。

（2）客户 BOM　客户 BOM（Customer BOM，CBOM）实际上有两个含义：一个是指从所有产品机构中筛选出客户订购的产品目录，另一个是指客户订购的具体规格产品的明细表。对于有些按照客户管理和组织产品图纸的企业，这是非常实用的一种表现形式。这种情况在 PDM 系统中比较常见，ERP 系统中由于还考虑到不同的客户订购产品对生产计划的影响，情况复杂一些，可能还扩展到计划 BOM 的范畴。

以眼镜为例，客户 BOM 如图 2-4-8 所示。如果 A 客户有定制要求，需要特殊的蓝光镜片和定制形状的镜架，那么生产企业就需要把原来的 MBOM 里的镜片（20300）和镜架（20110）变更为 A 镜片（20301）和 A 镜架（20111），新的 BOM 就成为 A 客户的 CBOM，生产企业根据 CBOM 领料完成 A 客户的定制生产要求。

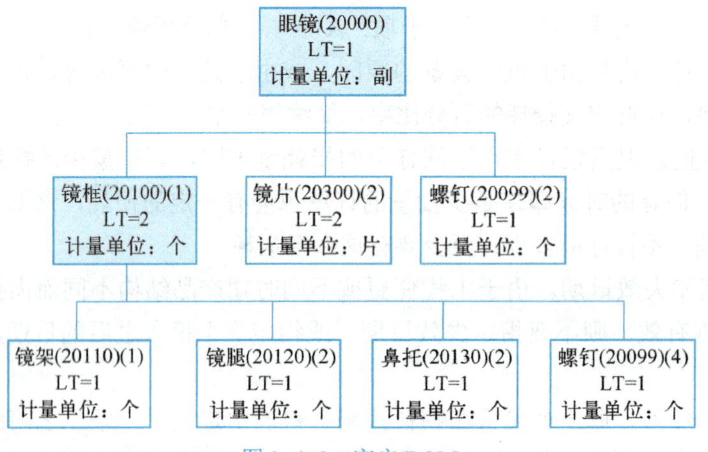

图 2-4-8　客户 BOM

任务考核

结合小组的任务实施情况，对照 MES“颗粒灌装生产线物料信息配置任务实施考核表”，对每名学生进行任务实施考核。考核过程参照“制造执行系统实施与应用”职业技能等级证书要求，并将考核结果记录在表 2-4-3 中。结合小组的任务实施情况，对照“颗粒灌装生产线物料信息配置任务实施考核表”，学生互评，再请教师复评。通过任务实施评价，各小组之间、学生之间可以通过分享实施过程，相互借鉴经验。在此过程中，引导学生树立脚踏实地、精益求精、责任担当、爱岗敬业的精神。

表 2-4-3　颗粒灌装生产线物料信息配置任务实施考核表

<table>
<tr><td colspan="5">班级：</td><td colspan="3">姓名：</td></tr>
<tr><td colspan="5">小组：</td><td colspan="3">学号：</td></tr>
<tr><td colspan="2">项目</td><td>要求</td><td colspan="2">应得分</td><td>得分</td><td>备注</td></tr>
<tr><td rowspan="4">任务实施</td><td rowspan="2">物料信息配置</td><td rowspan="2">根据任务要求，配置物料信息</td><td>准确率</td><td>15</td><td rowspan="4"></td><td rowspan="4"></td></tr>
<tr><td>速度</td><td>10</td></tr>
<tr><td rowspan="2">BOM 信息配置</td><td rowspan="2">根据任务要求，配置 BOM 信息</td><td>准确率</td><td>15</td></tr>
<tr><td>速度</td><td>10</td></tr>
<tr><td rowspan="2">任务评价</td><td>小组评价</td><td>从安全操作、信息获取、任务实施结果、工作态度、职业素养等方面进行评价</td><td colspan="2">20</td><td></td><td></td></tr>
<tr><td>教师评价</td><td>从安全操作、信息获取、任务实施结果、工作态度、职业素养等方面进行评价</td><td colspan="2">30</td><td></td><td></td></tr>
<tr><td colspan="3">合计</td><td colspan="2">100</td><td></td><td></td></tr>
<tr><td colspan="2">经验总结</td><td colspan="5"></td></tr>
</table>

课后活动

请学生根据表 2-4-4 中任务要求完成 MES 中物料信息配置。

表 2-4-4　Dobot 机械臂装配线物料清单

BOM 编码	品名	产品编号	单位	数量	BOM 版本	状态	审核人	生效日期	失效日期
CS-BYB-1-253-51364	Dobot 机械臂	DOROB-01	个	1	CS-DO-1	已审核	王一	2020/7/2	

层次	品名	子件编码	英文名称	单位	子件用量	规格	型号	物料类型	工序
1	控制盒组件	007JX-2055	J.1.2055	个	1	L20W10H13	KZH-01	半成品	控制盒、底座装配
1	底座组件	007JX-2056	J.1.2056	个	1	L30W25H20	DZ-01	半成品	控制盒、底座装配
1	大小支臂组件	007JX-2057	J.1.2057	个	1	L60W15H80	ZB-01	半成品	大小臂装配
1	左侧板组件	007JX-2058	J.1.2058	个	1	L20W15H12	ZCB-01	半成品	左右侧板装配
1	右侧板组件	007JX-2059	J.1.2059	个	1	L20W15H12	YCB-01	半成品	左右侧板装配
1	螺栓	007JX-2060	J.1.2060	个	10	M6	LS-01	标准件	锁丝

任务 2.5　颗粒灌装生产线工艺信息配置

任务描述

工艺是指劳动者利用各类生产工具对各种原材料、半成品进行加工或处理，最终使之成为成品的方法与过程。本节任务在 MES 工艺管理模块中配置工艺路线、工序信息。接下来，在 MES 中完成颗粒灌装生产线工艺信息的配置。

工艺信息配置

素质目标

1. 养成科学严谨的工作态度。
2. 认识 MES 工艺信息配置的重要性，增强责任感。
3. 体验工作的成就感，增强热爱劳动的意识。
4. 树立脚踏实地、敢为人先、爱岗敬业的精神。

知识目标

1. 知道工艺流程和工艺路线的分类。
2. 知道 MES 对工艺路线的管控内容。
3. 掌握工序工位配置。

能力目标

1. 完成颗粒灌装生产线工艺路线信息配置。
2. 完成颗粒灌装生产线工序信息配置。

任务实施

任务实施指引	在教师的安排下，各学习小组在 MES 中根据教材中提供的操作步骤，完成颗粒灌装生产线工艺信息的配置工作。通过行动导向教学法激发学生的学习兴趣与学习主动性

创设情景

打开 MES 软件，参照表 2-5-1、表 2-5-2 工艺信息配置的操作步骤，完成 MINT 仿真平台中颗粒灌装生产线的工艺信息录入。图 2-5-1 为颗粒灌装生产线生产工艺路线。

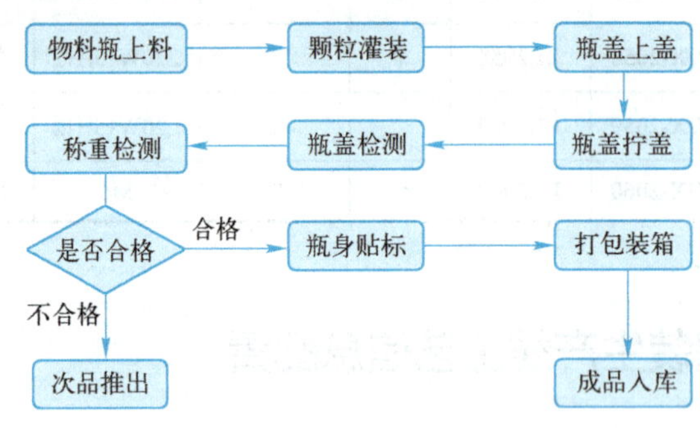

图 2-5-1　颗粒灌装生产线生产工艺路线

2.5.1　工艺路线信息配置

工艺路线信息主要包含工艺名称、描述、BOM、审核人、类型、状态等。下面以“颗粒灌装生产线工艺路线”为例，介绍如何录入工艺路线信息，具体操作步骤见表 2-5-1。

表 2-5-1　MES 中工艺路线信息配置操作步骤

序号	操作步骤	图片说明
1	打开 MINT 软件，登录，进入灌装生产线仿真场景，单击“工位管理”，打开“工位管理”文件，可以看到灌装生产线所有的工位信息	

（续）

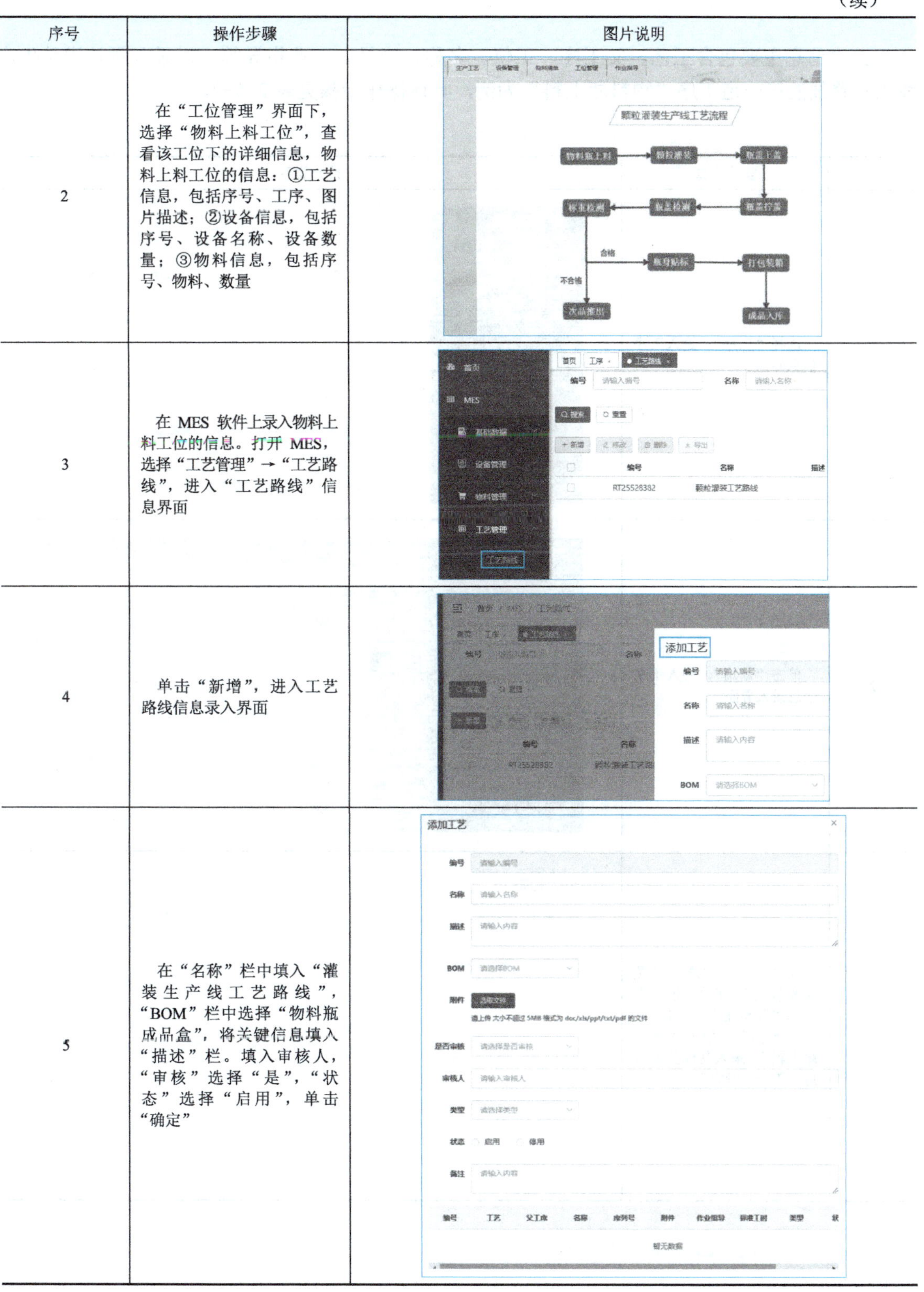

序号	操作步骤	图片说明
2	在“工位管理”界面下，选择“物料上料工位”，查看该工位下的详细信息，物料上料工位的信息：①工艺信息，包括序号、工序、图片描述；②设备信息，包括序号、设备名称、设备数量；③物料信息，包括序号、物料、数量	
3	在 MES 软件上录入物料上料工位的信息。打开 MES，选择“工艺管理”→“工艺路线”，进入“工艺路线”信息界面	
4	单击“新增”，进入工艺路线信息录入界面	
5	在“名称”栏中填入“灌装生产线工艺路线”，“BOM”栏中选择“物料瓶成品盒”，将关键信息填入“描述”栏。填入审核人，“审核”选择“是”，“状态”选择“启用”，单击“确定”	

2.5.2 工序信息配置

工序信息主要包含工艺、父工序、工位、名称、序号、作业指导等。以录入颗粒灌装生产线工艺路线的第一道工序“物料瓶上料”为例，具体操作步骤见表2-5-2。

表2-5-2 MES中工序信息配置操作步骤

序号	操作步骤	图片说明
1	选择“工序”，进入工序信息界面	
2	单击“新增”，进入工序信息录入界面	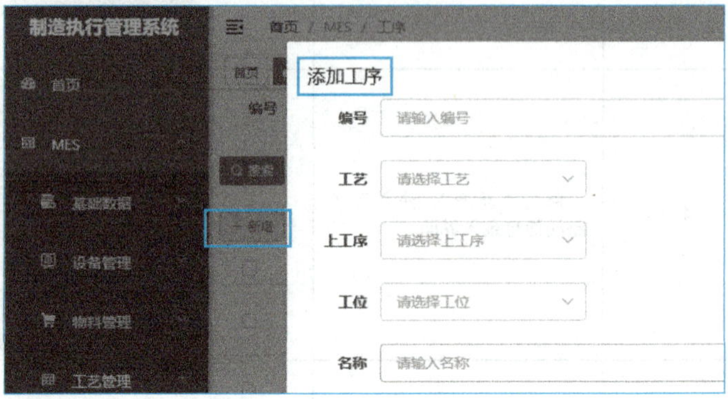
3	在“工艺”中选择“颗粒灌装线”，在“工位”中选择“物料瓶上料工位”，在“名称”中填入“物料瓶上料”，录入其他关键信息，单击“确定”	

2.5.3 工序与BOM物料信息绑定配置

MES中工序与BOM物料信息绑定操作步骤见表2-5-3。

表 2-5-3　MES 中工序与 BOM 物料信息绑定操作步骤

序号	操作步骤	图片说明
1	单击“物料管理”，单击“BOM”进入 BOM 信息录入界面	MES 基础数据 设备管理 物料管理 物料 BOM 审核人 请输入审核人 类型 请选 + 新增 修改 删除 导出 编号 名称 物料编号 CS-BYB-0-120-30C71 物料瓶成品盒 KLPCPH-P5
2	单击任务 2.4 创建的 BOM 下的“修改”，进入关联信息界面	修改BOM 编号 CS BYB 0 120 30C71 名称 物料瓶成品盒 物料编号 KLPCPH-P5 描述 请输入内容
3	单击该页面下的“修改”，进入物料信息界面。在“所属工序”栏中选择“物料瓶上料”工序，单击“确定”	修改BOM物料 物料数量 1 物料编号 004HD-100A 所属工序 物料瓶上料 备注 请输入备注 确定

关联知识

1．工艺的定义

工艺（Technology Craft）是指劳动者利用各类生产工具对各种原材料、半成品进行加工或处理，最终使之成为成品的方法与过程。制定工艺的原则是技术上的先进和经济上的合理。由于不同工厂的设备生产能力、精度以及工人熟练程度等因素都大不相同，因此对于同一种产品而言，不同工厂制定的工艺可能是不同的，甚至同一个工厂在不同时期制定的工艺也可能不同。

2．工序的定义

工序是生产作业人员或机器设备为了完成指定的任务而做的一个动作或一连串动作，是加工物料、装配产品的最基本加工作业方式，是与工作中心、外协供应商等位置信息直接关联的数据，是组成工艺路线的基本单位。刮研工序和去毛刺工序如图 2-5-2 所示。

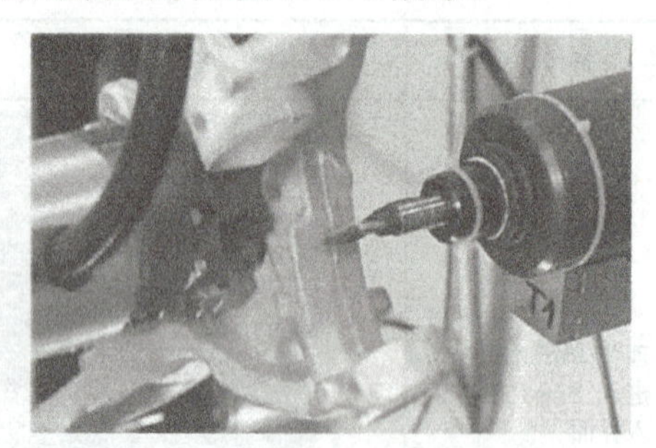

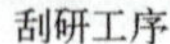

刮研工序　　　　去毛刺工序

图 2-5-2　工序

随堂笔记：

3. 工艺路线的定义

工艺路线（Routing）是描述物料加工、零部件装配操作顺序的技术文件，是多个工序的序列。例如，PCBA 工艺流程（见图 2-5-3）中，一条 SMT 贴片全自动流水线就是一条工艺路线，这条流水线上包含了许多工序。

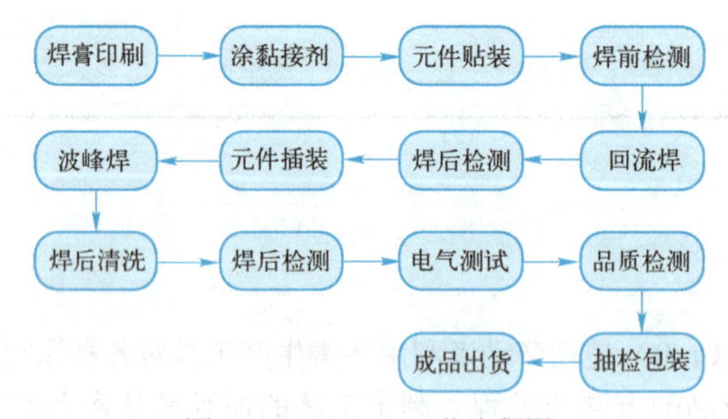

图 2-5-3　PCBA 工艺流程图

又如，一个防盗门产品的产出，涉及多个车间和外协（见图 2-5-4），每个加工环节都可以看成一个工序，整个加工过程就可以看作一条工艺路线。

4. 工艺路线的分类

1）简单工艺路线（见图 2-5-5）具有连续性，并且只有一个起点，如 PCBA 生产工艺。

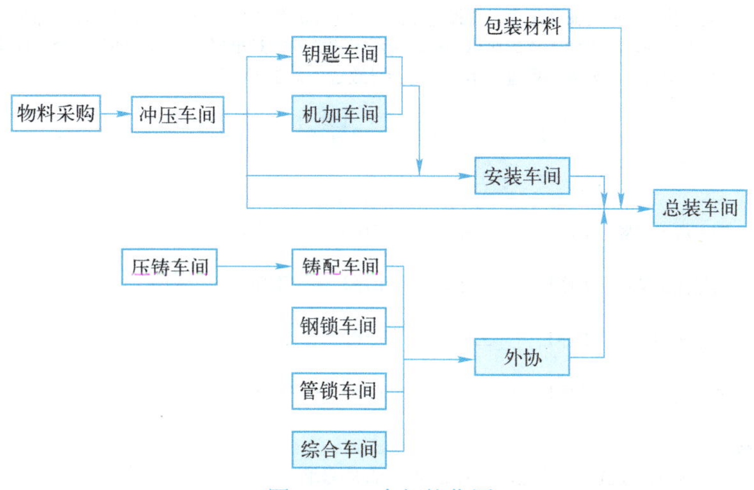

图 2-5-4　车间协作图

2）复杂的工艺路线网络（见图 2-5-6），则可以定义多个起点和工序，并且这些工序可以并行，如防盗门生产工艺。

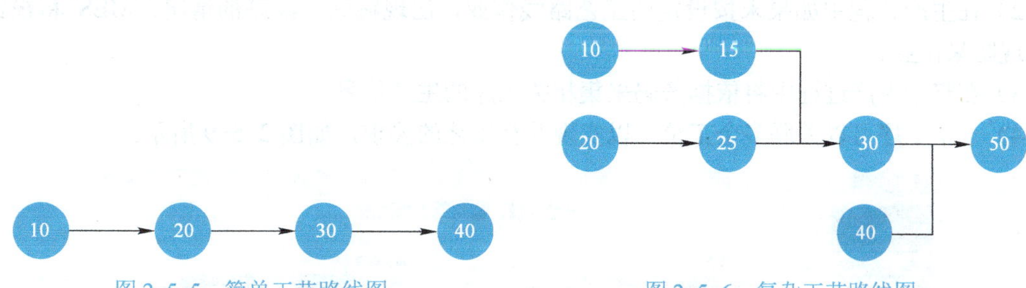

图 2-5-5　简单工艺路线图

图 2-5-6　复杂工艺路线图

注意：①每道工序只能有一个后续工序，而整个工艺路线只能在一道工序中结束。如 PCBA 是以成品出货为工艺的结束，防盗门是以进入总装车间为工艺的结束。②要确保具有相同后续工序的多道工序（前面的例子中为工序 30 和 40 真正会并行。保证合理的资源可用性和产能，不然可能会限制工序的安排方式。

3）并行的工艺路线（见图 2-5-7），有时需要组合多个具有不同特征的工序资源，才能执行某道工序。例如，装配工序可能要求为每两台机器配备一台机器、一个工具和一位工作人员，以便监督该工序。这时就可以使用并行工序来建立工艺路线，其中一道工序被指定为主工序，其他工序被指定为辅助工序。

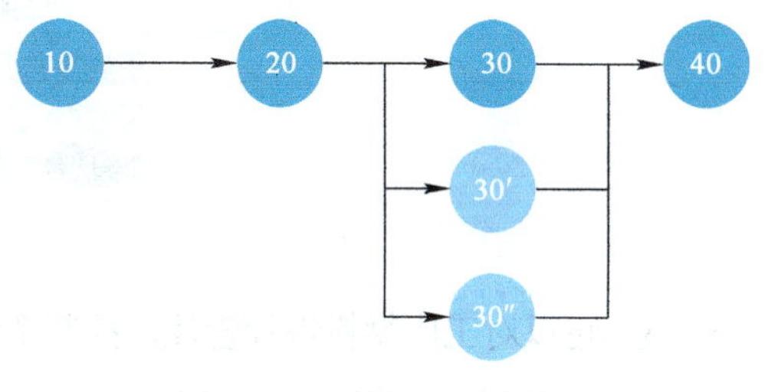

图 2-5-7　并行工艺路线图

主工序通常表示瓶颈资源，并指示辅助工序的运行时间。但是，当涉及有限产能的安排期间时，同时为主工序和辅助工序安排的资源必须同时可用，且拥有可用产品。

注意：主工序和辅助工序必须有相同的工序编号。

5. MES 对工艺路线的管控内容

1）系统可以根据实际生产需求灵活设置多种工艺路线，以满足企业不同产品的工艺需求。工艺路线流程管控如图 2-5-8 所示。

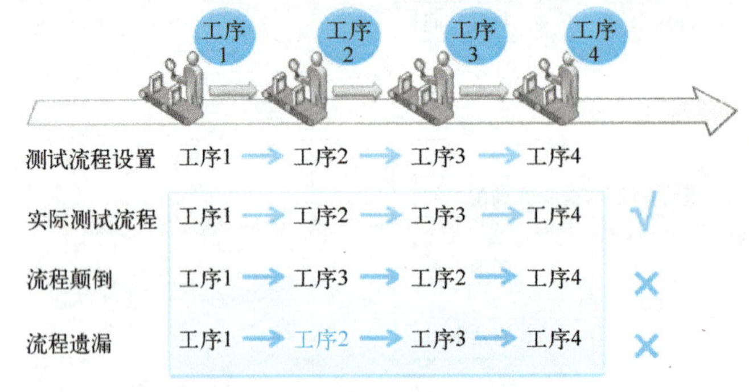

特点：
1) 系统可以设置多种流程，以满足不同产品的需求。
2) 在生产过程中如出现跳站、漏站的情况，系统将实现防呆。
3) 在整个生产过程中将依据条码采集相关工序的生产信息。

图 2-5-8　工艺路线流程管控

2）在生产过程中如果未按设定的工艺路线作业，出现跳站、漏站的情况，MES 将报错，以实现防呆作业。

3）在整个生产过程中将依据条码采集相关工序的生产信息。

4）一个工序可以关联多个工位，以实现并行工艺的要求，如图 2-5-9 所示。

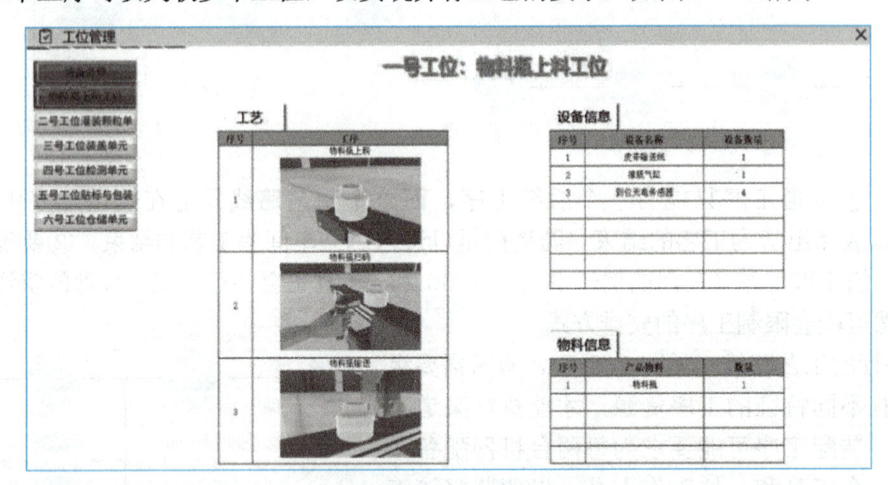

图 2-5-9　工位管理 1

5）可以对工序物料进行管控，控制数量及料号，避免错料。工序物料管控如图 2-5-10 所示。

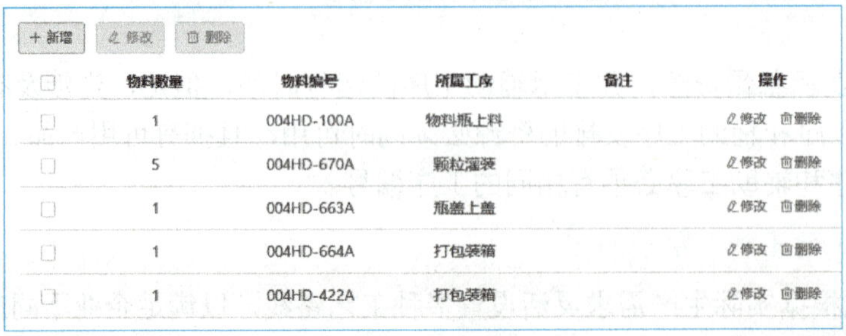

+ 新增　修改　删除

	物料数量	物料编号	所属工序	备注	操作
☐	1	004HD-100A	物料瓶上料		修改 删除
☐	5	004HD-670A	颗粒灌装		修改 删除
☐	1	004HD-663A	瓶盖上盖		修改 删除
☐	1	004HD-664A	打包装箱		修改 删除
☐	1	004HD-422A	打包装箱		修改 删除

图 2-5-10　工序物料管控

6）可对工位指定投入/产出站做出标识，方便看板统计生产数量及保证工艺路线的方向唯一性和连续性。工位管理如图 2-5-11 所示。

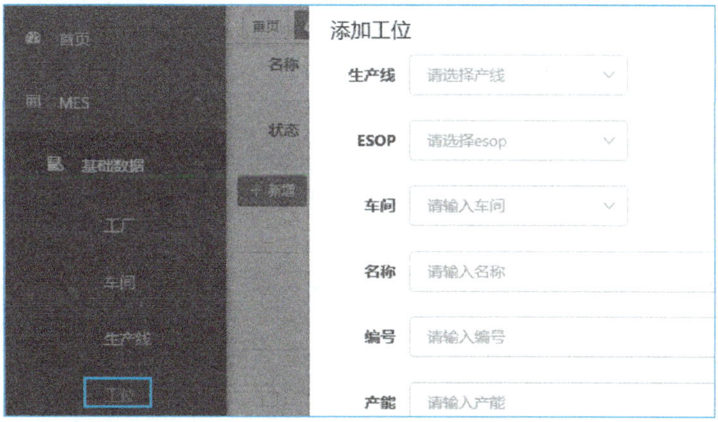

图 2-5-11　工位管理

6. 工序工位配置

可以说，工序是一个（或一组）工人在一个工作地对一个（或几个）劳动对象连续进行生产活动的综合，是组成生产过程的基本单位。

各个工序按加工工艺过程，可细分为各个工步；按其劳动过程，可细分为若干操作。划分工序的制约因素有：生产工艺及设备的特点，生产技术的具体要求，劳动分工和劳动生产率能提供的条件。整个生产过程中各工段加工产品的次序，也指各工段的加工。材料经过各道工序，被加工为成品。

同一工序的操作者、工作地和劳动对象则是固定不变的，如果有一个要素发生变化，就构成另一道新工序。例如在同一台车床上，由一个工人完成某零件的粗车和精车加工，称为一道工序；如果这个零件在一台车床上完成粗车而在另一台车床上精车，就构成两道工序。

以精加工行业为例：

1）车床工序，一个工人在一台车床上完成车外圆、端面、退刀槽、螺纹、切断。

2）刮研工序，一组工人刮研一台机床的导轨。

3）去毛刺（整形）工序，一组工人对一批零件去毛刺。

4）检验工序是生产和检验原材料、零部件、整机的具体阶段。

工序是完成产品加工的基本单元，在生产过程中按其性质和特点，可分为：

1）工艺工序，即使劳动对象直接发生物理或化学变化的加工工序。

2）检验工序，指对原料、材料、毛坯、半成品、在制品、成品等进行技术质量检查的工序。

3）运输工序，指劳动对象在上述工序之间流动的工序。

按照工序的性质，可把工序分为基本工序和辅助工序：

1）基本工序是直接使劳动对象发生物理或化学变化的工序。

2）辅助工序是为基本工序的生产活动创造条件的工序。

合理划分工序，有利于建立生产劳动组织，加强劳动分工与协作，制定劳动定额。

随堂笔记：

任务考核

结合小组的任务实施情况，对照 MES“颗粒灌装生产线工艺信息配置任务实施考核表”，对每名学生进行任务实施考核。考核过程参照“制造执行系统实施与应用”职业技能等级证书要求，并将考核结果记录在表 2-5-4 中。结合小组的任务实施情况，对照“颗粒灌装生产线工艺信息配置任务实施考核表”，学生互评，再请教师复评。通过任务实施评价，各小组之间、学生之间可以通过分享实施过程，相互借鉴经验。在此过程中，引导学生树立脚踏实地、一丝不苟、责任担当、爱岗敬业的精神。

表 2-5-4　颗粒灌装生产线工艺信息配置任务实施考核表

<table>
<tr><td colspan="3">班级：</td><td colspan="4">姓名：</td></tr>
<tr><td colspan="3">小组：</td><td colspan="4">学号：</td></tr>
<tr><td colspan="2">项目</td><td>要求</td><td colspan="2">应得分</td><td>得分</td><td>备注</td></tr>
<tr><td rowspan="6">任务实施</td><td rowspan="2">工艺信息配置</td><td rowspan="2">根据任务要求，配置工艺信息</td><td>准确率</td><td>15</td><td rowspan="2"></td><td rowspan="2"></td></tr>
<tr><td>速度</td><td>5</td></tr>
<tr><td rowspan="2">工序信息配置</td><td rowspan="2">根据任务要求，配置工序信息</td><td>准确率</td><td>15</td><td rowspan="2"></td><td rowspan="2"></td></tr>
<tr><td>速度</td><td>5</td></tr>
<tr><td rowspan="2">工序与 BOM 物料信息绑定配置</td><td rowspan="2">根据任务要求，完成工序与 BOM 物料信息绑定配置</td><td>准确率</td><td>15</td><td rowspan="2"></td><td rowspan="2"></td></tr>
<tr><td>速度</td><td>5</td></tr>
<tr><td rowspan="2">任务评价</td><td>小组互评</td><td>从安全操作、信息获取、任务实施结果、工作态度、职业素养等方面进行评价</td><td colspan="2">20</td><td></td><td></td></tr>
<tr><td>教师评价</td><td>从安全操作、信息获取、任务实施结果、工作态度、职业素养等方面进行评价</td><td colspan="2">20</td><td></td><td></td></tr>
<tr><td colspan="3">合计</td><td colspan="2">100</td><td></td><td></td></tr>
<tr><td colspan="2">经验总结</td><td colspan="5"></td></tr>
</table>

课后活动

请学生根据图 2-5-12 中的任务要求完成 MES 中的工艺信息配置。

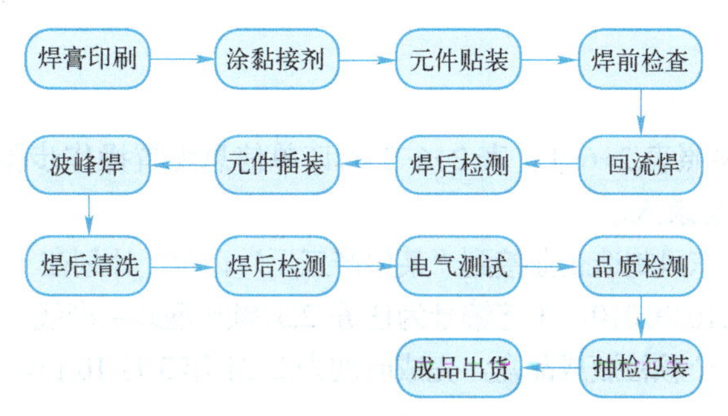

图 2-5-12　PCBA 工艺流程图

任务 2.6　颗粒灌装生产线订单信息配置

任务描述

生产订单是下达给生产车间并要求生产车间执行的生产任务，车间根据生产订单组织生产和领用物料。本节任务在 MES 工艺管理模块中配置订单、工单信息。接下来，在 MES 中完成颗粒灌装生产线订单信息的配置。

订单信息配置

素质目标

1. 养成科学严谨的工作态度。
2. 认识 MES 订单信息配置的重要性，增强责任感。
3. 体验工作的成就感，增强热爱劳动的意识。
4. 树立无私奉献、敢为人先、爱岗敬业的精神。

知识目标

1. 知道 MES 中的生产排产。
2. 知道 MES 中的生产下达。
3. 知道 MES 中的生产确认。

能力目标

1. 完成颗粒灌装生产线订单信息配置。
2. 完成颗粒灌装生产线工单信息配置。

任务实施

任务实施指引	在教师的安排下，各学习小组在 MES 中根据教材中提供的操作步骤，完成颗粒灌装生产线订单信息的配置工作。通过行动导向教学法激发学生的学习兴趣与学习主动性

创设情景

打开 MES 软件，参照表 2-6-1、表 2-6-2 的订单信息配置操作步骤，完成 MINT 仿真中颗粒灌装生产线的订单信息录入。

2021 年 3 月 1 日，东风制造企业接到“某生产工厂”订单，计划在 1 号车间的颗粒灌装生产线上生产，订单编号为 20210301010，工艺编号为任务 2.5 颗粒灌装生产线工艺路线的工艺编号，需要颗粒灌装生产线生产 500 个颗粒瓶成品盒，完成时间为 2021 年 3 月 10 日，订单信息见表 2-6-1。

表 2-6-1 某生产工厂订单信息

编号	工艺编号	产品名称	数量	计划开始日期	计划完成日期
20210301010	RT××××××××（请将任务 2.5 创建的颗粒灌装生产线工艺路线编号填入）	颗粒瓶成品盒	500 个	2021-03-01	2021-03-10

2.6.1 订单信息配置

订单信息主要包括编号、名称、产品名称、描述、订单来源、紧急状态等。下面以添加上述订单为例，介绍如何录入订单信息，具体操作步骤见表 2-6-2。

表 2-6-2 MES 中订单信息配置操作步骤

序号	操作步骤	图片说明
1	选择“生产管理”→“订单”，进入订单信息界面	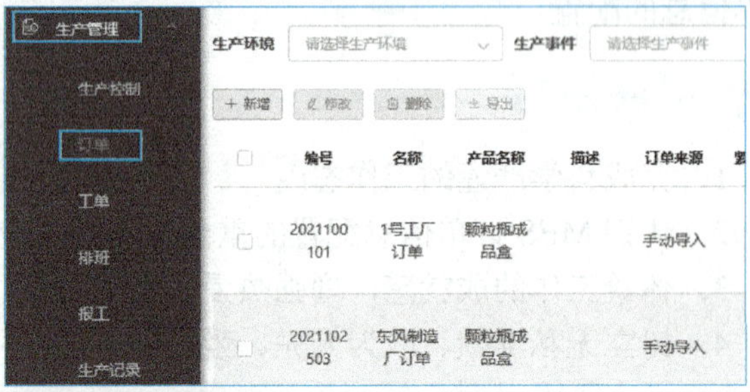
2	单击“新增”，系统显示“添加订单”界面	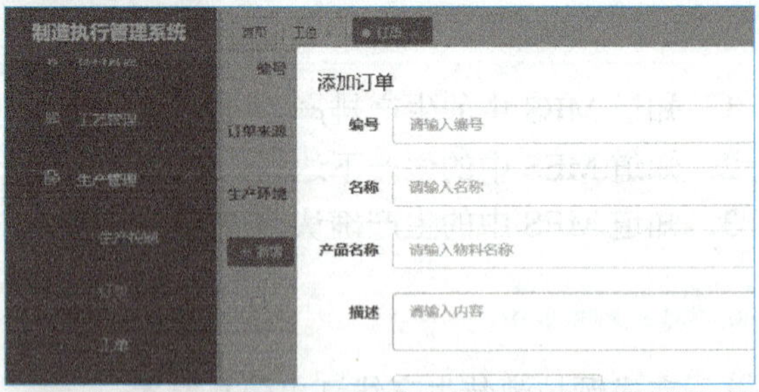
3	在“编号”栏中填入“20210301010”，在“名称”栏中填入“颗粒瓶成品盒订单”，在“产品名称”栏中填入“颗粒瓶成品盒”，在“订单来源”栏中选择“手动导入”，在“紧急状态”栏中选择“否”，在“计划生产数量”栏中填入“500”，同时录入对应的计划开始日期、计划完成日期，单击“确定”，完成订单信息录入	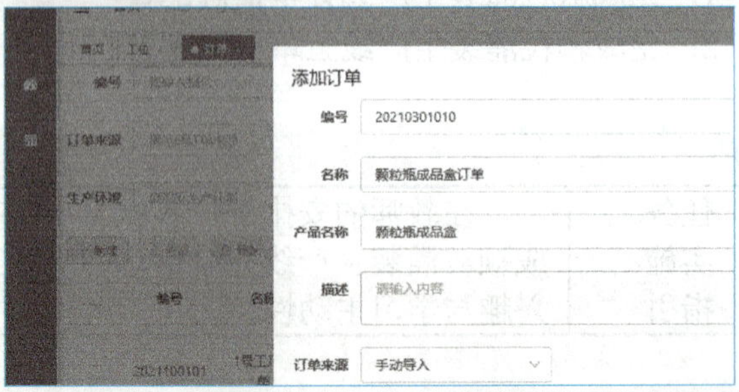

2.6.2　工单信息配置

工单信息主要包含工艺编号、车间、产线、计划开始日期、计划完成日期、实际开始日期、实际完成日期、生产环境、生产事件等。操作步骤见表 2-6-3。

表 2-6-3　MES 中工单信息配置操作步骤

序号	操作步骤	图片说明
1	单击上述订单右侧的“调度”，系统显示“订单调度”界面	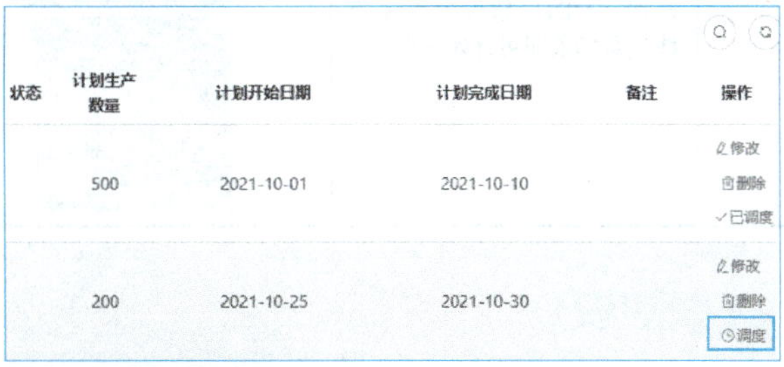
2	在“工艺编号”栏中填入“RT80506166”[㊀]，在“车间”栏中选择“1 号车间”，在“产线”栏中选择“颗粒灌装生产线”，在“生产环节”栏中选择“MINT”，在“生产时间”栏中选择“非全自动”，在“订单状态”栏中选择“已审核”，同时录入对应的计划开始日期、计划完成日期等，单击“确定”，完成订单调度的信息录入	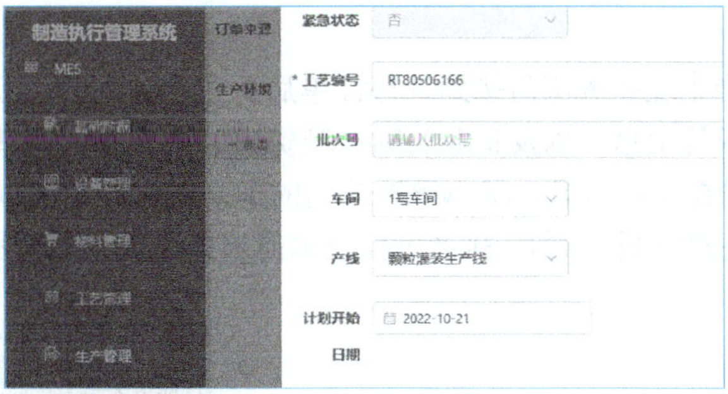
3	选择“生产管理”→“工单”，进入工单信息界面	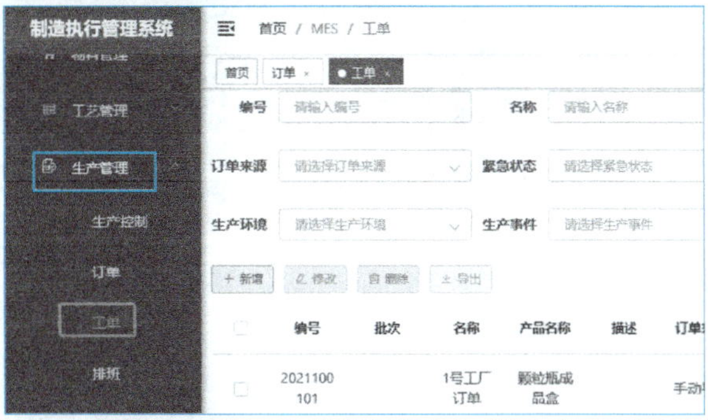
4	将刚添加的工单设置为“生产中”	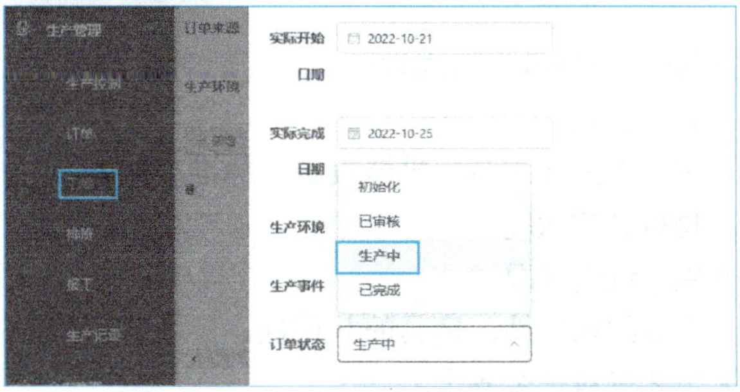

㊀ 填入任务 2.5 中创建的颗粒灌装生产线工艺路线编号。

（续）

序号	操作步骤	图片说明
5	在“生产控制”中选择“启动生产线”，即可启动生产线。MINT 软件中灌装产线仿真场景即可开始生产	

关联知识

1．生产排产

当企业业务部门接到销售订单后，生产计划部门会根据销售订单的交期、产品、数量、特殊要求等信息，以及企业实际生产资源（生产能力）情况，结合产品交货的先后顺序，充分合理地分配生产资源，将 MRP 排出的车间作业计划（即工单），合理地安排在每个时间段（天）进行生产（日计划）。排产过程技术需求如图 2-6-1 所示。

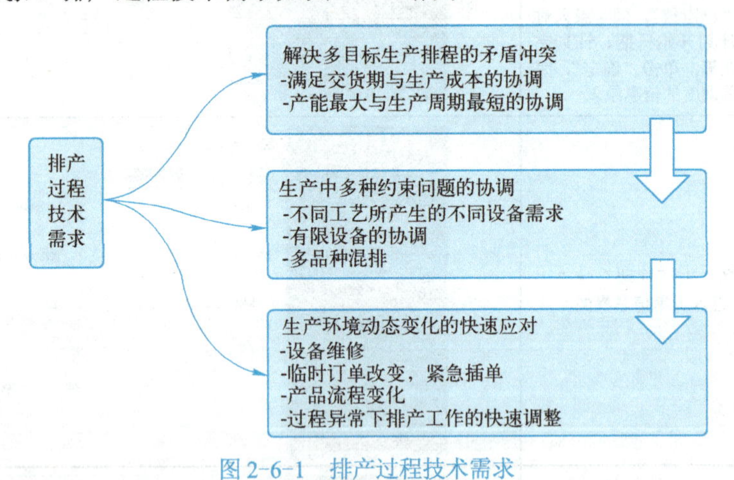

图 2-6-1　排产过程技术需求

生产排产需要考虑的因素：

1）客户交期。

2）生产能力（人员、机器设备、标准产能）。

3）物料到位状况。

4）生产进度状况。

5）产品的相似性，模具的共用性。

6）工艺资料是否齐全。

生产能力的定义涉及：

1）班次/天、小时/班次。

2）工作中心包含的设备。

3）设备：设备数，设备效率。

4）人数、人员效率。

5）定额完成率：每小时完成的产品数量。

6）并行作业数：工序一次排产的件数。

7）最大投入数：当设备很多时，控制一次允许投入的设备数。

调整产能的措施包括：

1）延长或缩短工时/机时。

2）生产部门培养多能员工。

3）临时招募人员外协加工，或压缩外协加工数量，甚至取消外协加工采用外购方式解决本公司产能不足的问题。

4）改善生产条件、作业方式、生活福利等以刺激短时间内提升产能。

5）公司内部人员调整，从非生产部门抽调人员参与生产。

生产排产是一个复杂的系统工程，从排产过程看，需要对排产所需的关键要素如物流时间、工艺调试时间、单件加工时间、设备信息等，在相应的工作区间内进行严密的逻辑推导，以生成合理的排产结果，这就是系统本身需要满足的排产功能。这些要素来源于相应产品的工艺数据以及设备信息、工作时段信息等。为了确保所用数据的准确性和完整性，需要对数据进行持续不断的优化和完善。排产过程关键要素如图 2-6-2 所示。

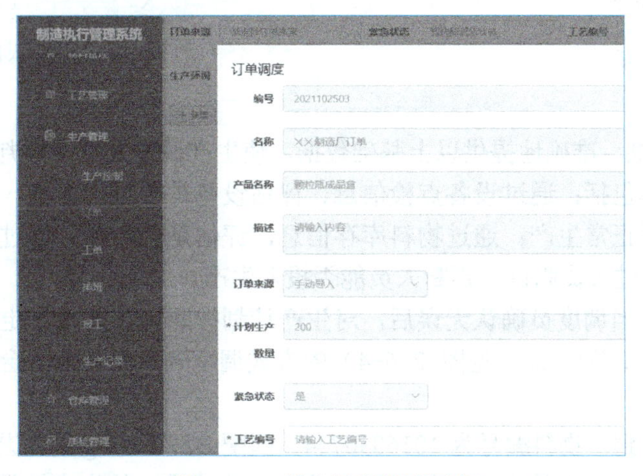

图 2-6-2　排产过程关键要素

随堂笔记：

2. 生产下达

（1）下达生产任务单　当计划部门安排好日生产计划后，就会以生产任务单的方式下达到每个执行车间。车间调度人员接收到生产任务单后，可以获知以下信息：

1）销售订单号、订单编号——唯一编号。

2）需完成的成品物料编号——做什么。

3）需完成的数量/单位——做多少。

4）需完成的时间——做多久。

车间调度会从人、机、料、法、环多个维度来评估生产任务单（见图 2-6-3）。

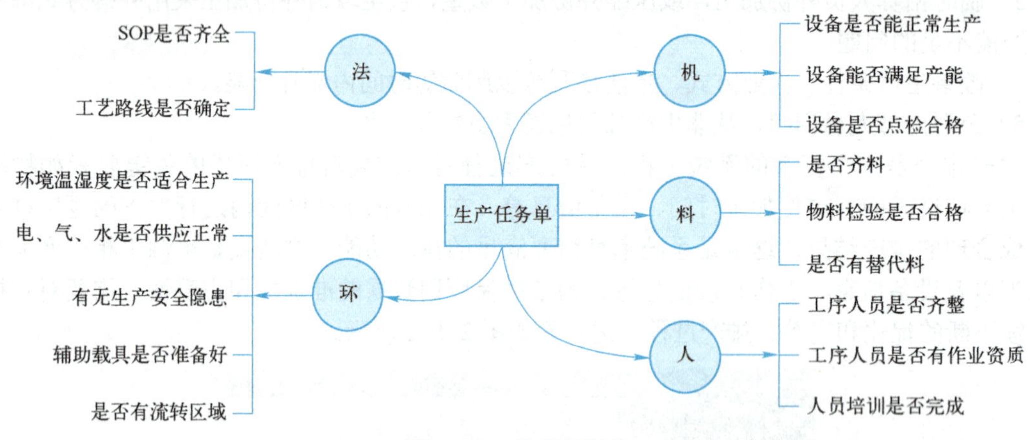

图 2-6-3　生产任务单

MES 则需要详细、准确地提供以上基础数据，使生产调度人员能够判断，这张生产任务单能否按时完成。具体包括：通过设备点检信息、评估设备是否点检合格；通过设备状态，判断设备有无故障，能否正常生产；通过物料库存信息，评估是否齐料；通过原材料检验记录，评估物料检验情况；通过人员职位，判断人员能否投入生产。

（2）下达工票　当调度员确认无误后，对生产计划按照工艺路线指定的工序进行合并、拆分，并将生产任务以工单/工票（见图 2-6-4）的方式调度到车间具体机台或产线，安排具体的生产指令。

从图 2-6-5 可看到，物料编号为 1016030744，匹配 BZZYGY-g 的工艺。

针对 W0A20110000853 的生产订单，MES 会自动生成唯一的生产批号 P20201224964。

针对图 2-6-6 所示工艺路线，MES 为每个工序自动产生了对应且唯一的工票号：20201200001～20201200007。

（3）工票派工　工票是下达到工位上的最小生产指令，它是销售订单⟶生产订单⟶每个工序的具体任务的表现。

在工票信息（见图 2-6-7）里，生产计划需要指定工位或实际作业的设备、计划开始时间、计划结束时间，来要求指定工位在规定时间内完成规定的生产任务。

工票信息还会显示以下信息：

1）该工位需要用的物料信息及用料。

2）该工位首检或巡检的质检项目。

3）该工位的常见缺陷项目。

4）该工位的标准工时。

5）该工位需要用的一些技术文件。

6）以上信息可以提供给工位作业人员在日常操作时的依据和基础信息。

a) 工序

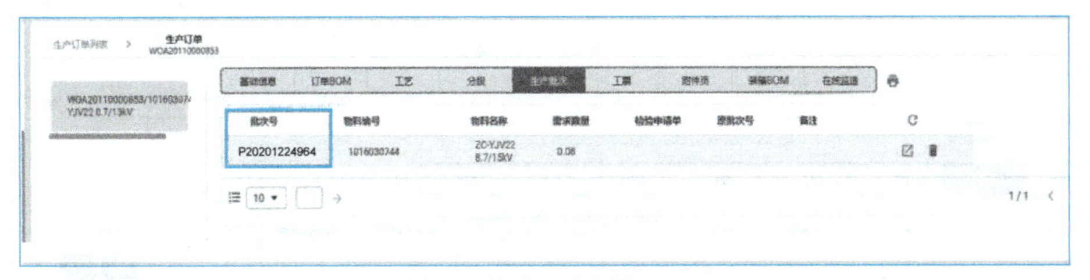

b) 生产批次

c) 工票

图 2-6-4　下达工票信息

图 2-6-5　匹配工艺信息

图 2-6-6　工艺路线

图 2-6-7　工票信息

3. 生产确认

工位操作人员在开始工票生产前需要做一系列确认动作，来保证该工票所生产产品的准确性及质量。生产信息确认内容和依据如图 2-6-8 所示。

序号	确认内容	确认依据
1	自身的上岗作业技能	人员技能矩阵
2	设备日点检	设备点检表
3	物料的料号及数量	BOM/投料单
4	作业指导书	SOP
5	设备参数调整	首件检验

图 2-6-8　生产信息确认内容和依据

说明：

1）作业员自身的生产技能能否满足本工位的要求，有无特殊的上岗资质，有无顶岗资质等。

2）设备的情况，如电气系统、润滑系统、冷却系统、辅助工具等是否正常运行。

3）仓库或产线物料员发到本工位的物料是否正确，能否满足工单生产数量的要求，有无错料、缺料的情况。

4）作业指导书（SOP）是否符合这张工单生产的产品，是否完整，是否最新版本。

5）设备参数是否调整合格，生产出的首件产品经过首件检验后是否合格，是否能量产。

只有以上生产要素全部确认无误后，才可以正式量产，否则容易在生产过程中发生质量事故或异常停机，MES 需要对以上信息提供原始数据，并进行有效的防呆、防错。

举例来说，机械零件加工前需要做的准备工作包括：

1）操作员接到机加工任务后，要检查机械零件加工所需的图纸，对于复杂的精密加工产品，还要检查工艺规程及有关技术资料是否齐全，有疑问时要与高级技术人员联系。

2）按机械零件加工工艺规程要求，准备好所需的全部工艺装备，发现问题及时处理，对新工装夹治具、五金零件加工等，要先熟悉其使用要求和操作方法。

3）要看懂、看清楚机械零件加工工艺规程、产品图纸，有疑问之处要与有关人员详细核对后再进行加工。

4）按产品图纸或（和）工艺规程复核毛坯或半成品是否符合要求，发现问题应及时向有关人员反映，待问题解决后才能进行加工。

5）加工所用的工艺装备应放在规定的位置，不得乱放，更不能放在机床的导轨上。

6）工艺装备不得随意拆卸和更改，保证机械零件加工产品品质。

7）检查加工所用的机床设备，准备好所需要的各种附件，机床工作前要预热，认真检查润滑系统工作是否正常，使加工设备在恒温下作业。如机床长时间未开动，可先采用手动方式向各部分供油润滑。

8）检查使用的刀具是否与机床允许的规格相符，严重破损的刀具要及时更换。

9）调整刀具所用的工具不要遗忘在机床内。

10）大尺寸轴类零件的中心孔是否合适，中心孔如太小，则工作中易发生危险。

11）刀具安装好后应进行一两次试切削。

12）检查卡盘夹紧的工作状态。

13）机床开动前，必须关好机床防护门。

任务考核

结合小组的任务实施情况，对照 MES“颗粒灌装生产线订单信息配置任务实施考核表”，对每名学生进行任务实施考核。考核过程参照“制造执行系统实施与应用”职业技能等级证书要求，并将考核结果记录在表 2-6-4 中。结合小组的任务实施情况，对照“颗粒灌装生产线订单信息配置任务实施考核表”，学生互评，再请教师复评。通过任务实施评价，各小组之间、学生之间可以通过分享实施过程，相互借鉴经验。在此过程中，引导学生树立脚踏实地、精益求精、责任担当、爱岗敬业的精神。

表 2-6-4　颗粒灌装生产线订单信息配置任务实施考核表

<table>
<tr><td colspan="3">班级：</td><td colspan="4">姓名：</td></tr>
<tr><td colspan="3">小组：</td><td colspan="4">学号：</td></tr>
<tr><td colspan="2">项目</td><td>要求</td><td colspan="2">应得分</td><td>得分</td><td>备注</td></tr>
<tr><td rowspan="4">任务实施</td><td rowspan="2">订单信息配置</td><td rowspan="2">根据任务要求，配置订单信息</td><td>准确率</td><td>20</td><td rowspan="4"></td><td rowspan="7"></td></tr>
<tr><td>速度</td><td>10</td></tr>
<tr><td rowspan="2">工单信息配置</td><td rowspan="2">根据任务要求，配置工单信息</td><td>准确率</td><td>20</td></tr>
<tr><td>速度</td><td>10</td></tr>
<tr><td rowspan="2">任务评价</td><td>小组互评</td><td>从安全操作、信息获取、任务实施结果、工作态度、职业素养等方面进行评价</td><td colspan="2">20</td><td></td></tr>
<tr><td>教师评价</td><td>从安全操作、信息获取、任务实施结果、工作态度、职业素养等方面进行评价</td><td colspan="2">20</td><td></td></tr>
<tr><td colspan="3">合计</td><td colspan="2">100</td><td></td></tr>
<tr><td colspan="2">经验总结</td><td></td><td></td><td></td><td></td><td></td></tr>
</table>

课后活动

请学生根据表 2-6-5 中任务要求完成 MES 中的工艺信息配置，同时思考如何快速、准确地完成这项任务。

2021 年 2 月 8 日，某制造企业接到零部件订单，计划在 1 号车间颗粒灌装生产线上生产，订单编号为 20210208001 工艺编号为 RT×××××，需要颗粒灌装生产线生产 100 个颗粒瓶成品盒，计划完成时间为 2021 年 2 月 13 日，订单信息见表 2-6-5。

表 2-6-5　某零部件订单信息

编号	工艺编号	产品名称	数量	计划开始日期	计划完成日期
20210208001	RT×××××	颗粒瓶成品盒	100 个	2021-02-09	2021-02-13

模块 3 制造执行系统生产过程管理

生产管理是指包含计划、组织、协调、资源、控制生产活动的综合管理活动。内容涉及生产计划、生产组织、生产控制、生产协调和生产资源，如图 3-0-1 所示。通过合理组织生产过程，有效利用生产资源，经济合理地进行生产活动，来达到预期的生产目标。

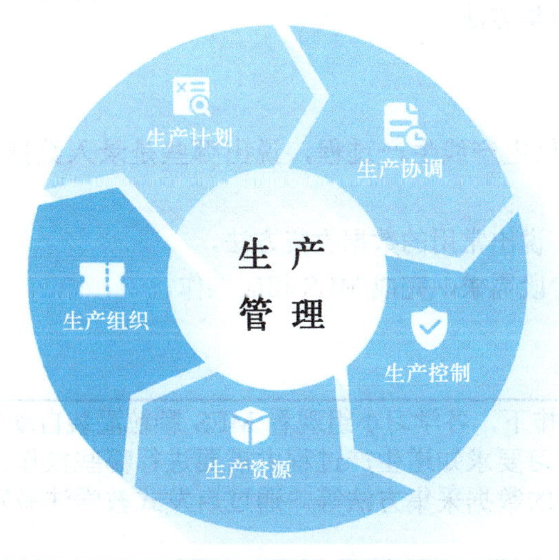

图 3-0-1　生产管理

本模块围绕生产过程管理设置了生产过程阶段管理、生产完成统计管理、防错追溯管理、标准作业程序/电子作业指导书应用认知、看板系统应用认知和报表系统管理六个工作任务，同学们在完成工作任务的过程中可学到生产过程管理的相关内容。

任务 3.1　生产过程阶段管理

任务描述

MES 的特点，就是能实时收集生产过程中的各类信息、数据，连接实时数据库和关系数据库，对生产过程进行过程监视、控制和诊断、环境监测、单元整合、模拟和优化，进行数据分析，供管理者追溯查询。

生产监控简介

MES 软件应用中，需要根据不同的数据、应用场景、人员能力、设备投入等方面的因素，采用不同的数据收集方法，选择不同的数据收集设备。数据收集是 MES 开展业务的根本，也是 MES 进行统计分析的基础。本节任务从生产过程中的数据收集及 MES 生产阶段管理的操作两部分向大家介绍生产过程阶段管理。

素质目标

1. 通过了解生产过程，感受 MES 的严谨性。
2. 感受科技发展，树立严谨的工作态度。
3. 树立无私奉献、敢为人先、爱岗敬业的精神。

知识目标

1. 能完整描述生产过程中必须输入的数据。
2. 能说明系统自动生成的数据。
3. 能归纳常用的数据收集方法。

能力目标

1. 根据颗粒灌装自动化生产线生产过程，说出哪些是录入数据，哪些是系统自动生成的数据。
2. 联系实际生产过程，说出常用的数据收集方法。
3. 能够根据实际生产阶段需求，完成 MES 相应操作。

任务实施

任务实施指引	在教师的安排下，各学习小组观看 MES 颗粒灌装自动化生产线生产过程的视频，根据任务学习要求知道生产过程中需要进行哪些操作、系统可以自动生成哪些数据以及常用的数据采集方法等。通过启发式教学法激发学生的学习兴趣与学习主动性

创设情景①

请学生先认真观看颗粒灌装自动化生产线生产过程的视频，然后查阅资料，并思考讨论，说说收集数据的方法有哪些，主要应用在哪些场景。请将相应的信息填入表 3-1-1 中。

表 3-1-1　生产过程收集数据的方法和应用场景

序号	收集数据的方式	应用场景
1		
2		
3		
4		
5		

3.1.1　生产过程数据管理

MES 的特点，就是能实时收集生产过程中的各类信息、数据，连接实时数据库和关系数据库，对生产过程进行过程监视、控制和诊断、环境监测、单元整合、模拟和优化，进行数据分析，供管理者追溯查询。

当生产员工在 MES 里操作，开始生产/开工后，MES 就会客观地记录整个生产过程中产生的所有数据，包括设备运行时间、设备运行状态、设备关键参数数据、换料记录、物料防错、生产数量、质量抽检数据、自动检测不良项目、不良比例等。

（1）必须录入的数据　必须录入的数据是指系统必须直接从外部获得的数据，也就是基础数据。系统可以通过规格基础定义功能以及过程数据基础定义功能，完全、自行建立属于本企业的数据收集项目库。必须录入的数据如产品的编码、产品工艺路线、工序名称、工艺标准等。

（2）系统自动生成的数据　生产过程中的部分由事件触发的数据可以由系统在过程中自动收集，主要包括工序开始时间、结束时间、设备状态等。这一类数据，到设定时间时系统会自动运行，根据原本设定的基础数据，由系统自动收集。

随堂笔记：

3.1.2　数据收集方法

数据的实时性和准确性是决定一个 MES 软件项目实施成败的关键环节。数据收集是 MES 业务进行的根本，也是 MES 进行统计分析的基础。在 MES 软件应用中，需要根据不同的数据、应用场景、人员能力、设备投入等方面的因素，采用不同的数据收集方法，选择不同的数据收集设备。根据数据的不同类型，采用不同的数据采集方法。

1. 通过条码采集　通过条码收集制造数据是最为普遍的方法之一。通过条码收集数据的前提是信息可以用编码的方式表达或与预设的数据通过编码建立对应关系。可以用这种方法收集的数据主要包括产品批号、物料批号、加工资源编号（前工序的半成品）、运输资源编号、人员编号、异常类别、异常现象、设备状态（维修、保养、故障停机等）、作业开始、作业结束等。

条码可以提高数据录入的准确性，提高录入速度，而且成本较低。因此，建议尽量先将数据分类然后编码处理。通过条码采集数据适用于现场的数据采集。

不良品代码示例见表 3-1-2。

表 3-1-2　不良品代码示例表

缺陷代码	缺陷描述	条码
001	短路	001
002	少锡	002
003	锡洞	003
004	立片	004

（续）

缺陷代码	缺陷描述	条码
005	虚焊	005
006	多件	006
007	错件	007
008	偏移	008
009	翻面	009
010	锡珠	010
011	多锡	011
012	极性反	012
013	缺件	013
014	损件	014
015	脏污	015
016	跷脚	016
017	误判	017
OTHER	其他	OTHER

2．通过传感器采集　某些行业对温度、压力、湿度等有严格的要求，可以在其相关数据来源增加各类传感器。这种采集模式主要由温度传感器、压力传感器、无线数据采集卡和个人计算机等构成。车间温湿度仪如图 3-1-1 所示。

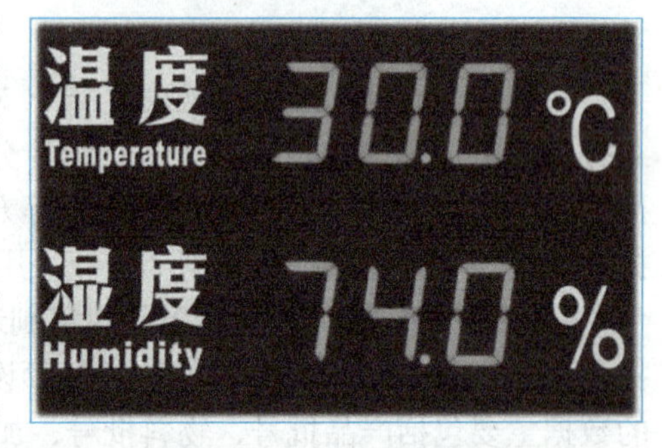

图 3-1-1　车间温湿度仪

3．通过射频识别采集　射频识别（Radio Frequency Identification，RFID）的原理为阅读器与电子标签之间进行非接触式数据通信，以达到识别目标的目的。在汽车行业中，对于完全依据订单进行生产，自动化物流跟踪是顺利生产的前提条件。每道生产工序都必须对汽车进行明确的识别，以避免诸如错误安装了空调、调漆颜色不对等问题。在装配流水线上应用 RFID 技术以尽可能大量地生产用户定制的汽车，用户可以从上万种内部和外部选项中选定自己所需要的颜色、引擎型号等，这样汽车装配流水线上就得支持装配上百种样式的汽车。在装配流水线上配有 RFID 系统，使用可重复使用的电子标签，该标签上可带有汽车所需的所有信息，在每个工作点都有 RFID 阅读器，这样可以保证汽车在各个流水线工作点能毫不出错地完成装配任务。RFID 数据采集如图 3-1-2 所示。

4．采集设备的数据　如果企业需要管控设备，随时监控设备的运行状态和相关设施，可以根据企业需求采用 DNC 网卡方式、宏指令方式、PLC 采集方式等数据，也有部分数据可以通过条码来采集。

在生产过程中实时、准确地采集生产数据，是 MES 得以成功的重要基础，企业 MES 软件建设中应该充分考虑其数据采集的特点，在采集过程中，根据完整性原则、实时性原则、人机结合原则、易于集成应用原则，综合运用多种数据采集方式，并利用计算机、数据网络通信设备、各种技术标准、实时和历史数据库软件的有机组合来实现生产数据的集成应用，如图 3-1-3 所示。

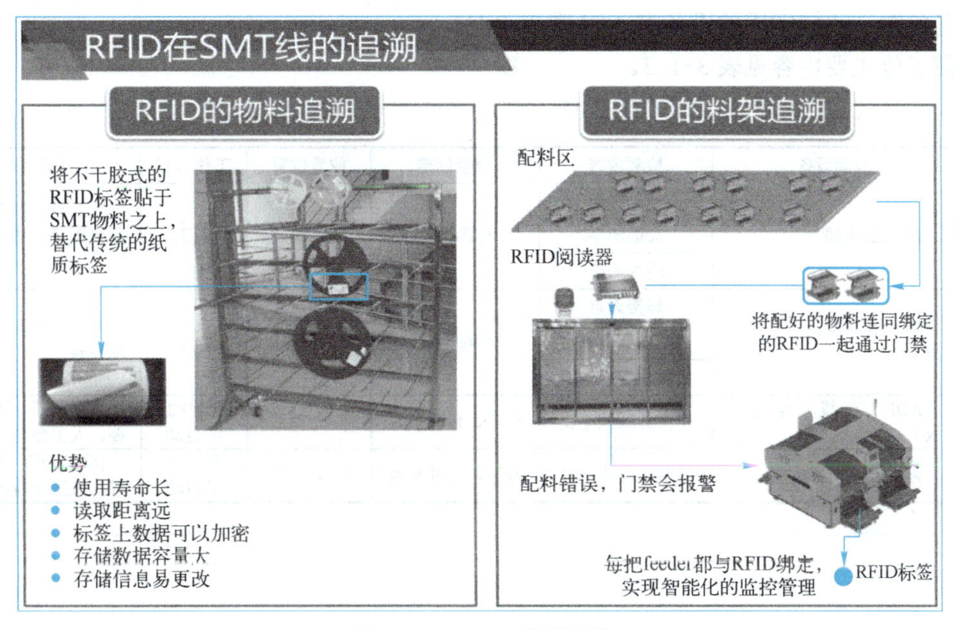

图 3-1-2　RFID 数据采集

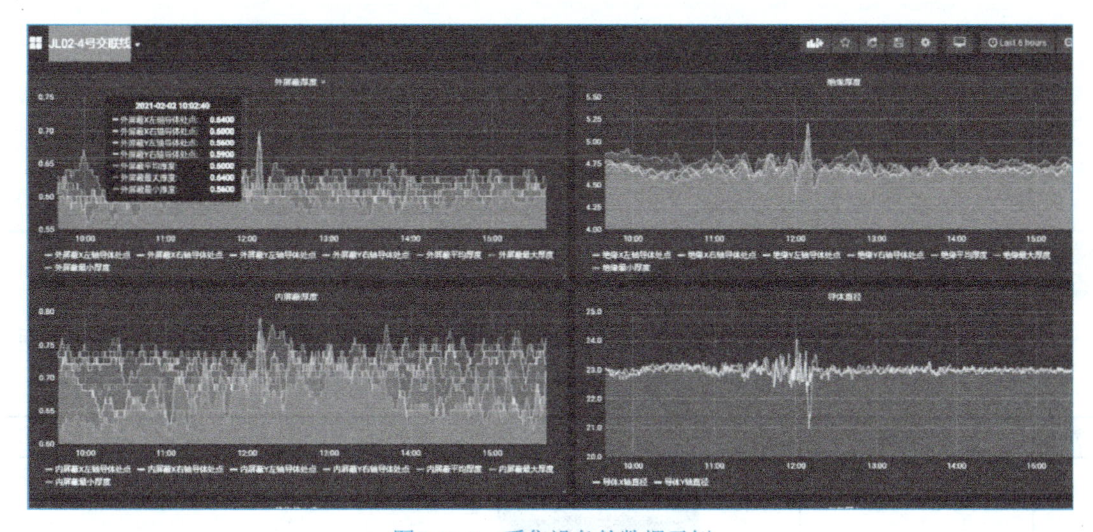

图 3-1-3　采集设备的数据示例

当数据出现异常时，及时有效地通过各类生产看板，设备 ANDON 系统进行声光报警，及时提醒管理者、作业人员快速地介入问题，解决问题，避免问题扩大，保证产品质量和控制企业成本。

案例：检测工位

检测工位一般作为产成品在流水线上作业完成后的最后一道环节，起到最终检验的作用。一般在线检测工位因为要遵循流水线的节拍，所以检查的一般是产成品的外观瑕疵和明显的不良品；离线检测工位因为独立工位可不受节拍限制的特性，所以可以检查产成品功能（利用功能测试，FCT）、电气性能（利用电路内测试 ICT）等。

在线检测工位分为放大镜检测和设备检测两类，它们的检测原理类似：根据一定的检验标准，同检测产品比对有无异常。

放大镜检测：比较常用的设备有20倍放大镜和800倍显微镜（带显示屏的）。

设备检测：比较常用的设备有AOI和X-RAY。

检测工位主要内容见表3-1-3。

表3-1-3　检测工位

序号	检调设备	检测内容	检验标准	放置位置	工作方式	不良品判断方式
1	20倍放大镜	产品外观	标准样件	在线	人工	人工经验判断，不良品先隔离，进行二次复判
		表面印字				
		明显瑕疵				
2	800倍显微镜（带显示屏）	焊接焊点	标准样件	在线/离线	人工	人工经验判断，不良品返修
		不明显瑕疵				
		微小零部件				
3	AOI（在线光学检测仪）	所有外观的不良	程序、标准参数	在线/离线	全自动/半自动	自动判断，不良品报警，人工参与判断处理
4	X-RAY（射线检测仪）	所有内在的不良	程序、标准参数	在线/离线	全自动/半自动	自动判断，不良品报警，人工参与判断处理

随堂笔记：

创设情景②：启动生产线

请学生按照表3-1-4在MES中启动生产线的操作步骤，完成颗粒灌装生产线的生产启动工作。

表3-1-4　在MES中启动生产线的操作步骤

序号	操作步骤	图片说明
1	登录MES软件，选择“生产管理”→“工单”进入工单界面	

（续）

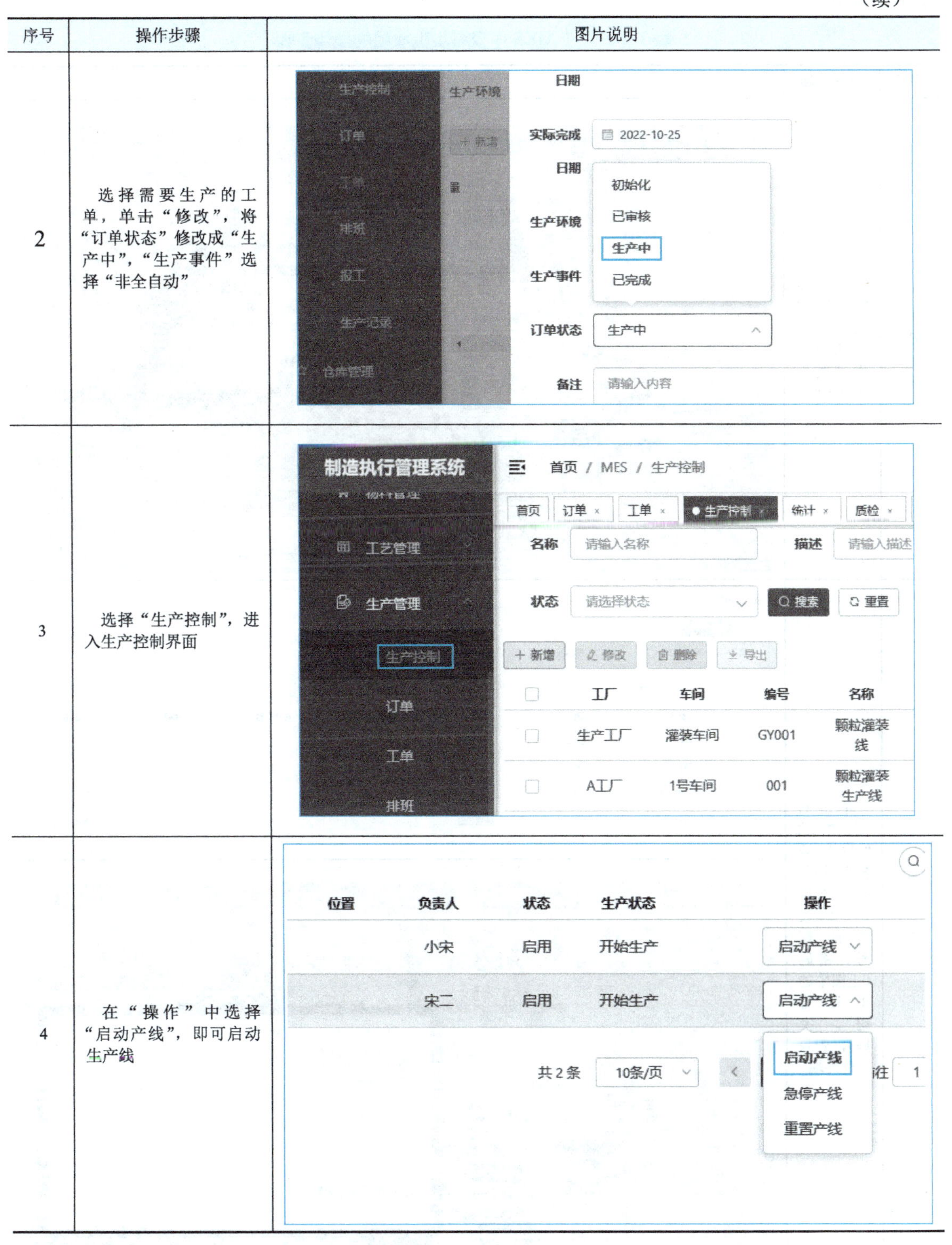

序号	操作步骤	图片说明
2	选择需要生产的工单，单击“修改”，将“订单状态”修改成“生产中”，“生产事件”选择“非全自动”	
3	选择“生产控制”，进入生产控制界面	
4	在“操作”中选择“启动产线”，即可启动生产线	

创设情景③：查看工位看板

请学生按照表 3-1-5 在 MES 中查看工位看板的操作步骤，完成颗粒灌装生产线工位看板的查看和录入工作。

表 3-1-5　在 MES 中查看工位看板的操作步骤

序号	操作步骤	图片说明
1	打开 MINT 并登录，进入“颗粒灌装生产线”仿真界面	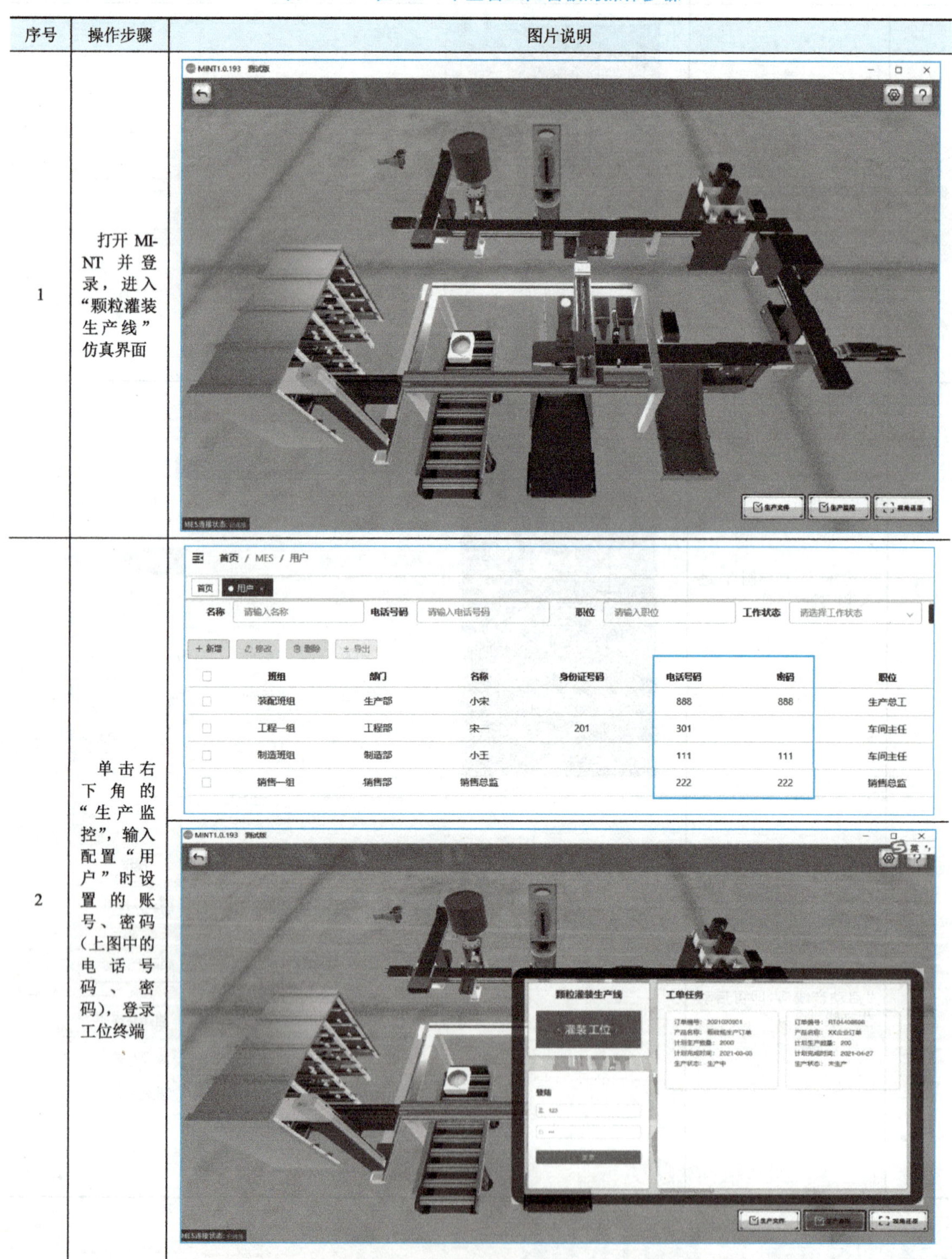
2	单击右下角的“生产监控”，输入配置“用户”时设置的账号、密码（上图中的电话号码、密码），登录工位终端	

（续）

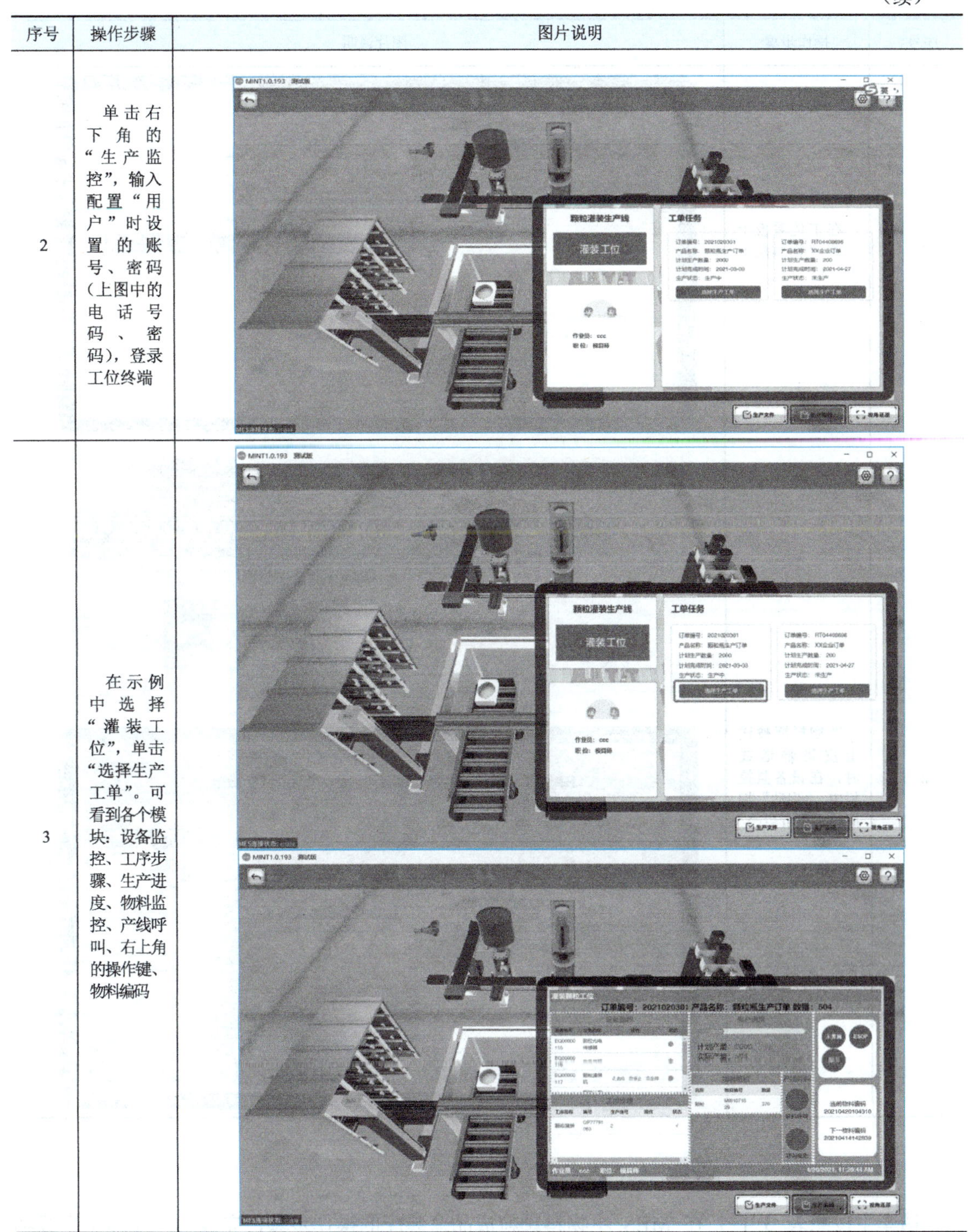

序号	操作步骤	图片说明
2	单击右下角的“生产监控”，输入配置“用户”时设置的账号、密码（上图中的电话号码、密码），登录工位终端	
3	在示例中选择“灌装工位”，单击“选择生产工单”。可看到各个模块：设备监控、工序步骤、生产进度、物料监控、产线呼叫、右上角的操作键、物料编码	

创设情景④：物料上料

请学生按照表 3-1-6 在 MES 中物料上料的操作步骤，完成颗粒灌装生产线物料上料工作。

表 3-1-6　在 MES 中物料上料的操作步骤

序号	操作步骤	图片说明
1	在工位看板上选择“物料瓶上料工位”	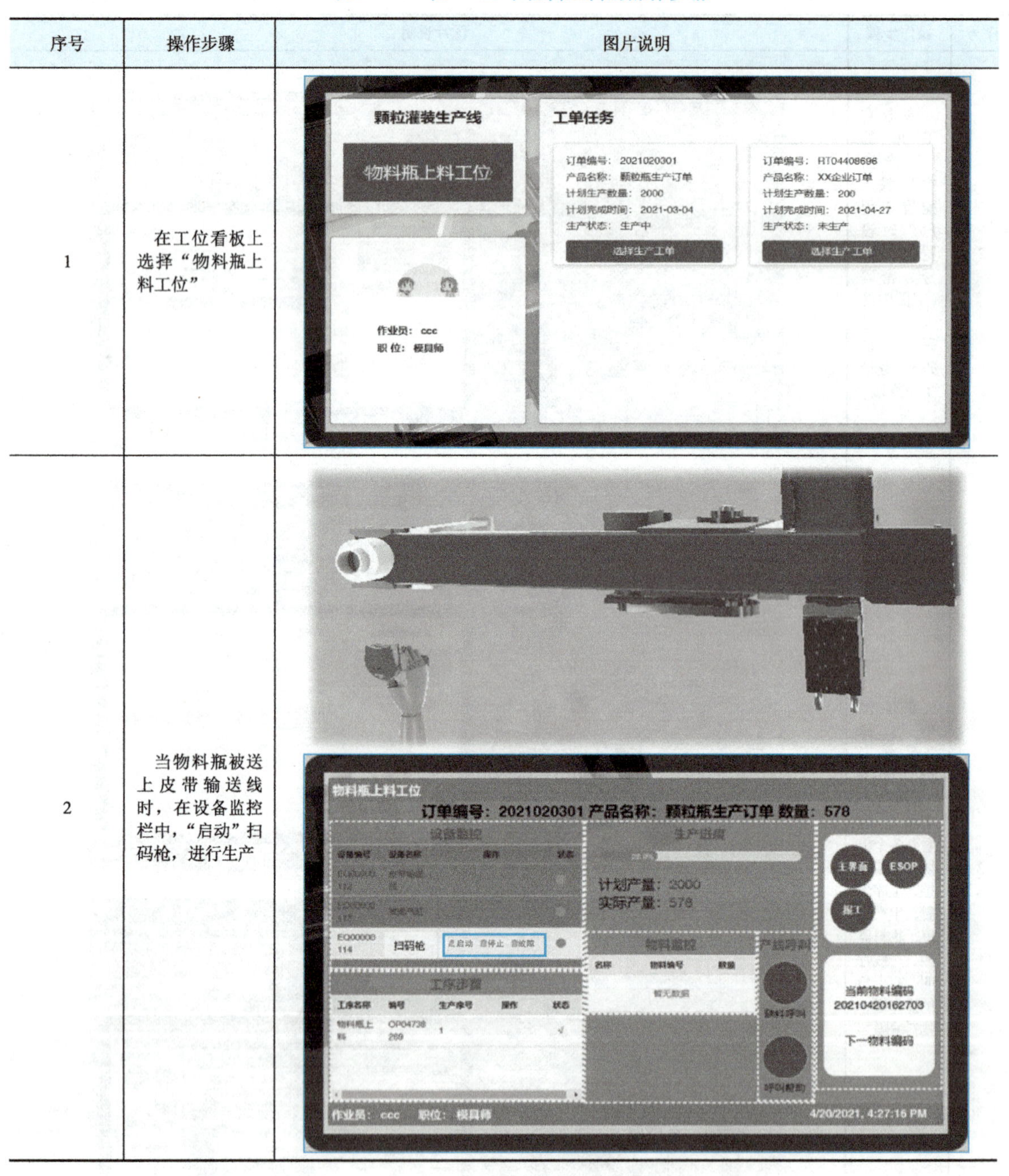
2	当物料瓶被送上皮带输送线时，在设备监控栏中，“启动”扫码枪，进行生产	

创设情景⑤：装配工作

请学生按照表 3-1-7 在 MES 中物料颗粒成品盒装配的操作步骤，完成颗粒灌装生产线物料颗粒成品盒装配工作。

物料颗粒成品盒装配工作分别由三个工位完成，首先，自动颗粒灌装工位中的颗粒灌装机根据要求灌装指定颗粒数量，然后，自动装盖工位检测到物料盒后开始装盖，最后，自动拧盖工位检测到物料盒后开始拧盖。

表 3-1-7　在 MES 中物料颗粒成品盒装配的操作步骤

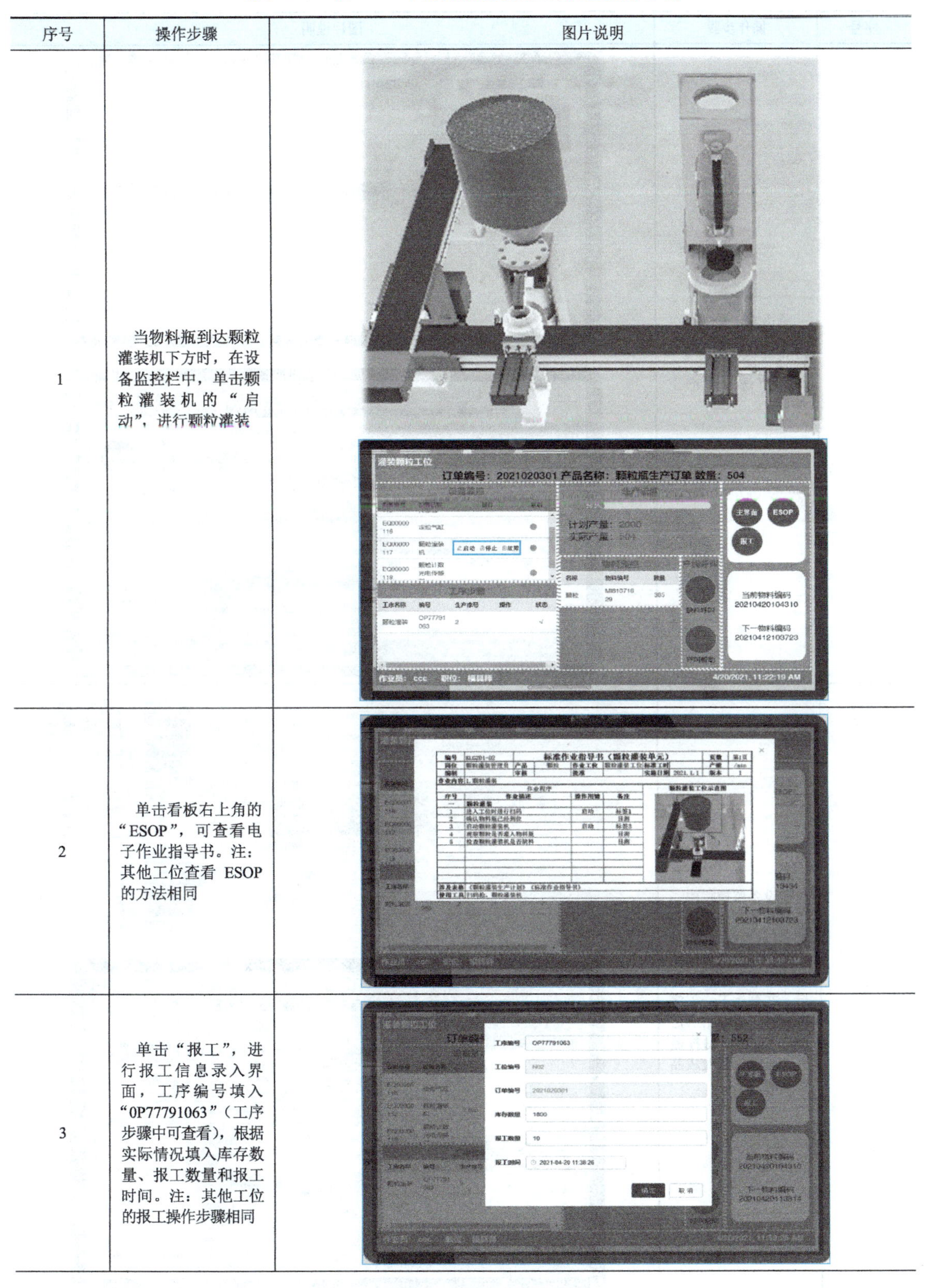

序号	操作步骤	图片说明
1	当物料瓶到达颗粒灌装机下方时，在设备监控栏中，单击颗粒灌装机的“启动”，进行颗粒灌装	
2	单击看板右上角的“ESOP”，可查看电子作业指导书。注：其他工位查看 ESOP 的方法相同	
3	单击“报工”，进行报工信息录入界面，工序编号填入“0P77791063”（工序步骤中可查看），根据实际情况填入库存数量、报工数量和报工时间。注：其他工位的报工操作步骤相同	

（续）

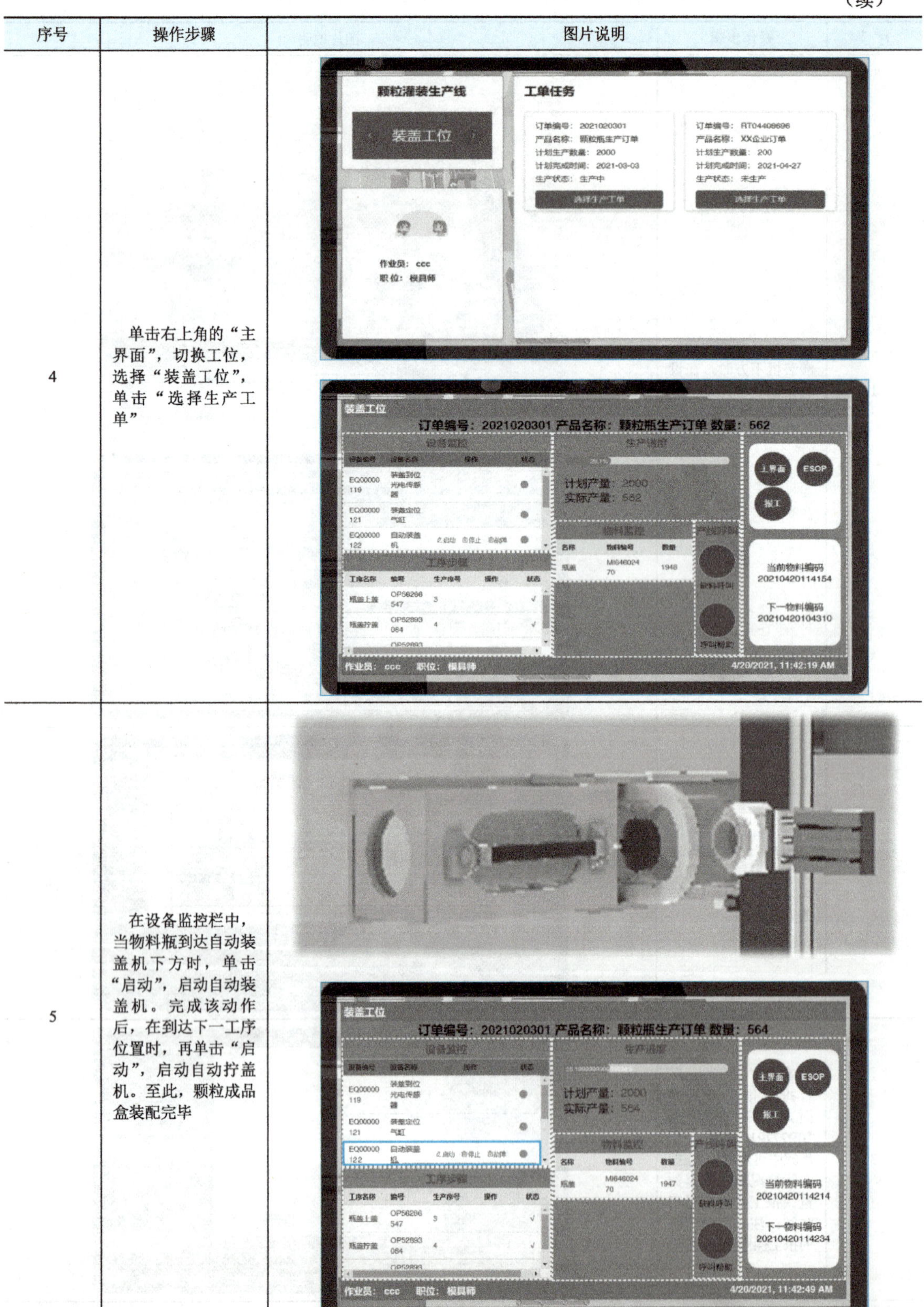

序号	操作步骤	图片说明
4	单击右上角的“主界面”，切换工位，选择“装盖工位”，单击“选择生产工单”	
5	在设备监控栏中，当物料瓶到达自动装盖机下方时，单击“启动”，启动自动装盖机。完成该动作后，在到达下一工序位置时，再单击“启动”，启动自动拧盖机。至此，颗粒成品盒装配完毕	

（续）

序号	操作步骤	图片说明
5	在设备监控栏中，当物料瓶到达自动装盖机下方时，单击“启动”，启动自动装盖机。完成该动作后，在到达下一工序位置时，再单击“启动”，启动自动拧盖机。至此，颗粒成品盒装配完毕	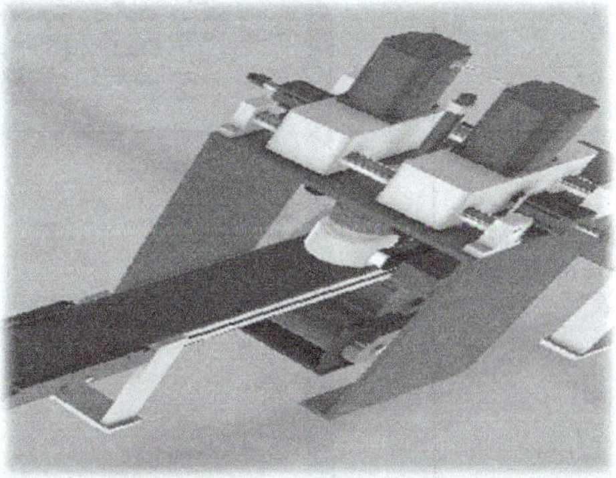 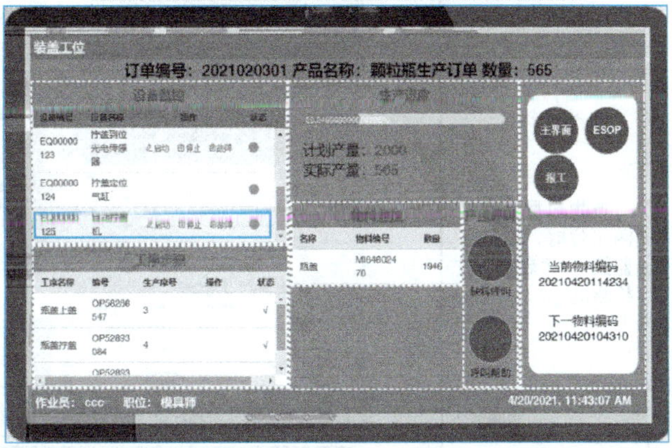

创设情景⑥：颗粒成品盒在线检测

请学生按照表 3-1-8 在 MES 中颗粒成品盒在线检测的操作步骤，完成颗粒灌装生产线颗粒成品盒在线检测工作。

颗粒灌装生产线的颗粒成品盒在线检测分为两步，其一是检测颗粒成品盒盖是否拧紧，其二是检测颗粒成品盒重量是否达标。

表 3-1-8　在 MES 中颗粒成品盒在线检测的操作步骤

序号	操作步骤	图片说明
1	选择“检测工位”，单击“选择生产工单”	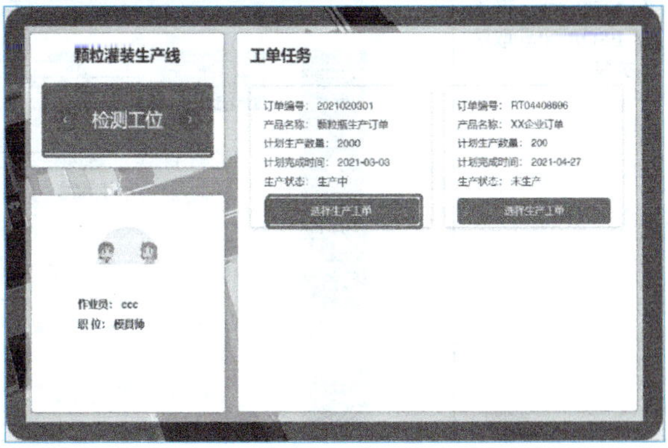

（续）

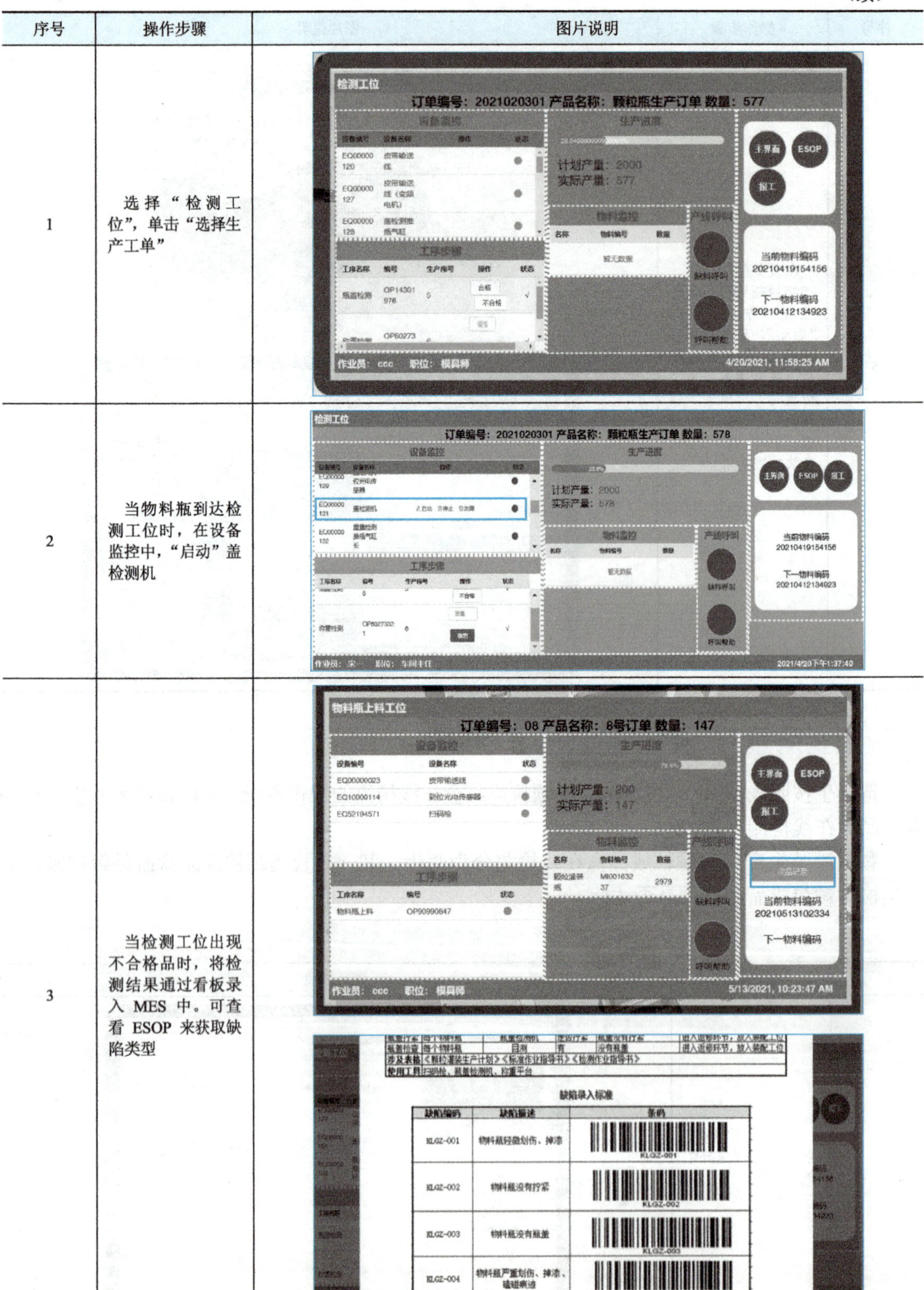

序号	操作步骤	图片说明
1	选择“检测工位”，单击“选择生产工单”	
2	当物料瓶到达检测工位时，在设备监控中，“启动”盖检测机	
3	当检测工位出现不合格品时，将检测结果通过看板录入 MES 中。可查看 ESOP 来获取缺陷类型	

（续）

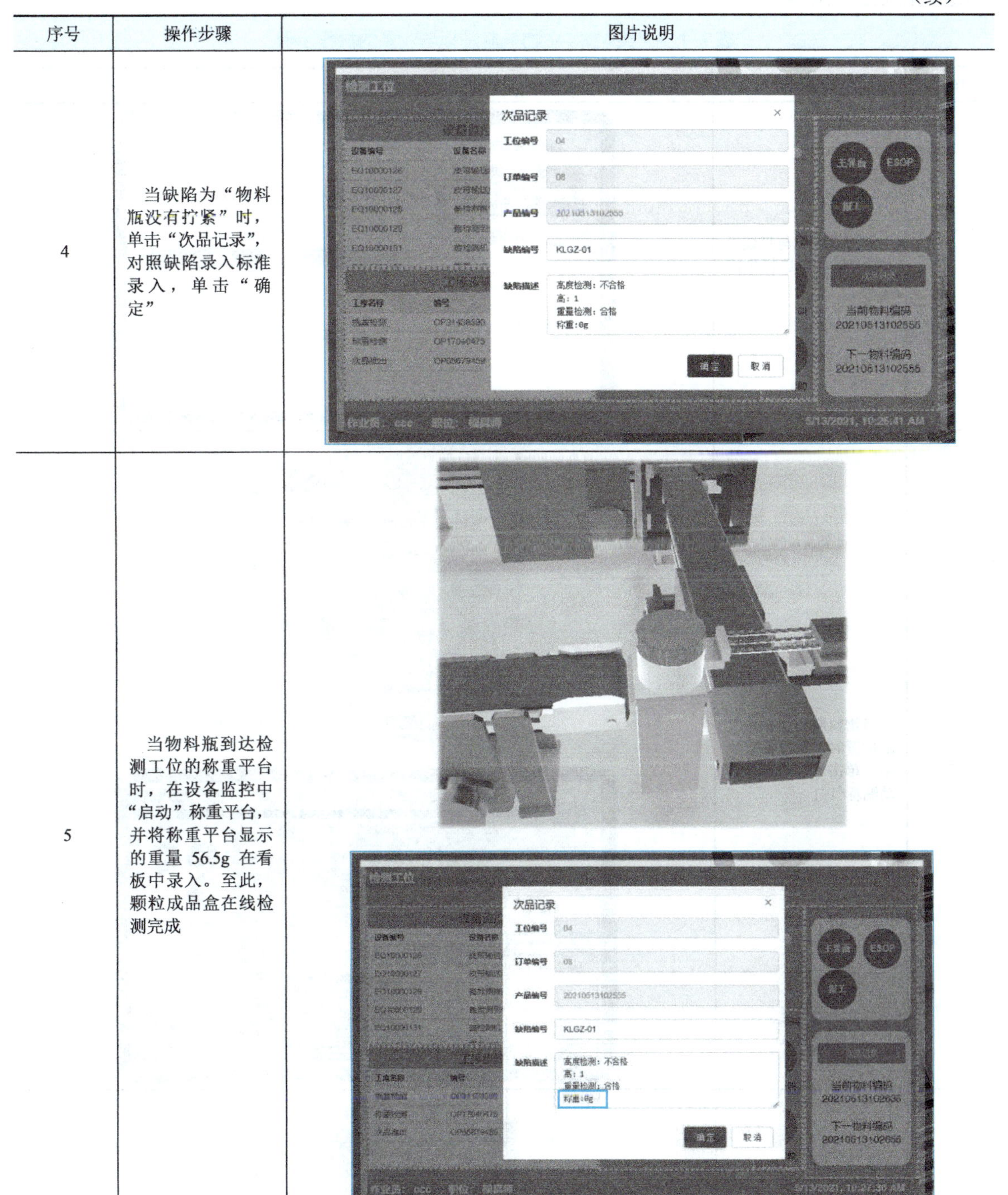

序号	操作步骤	图片说明
4	当缺陷为“物料瓶没有拧紧”时，单击“次品记录”，对照缺陷录入标准录入，单击“确定”	
5	当物料瓶到达检测工位的称重平台时，在设备监控中“启动”称重平台，并将称重平台显示的重量 56.5g 在看板中录入。至此，颗粒成品盒在线检测完成	

创设情景⑦：物料瓶贴标与包装

请学生按照表 3-1-9 在 MES 中物料瓶贴标与包装的操作步骤，完成颗粒灌装生产线物料瓶贴标与包装工作。

物料瓶贴标与包装首先需要选择对应的工位和工单，然后启动设备完成贴标工作，最后由机械手完成打包工作。

表 3-1-9　在 MES 中物料瓶贴标与包装的操作步骤

序号	操作步骤	图片说明
1	选择“贴标与包装工位”，单击“选择生产工单”	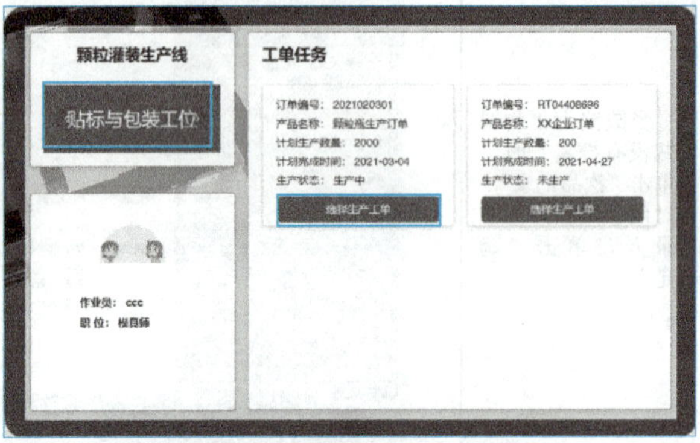
2	当物料瓶到达贴标气缸位置时，在设备监控中，单击“启动”来启动贴标气缸	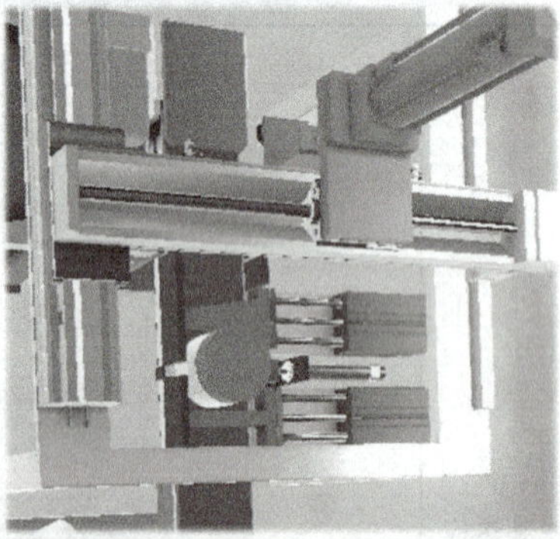 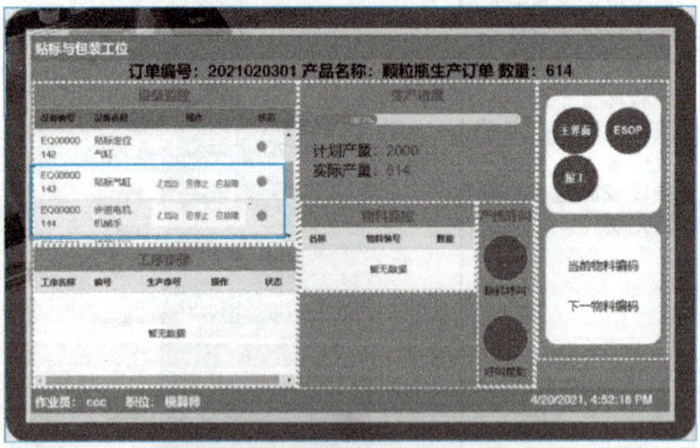
3	当场景中的物料瓶贴标完毕到达步进机械手下方时，在设备监控中，单击“启动”来启动步进机械手。至此，物料瓶贴标与包装完毕	

（续）

序号	操作步骤	图片说明
3	当场景中的物料瓶贴标完毕到达步进机械手下方时，在设备监控中，单击“启动”来启动步进机械手。至此，物料瓶贴标与包装完毕	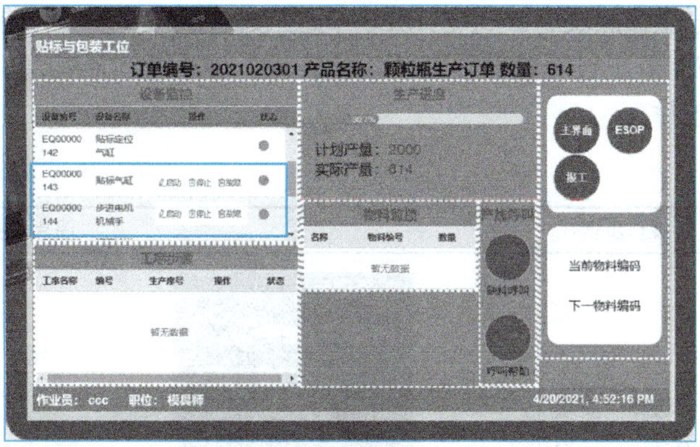

 创设情景⑧：成品入库

请学生按照表 3-1-10 在 MES 中成品入库的操作步骤，完成颗粒灌装生产线成品入库工作。

成品入库首先需要选择对应的仓库工位和工单，然后在物料盒安装完成时，启动堆垛机完成入库工作。

表 3-1-10　在 MES 中成品入库的操作步骤

序号	操作步骤	图片说明
1	单击右上角“主界面”，选择“仓储工位”，单击“选择生产工单”	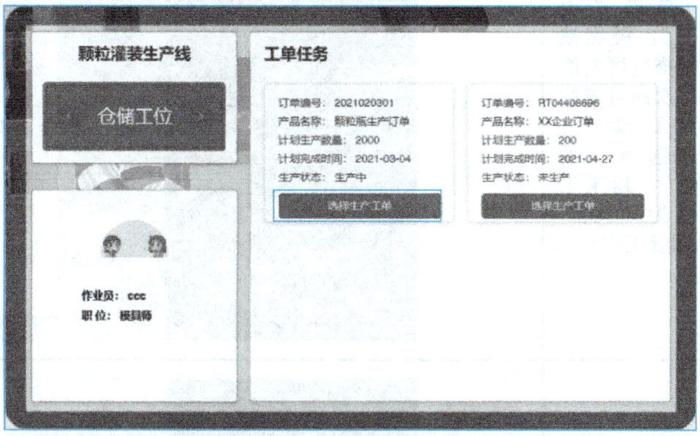
2	当物料盒安装完毕时，单击“启动”来启动堆垛机。至此，成品入库完成	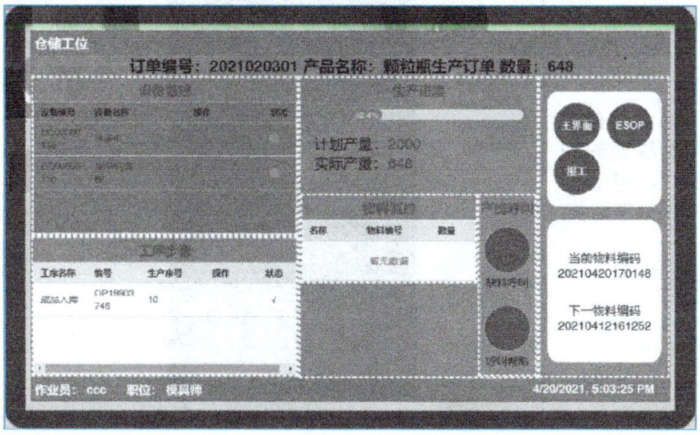

创设情景⑨：返工过程

请学生按照表 3-1-11 在 MES 中返工过程的操作步骤，完成颗粒灌装生产线返工过程工作。

MES 返工过程首先要在“质检管理”中查看次品信息，然后根据次品信息对应返工工位进行返工工作。

表 3-1-11　在 MES 中返工过程的操作步骤

序号	操作步骤	图片说明
1	选择“质检管理”—“次品信息”，在这里可以看到在看板中录入的次品信息，包含缺陷录入信息	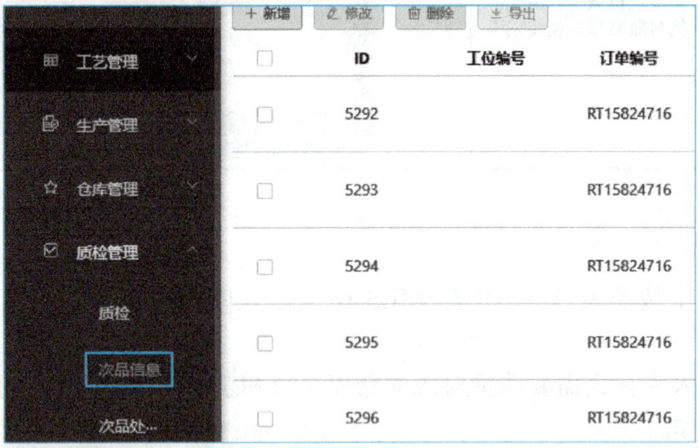
2	单击“返工”，根据缺陷描述可判断该次品可进行返工，处理方式选择“返工”，返工工位为“003”（装盖工位）	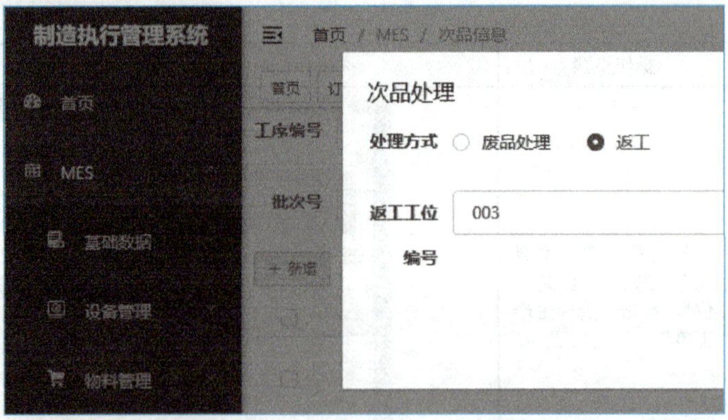
3	单击左侧的“次品处理记录”，可查看次品处理记录	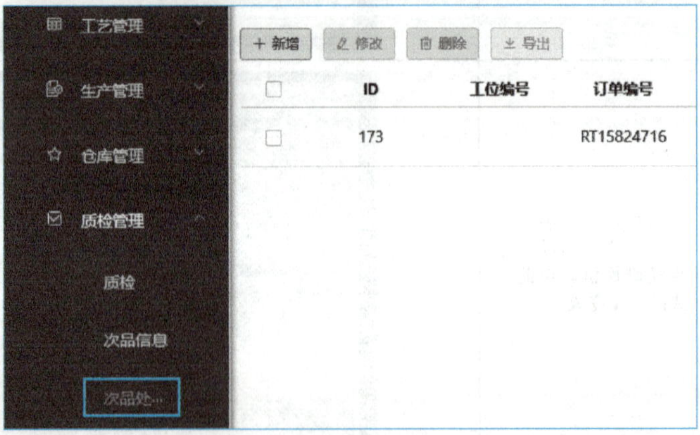

任务考核

结合小组的任务实施情况，对照“生产过程阶段管理任务实施考核表”对每名学生进行任务实施考核。考核过程参照“制造执行系统实施与应用”职业技能等级证书要求，并将考核结果记录在表 3-1-12 中。对照考核表，学生互评，再请教师复评。通过任务实施评价，各小组之间、学生之间可以通过分享实施过程，相互借鉴经验。在此过程中，引导学生树立脚踏实地、一丝不苟、责任担当、爱岗敬业的精神。

表 3-1-12　生产过程阶段管理任务实施考核表

<table>
<tr><td colspan="5">班级：</td><td colspan="2">姓名：</td></tr>
<tr><td colspan="5">小组：</td><td colspan="2">学号：</td></tr>
<tr><td colspan="2">项目</td><td>要求</td><td colspan="2">应得分</td><td>得分</td><td>备注</td></tr>
<tr><td rowspan="8">任务实施</td><td rowspan="2">数据人工录入</td><td rowspan="2">解释何为在 MES 中必须录入的数据，并举例说明</td><td>准确率</td><td>5</td><td rowspan="2"></td><td rowspan="2"></td></tr>
<tr><td>速度</td><td>5</td></tr>
<tr><td rowspan="2">数据自动生成</td><td rowspan="2">解释何为在 MES 中自动生成的数据，并举例说明</td><td>准确率</td><td>5</td><td rowspan="2"></td><td rowspan="2"></td></tr>
<tr><td>速度</td><td>5</td></tr>
<tr><td rowspan="2">数据收集方法</td><td rowspan="2">解释常用数据收集方法及应用场合</td><td>准确率</td><td>5</td><td rowspan="2"></td><td rowspan="2"></td></tr>
<tr><td>完整性</td><td>5</td></tr>
<tr><td rowspan="2">生产过程阶段</td><td rowspan="2">能够使用 MES 完成生产线生产过程阶段管理工作</td><td>准确率</td><td>20</td><td rowspan="2"></td><td rowspan="4"></td></tr>
<tr><td>速度</td><td>10</td></tr>
<tr><td rowspan="2">任务评价</td><td>小组互评</td><td>从信息获取、准确输入、快速分析数据、工作态度、职业素养等方面进行评价</td><td colspan="2">20</td><td></td></tr>
<tr><td>教师评价</td><td>从信息获取、准确输入、快速分析数据、工作态度、职业素养等方面进行评价</td><td colspan="2">20</td><td></td></tr>
<tr><td colspan="3">合计</td><td colspan="2">100</td><td></td><td></td></tr>
<tr><td colspan="2">经验总结</td><td colspan="5"></td></tr>
</table>

课后活动

一、填空题

1．MES 的特点就是能实时收集生产过程中的各类________、________，连接________和________，对生产过程进行过程监视、________、________单元整合、________，进行数据分析，供管理者追溯查询。

2．MES 会客观地记录整个生产过程中产生的所有数据，包括________、设备运行状态、________、________、________、生产数量、________、________、不良比例等。

3．数据的________和________是决定一个 MES 软件项目实施成败的关键环节。

4．________是 MES 业务进行的根本，也是 MES 进行________的基础。

二、练习题

独立熟练使用 MES 完成颗粒灌装生产线生产过程阶段管理的操作。

任务 3.2 生产完成统计管理

任务描述

一张生产任务单完成后，生产线要进行清线处理，原材料、成品、辅材、指导文档等都应清除干净，为下一张生产任务单做准备。同时，为了更好地管理生产过程、提高生产效率，需要对每次生产任务做相应的统计。生产完成之后的统计包括人工统计和 MES 自动统计。下面我们就一起来学习生产完成统计管理相关的内容。

非全自动生产

素质目标

1. 感受 MES 信息统计的优越性，提高学习兴趣。
2. 体验工作的成就感，增强热爱劳动的意识。
3. 树立无私奉献、敢为人先、爱岗敬业的精神。

知识目标

1. 能够知道生产完成后人工统计的内容。
2. 能够知道生产完成后 MES 自动统计的内容。

能力目标

1. 能够根据颗粒灌装生产线生产，描述生产完成后需要人工统计的内容有哪些。
2. 能够根据颗粒灌装生产线生产，描述生产完成后 MES 自动统计的内容有哪些。

任务实施

任务实施指引

在教师的安排下，各学习小组观看颗粒灌装自动化生产线生产完成后统计管理视频，通过任务学习能够知道 MES 在生产完成后，需要人工统计哪些内容，MES 自动统计哪些内容。通过启发式教学法激发学生的学习兴趣与学习主动性

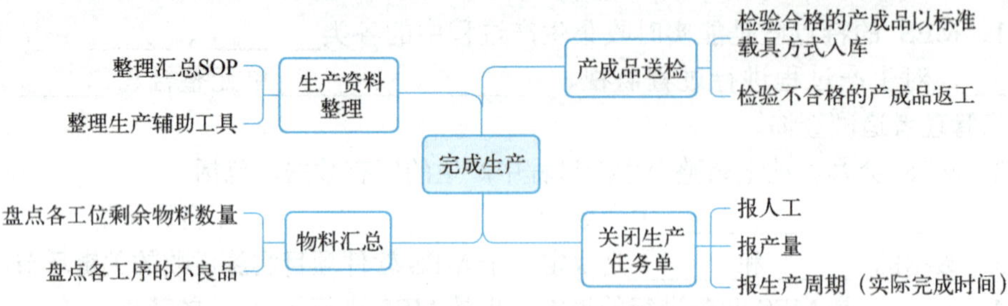

创设情景

请学生认真观看颗粒灌装自动化生产线生产完成后统计管理视频，并完成表 3-2-1 的填写。

表 3-2-1　生产完成统计管理

人工统计		MES 自动统计	
1		1	
2		2	
3		3	
4		4	
5		5	
6		6	
7		7	

3.2.1　人工统计

生产完成后，作业员工需要在 MES 里报工，填写人工（多少员工参与了本次生产任务）、产量（本次生产任务完成了多少）、周期（实际用了多少时间），并关闭生产任务单。人工统计操作步骤如图 3-2-1、图 3-2-2 所示。

图 3-2-1　人工统计操作步骤 1

完成的产品需要送检，质检部门根据生产任务单号和批次号，根据检验标准进行全检或抽检，检验合格则同意入库，检验不合格则以批次判退的方式要求生产线返修。

生产线汇总每个工位剩余的物料，以退料单的方式退回原料仓或线边仓，以供其他生产任务单再度领用。

收集汇总各工序在生产过程中产生的不良品，交维修部门判断（修理/拆解使用/报废）。

本次生产过程中使用的纸质 SOP 需重新汇总整理收纳，各工位用到的工具、治具，辅助材料等也需整理收纳，以免和下一生产任务混淆。

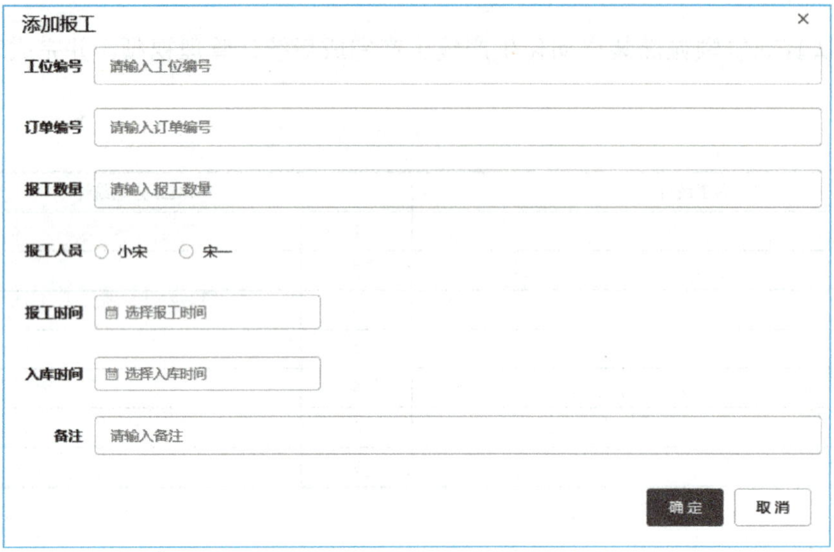

添加报工
×
工位编号
请输入工位编号
订单编号
请输入订单编号
报工数量
请输入报工数量
报工人员
小宋
宋一
报工时间
选择报工时间
入库时间
选择入库时间
备注
请输入备注
确定
取消

图 3-2-2　人工统计操作步骤 2

3.2.2　制造执行系统自动统计

MES 会根据录入的信息和在生产过程中收集到的信息（见图 3-2-3），完整地记录这张生产订单生产过程的所有相关数据，并保存在数据库中，以便追溯查询。

环境温湿度
设备稼动率
产量
生产
时间
MES记录数据
人工
物料
批次
换料时间
抽检记录
工艺参数

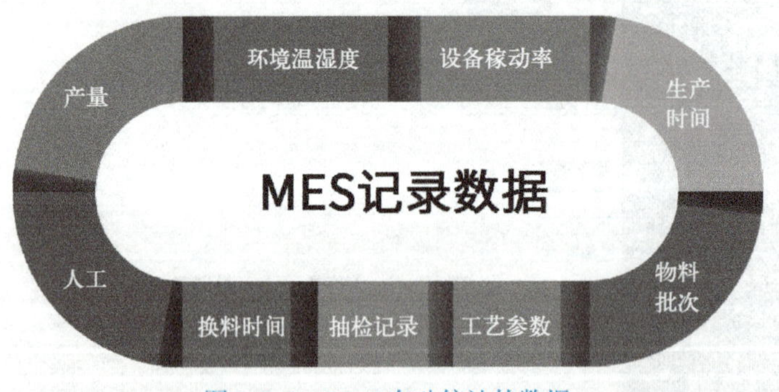

图 3-2-3　MES 自动统计的数据

MES 也会根据预设，生成各种报表，如各类调度报表、生产日报、运行状态日报、工艺技术指标日报以及质量日报等。

任务考核

结合小组的任务实施情况，对照“生产完成统计管理任务实施考核表”对每名学生进行任务实施考核。考核过程参照“制造执行系统实施与应用”职业技能等级证书要求，并将考核结果记录在表 3-2-2 中。对照考核表，学生互评，再请教师复评。通过任务实施评价，各小组之间、学生之间可以通过分享实施过程，相互借鉴经验。在此过程中，引导学生树立脚踏实地、精益求精、责任担当、爱岗敬业的精神。

表 3-2-2　生产完成统计管理任务实施考核表

班级：					姓名：	
小组：					学号：	
项目		要求	应得分		得分	备注
任务实施	人工统计	能够描述生产完成后人工统计内容	准确率	20		
			速度	5		
	自动统计	能够描述生产完成后 MES 自动统计内容	准确率	30		
			速度	5		
任务评价	小组互评	从安全操作、信息获取、任务实施结果、工作态度、职业素养等方面进行评价	20			
	教师评价	从安全操作、信息获取、任务实施结果、工作态度、职业素养等方面进行评价	20			
合计			100			
经验总结						

课后活动

问答题

1. 根据所学知识，简述生产结束后生产人员需要通过 MES 完成对哪些信息的统计。
2. 根据所学知识，简述生产结束后 MES 会自动统计哪些信息。

任务 3.3　防错追溯管理

任务描述

在日常生产过程中，即便在自动化程度很高的生产线上也会有人工作业的地方。无论是人工作业还是自动生产，都难免会出现工业漏装之类的失误。因此要保证生产过程的可靠度，就需要一套能够预防人为因素造成生产问题的机制。

MES 中的防错追溯管理可以通过管理生产中的基础数据，帮助企业进行物料防错管理以及协助企业生产，防止漏装一类的生产问题。MES 的防错管理手段之一是可追溯，不仅包括完整记录生产过程数据，还可以扩展到质量追溯、采购追溯等方面，对企业制造过程控制和制造过程改进具有重要意义。本节任务就来重点介绍 MES 防错追溯管理的主要功能和作用。

素质目标

1. 通过了解防错追溯管理的作用，感受 MES 的优越性。
2. 培养追求科技发展、精益求精的工作态度。
3. 树立无私奉献、敢为人先、爱岗敬业的精神。

知识目标

1. 能完整描述防错追溯管理的主要功能。

2．能说明防错追溯管理的作用。

能力目标

1．能结合 MES，正确解释防错追溯管理的主要功能。
2．联系实际生产过程，说出防错追溯管理的作用。

任务实施

任务实施指引	在教师的安排下，各学习小组认真观摩教师的生产过程演示，各小组经过讨论确认防错追溯管理能实现的功能 根据任务学习要求知道防错追溯管理能实现生产过程中哪些环节的防错，是如何提高产品质量和企业管理的。通过启发式教学法激发学生的学习兴趣与学习主动性

创设情景

根据某个具体的生产任务（由教师安排），请学生查看生产过程管理，再查看 MES 中防错追溯管理在生产过程中的功能。请将防错追溯管理流程图填入表 3-3-1 中。

表 3-3-1　防错追溯管理流程

防错追溯管理流程图：

3.3.1　制造执行系统防错追溯管理的主要功能

在生产车间，有时会发生工人将产品放错的事情。MES 防错追溯管理主要帮助企业进行产品生产基础数据整理、物料防错管理，以及产品整个生产销售流程的追溯管理，预防人为因素造成工艺漏装。

那么 MES 是如何实现防错追溯管理的呢?

MES 防错追溯管理主要使用统一的信息管理方法，在装配线上安装一维/二维条码、RFID 等信息载体。MES 软件通过扫描枪实时扫描和对比，通过一体机或触摸屏识别装配件是否符合要求，并将装配过程中的实时数据发送到数据库服务器。

1．生产计划管理

MES 防错追溯可以修改完善制订的生产计划，对修改完善的地方进行标注。这是 MES 防错追溯的重要功能。

1）计划管理员制订每条生产线的上线计划，把计划录入防错追溯管理计划导入模板文件。

2）进入防错追溯管理上线计划导入页面，选择上传计划后，MES 导入计划数据，同时后台检查计划内容是否正确。

3）确认计划数据无误后，防错追溯管理把计划导入系统数据库。

4）可以实现上线批次的顺序、计划数量相关操作。对于删除和更新的计划，MES 记录计划变更日志，在计划追踪查询中给予标注。

5）计划调整时允许多行选择计划的删除功能。

6）提供一个操作软件，安装在办公室个人计算机中，联网运行，由有权限的操作员执行。

2. MES 产品质量防错

MES 防错追溯管理检查在装配过程中的一些关键步骤或关键操作是否成功完成，包括制造过程中重要零件的符合性检查，对准确追溯信息进行管理，以实现产品质量防错。零件的可追溯性实际上对生产物流控制的过程和数据提出了要求，并通过跟踪可追溯材料的状态来控制质量范围。用扫描枪读取零件的条码，检查零件是否准确，以防止错误装配。产品质量防错过程如图 3-3-1 所示。

图 3-3-1 产品质量防错过程

MES 防错追溯管理监控关键部件的装配，可以防止人为因素造成的装配缺失。规范产品操作流程，实现严格按照产品流程要求操作。它解决了装配过程中缺少装配操作的问题，实现了实时监控、及时响应、即时解决。

3. MES 防错追溯管理操作流程

1）同一台终端设备根据订单类型，自动显示不同的装配界面以指导装配作业。

2）按照工艺流程要求严格把关装配过程，装配人员只需按照系统提示进行装配，排除人为因素造成的潜在风险，促使装配过程标准化、透明化。

3）装配数据必须符合装配零件校验规则，MES 对每个扫描的零件条码进行验证，若不符合零件校验规则就自动报警提醒并禁止下一步工艺装配。

4）MES 通过解析关键件、重保件的条码并与工序进行匹配，从而实现质量防遗漏、质量防差错、质量数据正/反追溯。

5）完成整个工序过程自动放行并显示下一个订单配置、装配信息。

4. 零件校对规则

对装配零件与数据设置有效性校验规则。可根据供应商提供的零件的条码规则（如扶手、装饰条、前门总成、后门总成），在 MES 中进行配置，配置数据将作为 MES 对装配过程中零件进行防差错校验的依据。

5. 质量数据追溯及条码规则

MES 防错追溯管理采集关键零件信息，建立统一的关键零件条码规则，通过追溯关键零件条码可以知道关键零件的供应商、生产日期、生产批次等信息。这有利于批次管理及后期质量追溯，可以跟踪与关键零件中的任何条码信息相关的所有关键零件信息。

比如汽车的召回，就是将发现质量隐患车辆上某个零部件的生产批号作为召回依据的，并不是所有同型号车辆都会被召回。

3.3.2 制造执行系统防错追溯管理的作用

1. 提升产品质量

MES 防错追溯管理从原材料来源入手，对生产过程中成品的配料、复检、放置、出货等关键流程进行控制，有效降低了人为因素对生产过程的影响。管理人员可以轻松控制企业的生产环节，连级检查生产，发现问题立即处理，从而提高产品质量。

2. 规范企业管理

MES 防错追溯管理的主要工作原理是每个产品都有一个唯一的条码，无论产品在哪里流通都会有记录。如果发现问题，可以扫描追溯条码，在数据库中调出与产品相关的所有数据，从而大大方便产品质量跟踪和售后服务。

MES 防错追溯管理能为相应的产品加工过程制定实际可操作的行业标准。在建立可追溯体系的过程中，利用现场管理、产品批次管理、工艺流程管理，以及生产管理的完整性和准确性，实现企业管理流程的规范和完善。企业在完全实现可追溯性后，能够在面临各种供应商环境时更好地把控制造工艺的质量，提高生产精益化，提高产品质量，最终做到出货时没有不合格产品，不仅可以提高客户满意度，也获得更多的利润。

任务考核

结合小组的任务实施情况，对照“防错追溯管理任务实施考核表”对每名学生进行任务实施考核。考核过程参照“制造执行系统实施与应用”职业技能等级证书要求，并将考核结果记录在表 3-3-2 中。对照考核表，学生互评，再请教师复评。通过任务实施评价，各小组之间、学生之间可以通过分享实施过程，相互借鉴经验。在此过程中，引导学生树立脚踏实地、精益求精、责任担当、爱岗敬业的精神。

表 3-3-2 防错追溯管理任务实施考核表

<table>
<tr><td colspan="4">班级：</td><td colspan="3">姓名：</td></tr>
<tr><td colspan="4">小组：</td><td colspan="3">学号：</td></tr>
<tr><td colspan="2">项目</td><td>要求</td><td colspan="2">应得分</td><td>得分</td><td>备注</td></tr>
<tr><td rowspan="6">任务实施</td><td rowspan="2">防错追溯管理的功能</td><td rowspan="2">快速、准确描述防错追溯管理在生产过程中的功能</td><td>准确率</td><td>10</td><td rowspan="2"></td><td rowspan="2"></td></tr>
<tr><td>速度</td><td>5</td></tr>
<tr><td rowspan="2">防错追溯管理的作用</td><td rowspan="2">快速、准确描述防错追溯管理在生产过程中的作用</td><td>准确率</td><td>10</td><td rowspan="2"></td><td rowspan="2"></td></tr>
<tr><td>速度</td><td>5</td></tr>
<tr><td rowspan="2">防错追溯管理的流程</td><td rowspan="2">准确绘制防错追溯管理流程图</td><td>准确率</td><td>20</td><td rowspan="2"></td><td rowspan="2"></td></tr>
<tr><td>完整性</td><td>10</td></tr>
<tr><td rowspan="2">任务评价</td><td>小组互评</td><td>从信息获取、准确输入、快速分析数据、工作态度、职业素养等方面进行评价</td><td colspan="2">20</td><td></td><td></td></tr>
<tr><td>教师评价</td><td>从信息获取、准确输入、快速分析数据、工作态度、职业素养等方面进行评价</td><td colspan="2">20</td><td></td><td></td></tr>
<tr><td colspan="3">合计</td><td colspan="2">100</td><td></td><td></td></tr>
<tr><td colspan="2">经验总结</td><td colspan="5"></td></tr>
</table>

课后活动

一、填空题

1．MES 防错追溯管理主要是帮助企业进行产品生产________、________，以及产品整个生产销售流程的________。

2．MES 防错追溯管理主要使用统一的________方法，在装配线上安装一维/二维条码、RFID 等信息载体。

3．MES 防错追溯管理包括制造过程中重要零件的________检查，对________信息进行管理。

4．MES 防错追溯管理采集关键零件信息，建立统一的关键零件________，通过追溯关键零件条码可以知道关键零件的________、________、生产批次等信息。

二、问答题

1．根据所学知识，简要阐述 MES 防错追溯管理的操作流程。

2．根据所学知识，简要阐述 MES 防错追溯管理的作用。

任务 3.4　标准作业程序/电子版标准作业程序应用认知

任务描述

自动化生产的特点是快速、准确、高效，整个过程几乎不需要人工操作。那么如何才能保证生产过程的准确、统一呢？

自动化生产需要标准作业程序/电子版标准作业程序（SOP/ESOP），将某一事件的标准操作步骤和要求以统一的格式描述出来，用于指导和规范日常工作。本任务通过制作某一生产任务所需的标准作业程序来学习 SOP/ESOP 设计应用。下面我们就一起来学习 SOP/ESOP 应用认知相关知识。

素质目标

1．感受 SOP/ESOP 对生产的指导作用，养成精益求精的工作态度。

2．认识 SOP/ESOP 的应用，提高学习兴趣。

3．体验工作的成就感，增强热爱劳动的意识。

4．树立无私奉献、敢为人先、爱岗敬业的精神。

知识目标

1．能够知道 SOP 的定义、作用、特征。

2．能够知道 SOP 的六要素。

3．能够知道 SOP 的制作流程。

4．能够知道 ESOP 的定义与优势。

能力目标

1. 能够清楚说明 SOP/ESOP 的内容及其在生产中的作用。
2. 能够独立完成某次生产任务的 SOP/ESOP 制作。

任务实施

任务实施指引

在教师的安排下，各学习小组查看颗粒灌装自动化生产线的 SOP/ESOP 的结构组成，通过任务学习能够认识 SOP/ESOP。通过启发式教学法激发学生的学习兴趣与学习主动性

作业指导书		产品名称	油烟机电源板
		型号	8218
		版本	A0
工作站名	功能测试	站别	功检

使用物料			
项次	位号	规格/型号	数量

使用工具、仪器及辅料

项次	名称	物料编码	数量
1	QC标贴，不良标签		若干
2	8218电源板测试工装		1
3	防静电手环		1

作业步骤和方法

1.将待测电源板按图放入到测试工装上，然后装入工装压好；
2.打开开关，工装进入自动检测，自检完毕，蜂鸣器响上电音；蜂鸣器的声音应响亮，不得有沙哑、无音、托音或音小等现象；（电压测试范围：电压12V范围正负5%,电压5V范围正负5%）
3.关电源，不良品做好不良标示返前维修，合格产品贴QC标签转入下道工序。

判别标准

参考PCBA外观检验规范

注意事项

1.操作过程中必须轻拿轻放，以免损坏线路板或元器件。

每个工作站必须自检，自检合格后方可流向下一工作站！
发现异常，及时反馈！

图解

编制		审核		批准					
日期		日期		日期		共 4 册	第 4 册	共 3 页	第 1 页

创设情景

请学生认真查看颗粒灌装生产线的 SOP/ESOP 的结构组成，并思考和讨论其作用，完成表 3-4-1 的填写。

表 3-4-1　SOP/ESOP

颗粒灌装生产线 SOP/ESOP 结构组成
SOP/ESOP 的作用

3.4.1　标准作业程序的定义

标准作业程序（Standard Operating Procedure，SOP）是指将某一事件的标准操作步骤和要求以统一的格式描述出来，用于指导和规范日常工作，可见它是将某项工作的标准操作步骤（即先做什么、后做什么、怎么做、做到什么程度）用标准的格式描述出来。

举个例子来理解 SOP。如图 3-4-1 所示，我们要写一个“把大象放到冰箱里”的流程：

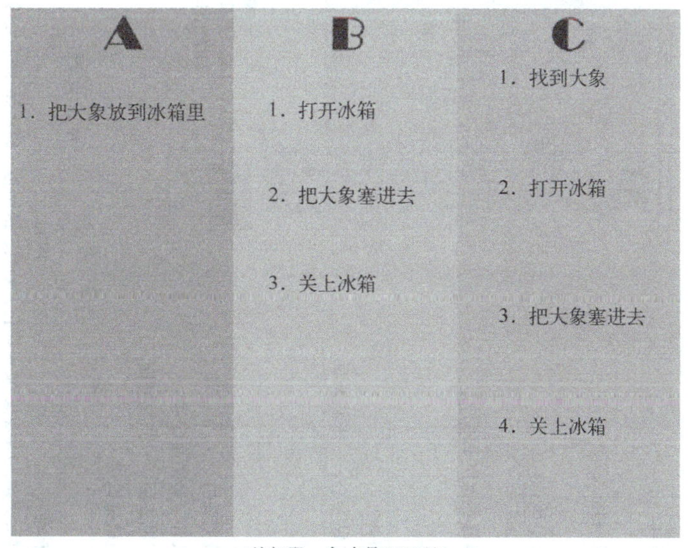

图 3-4-1　把大象放到冰箱里的流程

C 才是一份 SOP。为什么 B 不是？因为它隐藏了一些专业知识，首先你得知道什么是冰箱，什么是大象，其次还得知道这个叫作冰箱的东西怎么打开。

SOP 的最佳效果应该是怎样的？它要保证随便一个人来照着文档做，不动脑子也能完成工作。SOP 的精髓是将细节量化，通俗来讲，就是对某一程序中的关键控制点进行细化和量化。实际执行过程中，SOP 的核心是符合本企业情况，利于本企业执行，不流于形式。SOP 是以文件的形式描述作业员在生产作业过程中的操作步骤和应遵守的事项，是作业员的作业指导书，是检验员用于指导工作的依据。标准作业指导书应包含的信息如图 3-4-2 所示。

3.4.2　标准作业程序的作用

标准作业程序的作用如下：

1）将企业积累下来的技术、经验记录在标准文件中，以免因技术人员的流动而使技术流失。

2）使操作人员经过短期培训，快速掌握先进合理的操作技术。

3）根据作业标准，易于追查不良产品产生的原因。

4）树立良好的生产形象，取得客户信赖与满意。

5）实现生产管理规范化，生产流程条理化、标准化、形象化、简单化。

6）是企业最基本、最有效的管理工具和技术资料。

编号	08W6S01-1	标准作业指导书（A-1）						页数	第1页/共2页
岗位	修卷操作员	产品	卷	作业区	物流作业区	标准工时		产能	/min
编制		审核		批准		实施日期	2008/6/23	版本	02
作业内容	1.卷下线 2.修卷 3.协助包装 4.倒库 5.(外售)装车								

作业程序

序号	作业描述	操作用键	注意事项
一	**修卷**		
1	至物流办公室领取表2、表3、标签1、标签2并签字		见附件2
2	了解本班预修卷的二级品信息		
3	至精整作业区找质检员加盖合格品(二级品)及质检员公章		标签1和标签2上
4	至修卷区取工具(吊具、捆带剪、切卷机、钢钎、打捆机)		
5	冷硬卷下线		操作见附件3
6	遥控天车将需修卷的冷硬卷吊入修卷区		
7	修卷		具体修卷操作见附件3
8	遥控天车将冷硬卷吊至冷硬单卷磅		
9	至磅房，核对生产计划，告知司磅员冷轧号		
10	填写《修卷班报表》		见附件2
11	领取已打印标签1(两张)，贴标签于卷上		一张贴卷心，一张贴表面
12	遥控天车将冷硬卷吊入包装区，按顺序摆放		
13	★操作天车倒库及废料发放		
二	**协助包装**		
14	检查外包装质量		包装完成后
15	填写《包装班报表》		抄录外包装侧面描号
16	至磅房打印标签2两张，贴标签于卷上		一张贴表面，一张贴侧面
17	★吊运成品装车外运		避免磕碰钢卷

修卷工作业示意图

15#天车
吊具
废料
包装
修卷
北
东
成品
物流办公室
磅房
冷硬单卷磅
待修卷
翻钢机
轧机出口步进梁

质量要求

内容	检测频度	检测方式（工具）	检验标准
表面质量检查	每卷	目测	注意锈斑、划伤、异物、夹杂、分层现象
厚度检测	每卷	千分尺	见附件4
宽度检测	每卷	卷尺	见附件4
包装质量检查	每卷	目测	见附件5

异常处理

内容	处理流程
发现焊孔、划痕、溢出边、磕碰等	修卷处理
接收到二级品	正常修卷，将信息通知磅房
因严重缺陷，无法完成修卷	打捆带，吊运，通知库管或交班

涉及表格	《轧机作业区生产计划》《冷轧厂轧制作业区修卷班报表》《冷轧厂轧制作业区修卷班报表》
使用工具	天车遥控器、捆带剪、手动切卷机、打捆机、钢钎、千分尺、卷尺

图 3-4-2　标准作业指导书应包含的信息

3.4.3　标准作业程序的特征

1. 标准作业程序是一种程序

标准作业程序（SOP）是对一个过程的描述，不是对一个结果的描述。同时，SOP 既不是制度，也不是表单，而是流程下面某个程序中关键控制点规范的程序。

2. 标准作业程序是一种作业程序

SOP 是一种操作层面的程序，是实实在在的、具体可操作的，不是理念层次上的。如果结合 ISO 9000 体系的标准，SOP 则属于三阶文件，即作业性文件。

3. 标准作业程序是一种标准的作业程序

所谓标准，有最优化的含义，随便写出来的操作程序不可以称作 SOP，只有经过不断实践总结出来的在当前条件下可以实现的最优化的操作程序才可以称作 SOP。说得更通俗一些，所谓的标准，就是尽可能地将相关操作步骤进行细化、量化和优化，细化、量化和优化的度就是在正常条件下大家都能理解又不会产生歧义。

4. 标准作业程序是一个体系

SOP 不是单个的，而是一个体系。虽然可以单独地定义每一个 SOP，但真正从企业管理角度来看，SOP 不可能只是单个的，必然是一个整体和体系，也是企业不可或缺的。余世维在他的讲座中也特别提到：一个公司要有两本书，一本书是红皮书，是公司的策略，即作战指导纲领；另一本书是蓝皮书，即 SOP，而且 SOP 一定要做到细化和量化。

随堂笔记：

3.4.4　标准作业程序的六要素

1. 物料名称及数量

在生产前须确认好本工位所需的物料和准备的物料是否一致、数量是否准确，物料是否经过 IQC。当全部确认无误后方能上线生产。生产过程中绝不接受不良品，绝不生产不良品，绝不传递不良品。

2. 工装夹具

每天上班前对夹具进行校准检查，确认工装夹具能否正常使用。

3. 设备名称及参数

设备操作工必须经培训合格后方能上岗操作设备，在设备开启前先仔细阅读设备使用说明书及设备各参数的设定值，然后按照使用说明书操作设备，而且确定设定的各参数值与要求的参数值相同。

4. 作业步骤

作业步骤是标准作业程序（SOP）内容中的重点，必须简洁、明了，让人一看就懂，一看就知道怎么操作。SOP 需要达到的效果是一个新人未经培训就可以独立操作且产品质量合格，这也是 SOP 的最高境界。

5. 人员配置

SOP 中各工位必须确定人员，这样可以避免每天上班还需要班组长分配人员。这样每天上线前，员工知道自己要做什么准备，并且可以更熟练本工位工作。工位定员既可以节约时间，又可以保证质量。

6. 安全因素

任何操作都有可能导致产品的质量问题，所以 SOP 中必须包含操作的注意事项、检查项目和一些人员安全须知。

随堂笔记：

3.4.5 标准作业程序的制作

1. 制作的前提条件

在了解如何制作标准作业程序（SOP）之前，首先应该想一想：是不是针对任何一项工作都能制作 SOP 呢？答案显然是否定的，SOP 应该针对重复性的、常规性的工作，而几年才发生一次或几次，这种发生频次很低的工作就没有必要制作 SOP 了。

2. 制作的步骤

（1）确认工艺标准　首先需要了解：工位的工艺要求是什么，具体加工产品的哪些部位，加工的先后顺序是什么，对产品加工尺寸、精度有什么样的要求。了解这些信息的目的是掌握产品的技术要求。

（2）作业内容写实（动作观察）　作业内容写实（动作观察）也就是进行现状调查，对员工的操作动作和顺序进行记录，同时也要记录每个操作动作所花费的时间。

（3）动作比较　将记录的内容与该工位的工艺要求相比较，看现有的操作步骤和要领是否符合工艺要求，如果不符合就要修正，符合则要对记录的内容按先后顺序进行排列，这项工作一般由技术人员来完成，因为工艺是由技术人员编制的，所以对于是否符合工艺要求，技术人员的判定是最准确的。

（4）识别并取消浪费的动作，保留有价值的动作　这就好比是 5S 管理里面的整理——进行要与不要的区分，而这里要与不要的依据就是这个动作是否属于浪费，如果属于浪费就果断取消。那么关键就在于辨别动作是否属于浪费。

（5）对动作内容进行精准描述　对作业内容进行语言描述时应该做到让使用者容易看懂、方便记忆、没有歧义，另外还应该加上资深员工的经验，所以这一步一定要让一线操作者参与进来，让他们提供优良的工作经验。

（6）制作示意图　针对容易犯错误的作业内容，或者难以理解的文字描述，可以配备图片进行补充说明，比如在安装和夹紧工件的时候无法用语言进行准确描述，就可以拍一张细节照片作为示意图。注意：文字描述和示意图应该用箭头或者序号实现文与图的对应，防止出现歧义。

（7）排版　制作标准的格式（这里的格式可以根据实际需要自行设计，不管采用什么样的格式只要适合本企业就行），在作业内容的基础上加入一些注意事项，注意事项是员工在长期生产过程中发现并总结出来的，所以这时候也一定要让一线操作者参与，告诉他们在这个工位可能出现的品质问题，这是 SOP 中的一个重要内容，也是品质与过程控制的重点。除此以外还要加入安全、循环时间、节拍、异常处置方法、版本号、审批等内容，再用计算机排版，这样就完成了一份 SOP 初稿。

（8）SOP 试行并修订　按照 SOP 的规定进行试运行，跟踪并记录运行过程中的问题。对 SOP 进行修订、改善，完成后由工艺技术人员审批。

（9）培训　目前很多企业使用的 SOP 存在的主要问题：对操作要点的描述没有做到细化、量化和优化，操作性不强；SOP 制作出来后没有对员工进行培训，员工对内容不了解，所以 SOP 就常常被束之高阁。因此，SOP 制作完成后一定要对员工进行培训，而且要在工位上反复练习，让员工熟悉新的操作标准，并养成习惯。

（10）打印并在工位上张贴　打印时要根据现场的实际情况设置 SOP 的作业指导书尺寸大小，要保证员工能够看清楚内容，例如某公司要求作业指导书的尺寸统一设置为 A3 纸大小。完成打印后则应在相应的工位上悬挂或张贴。很多企业虽然将作业指导书都打印出来了，但是并未张贴展示，这样操作标准就无法被员工知晓，更谈不上执行了，没有执行就没有持续优化和改进。标准作业指导书如图 3-4-3、图 3-4-4 所示。

（11）SOP 持续改进　SOP 是依据当前的工艺、工装、设备等现状条件制定的，如果现状发生变化，则 SOP 就不再适用，因此还应该根据变化情况进行持续改进，这也是精益生产的精髓。

3.4.6　电子版标准作业程序的定义

“安全管理规范化、现场作业标准化、检查整治常态化”已经成为基本行业性规范。小到一件符合要求的产品，大到整个企业生产线的科学运作，均离不开电子版标准作业程序（ESPO）的支持。

ESOP 是随着网络信息化的发展，液晶显示终端价格的合理化，而诞生的。ESOP 得到越来越多企业的关注，实现了整个作业流程的进一步升级，让整个作业流程更为简单、便捷、高效。ESOP 的出色之处在于它拥有“作业指导书电子存储，统一管理，快速检索”“快速发放作业指导书，大大减少换线时间”“目视化管理，高企业形象与现场管理水平”“多媒体显示，丰富作业指导书内容”“显示方式多样，可自动或手动切换显示”等诸多功能，还支持物料和质量管理、安全呼叫、人员呼叫，让企业在整个生产线编制方面更加游刃有余。电子 ESPO 的作业指导书如图 3-4-5 所示。

×××××××有限公司	作业指导书	文件编号		编制日期		页数	版本
						第1页 共14页	A/0

适用产品名称及编号	大功率 MR16/GU10/JDRE27(通用)	工序名称	焊接大功率	标准工时		标准产能/H	
		工序排号	1	作业类型	焊接	人员配置	

序号	材料编号	材料名称	材料规格	数量
1		铝基板		
2		光匠大功率		
3				
4				
5				

图一 方孔为正极 负极

图二 负极 涂导热膏 正极

图三

图四 焊接

注意：不可漏涂导热膏，正负极相一致且一定要带手指套作业

	操作说明	技术要求
检查上工序	检查工位表面清洁	
	检查物料有无一致	
	检查工具有无完好且一定要带手指套操作	
本工序作业	1.检查烙铁温度是否为规定温度：320~380℃	将温度调制为320~380℃，用仪器测试
	2.将大功率摆放固定在治具底模上，再装上模（如图二）	大功率正负极要摆放一致
	3.分清大功率正负极（如图一）	正极为有方孔一端
	4.将铝基板摆放在治具上，然后涂导热膏（如图二）	摆放位置要正确、涂导热膏要均匀
	5.将大功率摆放在涂好导热膏的铝基板上，并焊接起来（如图四）	大功率与铝基板极性要一致，大功率有孔一端对应铝基板丝印“+”一端
	6.完成后放入专用防静电PVC盒内。	
自检	检查有无假焊、虚焊	不良品截出
	检查有无焊反或脱焊	
	检查焊接有无牢固	
	注意事项：一定要带手指套操作，大功率与铝基板极性要一致，且焊接要牢固，避免导致开路或短路；焊好的大功率不允许成堆放置，需放入专用防静电 PVC 盒内。	

设备及工具		
设备，工装名称	型号	设定条件
恒温烙铁	936	320~380℃
手指套	—	防静电
静电环	OWS20A	—

核准		审核		承办单位	
				承办人	

图 3-4-3 标准作业指导书 1

标准作业指导书	文件编号	编制日期	页数	版本
				A/0

适用产品名称及编号	大功率 MR16/GU10/JDRE27(通用)	工序名称	焊接电子黑线	标准工时		标准产能/H	
		工序排号	4	作业类型	插件	人员配置	1人

序号	材料编号	材料名称	材料规格	数量
1		硅胶黑线	黑色，L20mm，镀锡 2.5mm	1PCS
2				
3				
4				
5				

图一

图二

负极标志

电子黑线为负

	操作说明	技术要求
检查上工序	检查工位表面清洁	
	检查物料有无一致	
	检查工具有无完好	
本工序作业	1.检查烙铁温度是否为规定温度：320~380℃	将温度调制为320~380℃，用仪器测试
	2.分清硅胶线与铝基板的相应位置	极性要一致
	3.将硅胶（黑）线焊接在铝基板指定位置上（如图二）	方孔对应一端为正极
	4.完成后放入专用防静电PVC盒内	不可堆积堆放
	5.自检无误后，流入下一工序	
自检	检查有无假焊、虚焊、错焊、半焊现象	不良品截出
	检查焊接有无牢固	
	检查镀锡有无过长	
	注意事项：注意正负焊接位置，不可错位，焊接好后不可堆积摆放，需整齐放入专用防静电PVC 盒内；焊点要光亮包住电子线，不可出现半焊或虚焊现象	

设备及工具		
设备，工装名称	型号	设定条件
静电环	OWS20A	—
恒温烙铁	936	320~380℃
手指套	—	防静电

核准		审核		承办单位	
				承办人	

图 3-4-4　标准作业指导书 2

作业指导书				产品名称	油烟机电源板
				型号	8218
				版本	A0
工作站名	包装			站别	功检
使用工具、仪器及辅料					
项次	名 称	物料编码	数量		
1	追溯号标签		若干		
2	防静电手环		1		

使用物料			
项次	名称	规格/型号	数量
1	隔板	BC-GB-540×440-A0 3mm的单层瓦楞纸	若干
2	塑料箱	540mm×440mm×340mm	若干
3	花隔	540mm×110mm 2mm的单层瓦 6隔	若干
4	花隔	440mm×110mm 2mm的单层瓦 11隔	若干

作业步骤和方法

1.接上工序流下的电源板成品；贴好追溯号。
2.检查电源板上的追溯号、QC标贴是否贴好，并无其他标贴。
3.把电源板装入包装箱内，每格内装一个电源板成品，每箱装三层，中间加隔板，共装150PCS。在塑料箱上贴好产品标示。

判别标准

参考PCBA外观检验规范

注意事项

1.确保每格数量，每个包装箱内不可少装，多装。
2.QC标贴、产品追溯号贴装平整、到位。
3.操作过程中必须轻拿轻放。

每个工作站必须自检，自检合格后方可流向下一工作站！
发现异常，及时反馈！

图 解

编制 日期		审核 日期		批准 日期	

共 4 册	第 4 册	共 3 页	第 3 页

图 3-4-5 ESOP 作业指导书

3.4.7　电子版标准作业程序的优势

ESOP 作为专为生产线上作业指导书电子化显示而量身定做的系统，在促进企业发展方面至少有八大优势：

1）一次投入，长期使用，为企业降低成本，实现企业无纸化办公，促进生产线合理运作，实现了利润最大化。

2）0.1s 快速换线作业指导书，解决了以往冗长的换线和等待时间的问题。

3）简洁、高效的 ESOP 也对提升企业形象、提升智能制造和工业 4.0 水平、扩大 MES 等软件影响有着极大的意义。

4）ESOP 不仅提高了制造质量，还将生产线实时生产状态反应给企业生产管理者。

5）扩展 MES 和 ERP、OA（办公自动化）、CRM（客户关系管理）的接口，ESOP 实现企业信息全打通，定点给人员推送公告、通知、紧急警告信息等，实现工位之间通信、弹窗出警告。

6）可以代替广播系统甚至广告。

7）ESOP 上的摄像头可以远程监控事故和作业状态，甚至识别人脸。管理人员和员工也可以通过 ESOP 举行视频通话会议。

8）ESOP 具有条码管理、工艺工序、智能计数、自动生成各种报表的功能。

随堂笔记：

任务考核

结合小组的任务实施情况，对照“SOP/ESOP 应用认知任务实施考核表”对每名学生进行任务实施考核。考核过程参照 1+X 考证要求，并将考核结果记录在表 3-4-2 中。对照“SOP/ESOP 应用认知任务实施考核表”，学生互评，再请教师复评。通过任务实施评价，各小组之间、学生之间可以通过分享实施过程，相互借鉴经验。在此过程中，引导学生树立脚踏实地、精益求精、责任担当、爱岗敬业的精神。

表 3-4-2　SOP/ESOP 应用认知任务实施考核表

<table>
<tr><td colspan="4">班级：</td><td colspan="4">姓名：</td></tr>
<tr><td colspan="4">小组：</td><td colspan="4">学号：</td></tr>
<tr><td colspan="2">项目</td><td>要求</td><td colspan="2">应得分</td><td>得分</td><td>备注</td></tr>
<tr><td rowspan="4">任务实施</td><td rowspan="2">了解 SOP</td><td rowspan="2">能描述 SOP 的定义、作用、特征以及六要素</td><td>准确率</td><td>10</td><td rowspan="2"></td><td rowspan="2"></td></tr>
<tr><td>速度</td><td>5</td></tr>
<tr><td rowspan="2">制作 SOP</td><td rowspan="2">能够描述 SOP 制作流程</td><td>准确率</td><td>20</td><td rowspan="2"></td><td rowspan="2"></td></tr>
<tr><td>速度</td><td>10</td></tr>
</table>

（续）

班级：						姓名：	
小组：						学号：	
项目		要求	应得分		得分	备注	
任务实施	了解 ESOP	能描述 ESOP 的定义与优势	准确率	10			
			速度	5			
任务评价	小组互评	从信息获取、分析归纳、设计逻辑、任务实施结果、工作态度、职业素养等方面进行评价	20				
	教师评价	从信息获取、分析归纳、设计逻辑、任务实施结果、工作态度、职业素养等方面进行评价	20				
合计			100				
经验总结							

课后活动

一、填空题

1．所谓 SOP，即标准________，指将某一事件的标准操作步骤和要求以统一的格式描述出来，用于________和________日常工作。

2．SOP 是对一个________的描述，不是对一个________的描述。

3．作业步骤是 SOP 内容中的重点，必须________、________，让人一看就懂，一看就知道如何操作。

4．任何操作都有可能导致产品的质量问题，所以在 SOP 中必须包含操作的________、________和一些人员安全须知。

5．SOP 应该针对________的、________的工作，而几年才发生一次或几次，这种发生频次很低的工作就没有必要制作 SOP 了。

6．ESOP 即________，ESOP 实现了整个作业流程的进一步升级，让整个作业流程更为________、________、高效。

二、问答题

1．根据所学知识，简述 SOP 的制作流程。

2．根据所学知识，简述 ESOP 的优势。

任务 3.5 看板应用认知

任务描述

自动化生产管理怎样才能保证生产的快速、高效呢？如何及时发现生产过程中的问题呢？可视化管理很好地解决了这类问题。看板管理作为 MES 的一个基本功能，可以展示生产过程中各个线体和工位情况，以及物料需求、设备运行、库存等情况，同时也可以进行故障报警、质量预警等，减少了响应时间，提高了企业的工作效率。本任务通过学习看板在生产过程中的应用，来了解看板的相关内容。

素质目标

1. 感受看板对生产的指导作用，养成精益求精的工作态度。
2. 认识看板的应用价值，提高学习兴趣。
3. 体验工作的成就感，增强热爱劳动的意识。
4. 树立无私奉献、敢为人先、爱岗敬业的精神。

知识目标

1. 能够知道看板的定义。
2. 能够知道看板管理的功能。
3. 能够知道看板的类型。

能力目标

1. 能够对颗粒灌装生产线的看板进行识读。
2. 能够对所见电子看板准确分类。

任务实施

任务实施指引	在教师的安排下，各学习小组对颗粒灌装生产线的看板进行识读，通过任务学习能够熟练掌握常用看板的类型及其对生产的指导作用。通过启发式教学法激发学生的学习兴趣与学习主动性

创设情景

请学生识读颗粒灌装自动化生产线的看板，思考和讨论看板的作用，并完成表 3-5-1 的填写。

表 3-5-1　看板的内容和作用

颗粒灌装自动化生产线看板的内容
颗粒灌装自动化生产线看板的作用

3.5.1　看板的定义

看板一般指看板管理，也称“看板方式”“视板管理”，最初是丰田汽车公司于 20 世纪 50 年代从超级市场的运行机制中得到启示，作为一种生产、运送指令的传递工具而被创造出来的。经过几十年的发展和完善，看板已经在很多方面都发挥着重要的作用。图 3-5-1 为某生产企业看板。

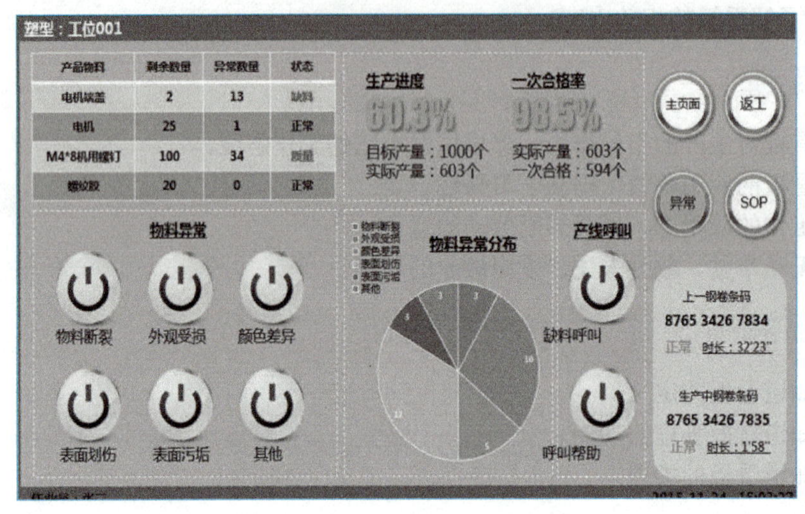

图 3-5-1　某生产企业的看板

在生产制造过程中，进行可视化管理，不仅能让企业生产管理实时“看见”，还能对整个生产过程有一个直观的管理。看板管理作为 MES 的一个基本功能，可以展示生产过程中各个线体和工位情况，以及物料需求、设备运行、库存等情况，同时也可以进行故障报警、质量预警等，减少了响应时间，提高了企业的工作效率。

随堂笔记：

3.5.2　看板管理的功能

看板管理的功能主要有：

1）实施 MES 看板管理后，管理者可从看板中及时了解现场的生产信息，作业人员从中掌握自己的作业任务，避免了信息传递中的遗漏。

2）承载生产状态记录，各道生产工序根据看板来进行生产，看板可追溯生产、数量、搬运等，也可从装配工序逐次向前工序追溯。

3）实时监测生产现场情况，当生产工位发现异常，其中涉及设备、物料、作业等，可以第一时间发现，并解决问题。

4）杜绝管理漏洞，管理人员可以通过看板直接掌握生产进度、质量等，这样可以减少现场管理中的漏洞和空缺，防止不必要的成本浪费。

看板管理作为 MES 的核心模块，能够提高车间生产过程控制能力，帮助企业实现了可视化管理，对 MES 的构建以及整个车间作业流程的优化均具有很大的作用。它有利于提高企业管理水平和整体工作效率、降低企业生产成本，从而使企业获得更大的利润空间。

3.5.3　看板的类型

1. 综合看板

综合看板主要集成了要求管控区域的一些关键信息，使管理人员可以对现状一目了然，快速发现问题。图 3-5-2 为车间管理看板。

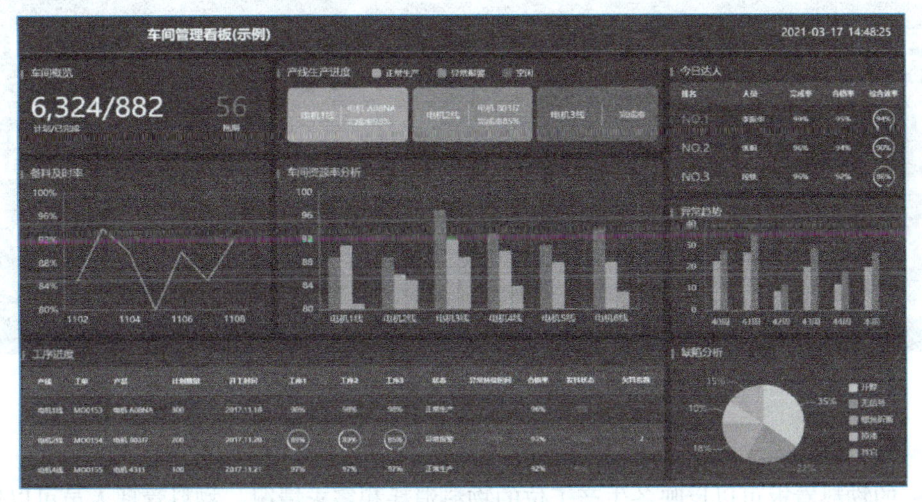

图 3-5-2　车间管理看板

2. 生产看板

通过 MES 的生产看板，使制造现场的所有人均可及时了解生产任务的投入、产出等情况，并且实现对生产节奏的控制，同时也为生产的前期准备提供了信息，比如当天需要生产哪些产品，应该准备哪些物料、工艺文件、生产夹具等。图 3-5-3 为车间生产计划管理看板。

LOGO　车间生产计划管理看板

生产日期：20　年　月　日　　制表负责人：

排产时间	产品名称	产品型号	工序名称	计划数量	实际完成数	不合格数量	合格率(%)	操作工	质检员	班组长	备　注

图 3-5-3　车间生产计划管理看板

3. 质量看板

质量看板主要展示各生产单位、各类产品的生产质量信息。可以根据质量看板，了解产品的质量过程控制，以便生产管理人员了解和控制生产过程，是 MES 实现全质量管理的一个重要环节。图 3-5-4 为质量看板之车间进展情况。

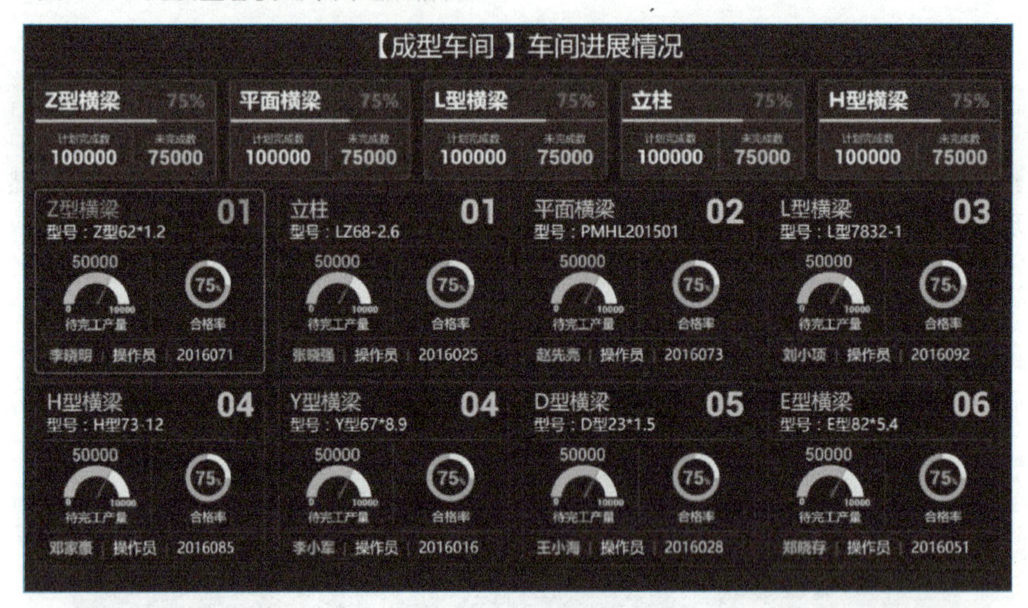

图 3-5-4　质量看板之车间进展情况

4. 物料看板

MES 的物料看板可以反映各生产工位的物料消耗和需求情况，物料管理人员可以依据看板信息及时备料、送料，避免物料在生产线的堆积、供应不及时和搬运浪费，并管理一些特殊元件的存放情况。图 3-5-5 为总装车间物料齐套看板。

总装车间物料齐套看板

派工单号	零件名	执行人	数量	到料状况	完成数	状态
20130300385	壁板	李志红	14	到料	0	待开工
20130300381	轿厢架	郑建红	33	/	0	未开始
20130300383	层门	陈日向	1	到料	0	待开工
20130300386	地坎	黄日富	2	到料	0	待开工
20130300345	地坎	黄日富	23	/	0	未开始
20130300377	壁板	陈日向	20	到料	10	已开工
20130300323	壁板	袁霸天	3	到料	1	已开工
20130300348	壁板	洪革全	5	到料	2	已开工

图 3-5-5　总装车间物料齐套看板

5. 设备看板

设备看板主要展示各工位设备的状态，如开机状态、故障情况等。图 3-5-6 为设备看板之机床生产监控界面。

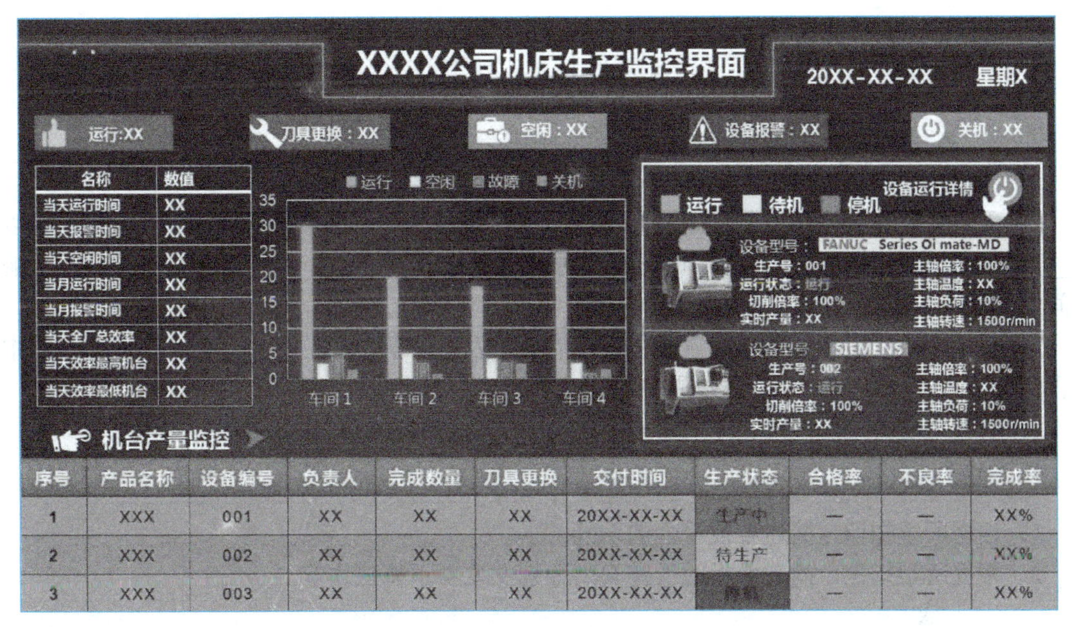

图 3-5-6　设备看板之机床生产监控界面

任务考核

结合小组的任务实施情况，对照“看板应用认知任务实施考核表”对每名学生进行任务实施考核。考核过程参照“制造执行系统实施与应用”职业技能等级证书要求，并将考核结果记录在表 3-5-2 中。对照考核表，学生互评，再请教师复评。通过任务实施评价，各小组之间、学生之间可以通过分享实施过程，相互借鉴经验。在此过程中，引导学生树立脚踏实地、一丝不苟、责任担当、爱岗敬业的精神。

表 3-5-2　看板应用认知任务实施考核表

班级：					姓名：	
小组：					学号：	
项目		要求	应得分		得分	备注
任务实施	看板的定义	能够说出看板的定义以及对企业的作用	准确率	10		
			速度	5		
	看板管理的功能	能够说出看板管理的功能	准确率	20		
			速度	10		
	看板的类型	能够准确对看板分类	准确率	10		
			速度	5		
任务评价	小组互评	从信息获取、分析归纳、设计逻辑、任务实施结果、工作态度、职业素养等方面进行评价	20			
	教师评价	从信息获取、分析归纳、设计逻辑、任务实施结果、工作态度、职业素养等方面进行评价	20			
合计			100			
经验总结						

课后活动

一、填空题

1．看板一般指看板管理，也称________、________。

2．看板管理作为 MES 的一个基本功能，可以展示生产过程中各个线体和工位情况，以及________、设备运行、________等情况，同时也可以进行________、质量预警等，减少了响应时间，提高了企业的________。

3．实施 MES 看板管理后，管理者可从看板中及时了解现场的________，作业人员从中掌握自己的________，避免了信息传递中的________。

4．看板主要有________、生产看板、________、物料看板、设备看板等类型。

二、问答题

1．根据所学知识，简述看板管理的功能。

2．根据所学知识，简述看板的五种类型分别主要展示哪些内容。

任务 3.6 报表管理

任务描述

每次生产任务完成后，企业的管理者都希望获得生产过程中的详细数据，通过对生产过程中各项数据的汇总整理和分析，查找问题、总结经验，以便达到不断提高生产效率和降低生产成本的目的。

现代化生产自动化水平高、生产速度快，生产过程中涉及的数据量也快速增加，再加上内部管理、控制要求的提高，过去人工报表的处理模式已经无法满足当前业务和管理要求。那么管理者如何获取生产过程中的数据呢？

MES 中有专门的报表管理模块，报表管理的主要功能有文件管理、格式管理、数据处理、图表功能和打印功能。下面我们就一起来学习报表管理相关内容。

素质目标

1．体验生产的优化过程，养成精益求精的工作态度。

2．感受 MES 数据信息收集的优越性，提高学习兴趣。

3．体验工作的成就感，增强热爱劳动的意识。

4．树立无私奉献、敢为人先、爱岗敬业的精神。

知识目标

1．能描述报表管理的主要功能。

2．能说明 MES 报表管理的优势。

能力目标

1. 能够独立完成报表管理操作。
2. 能够应用 MES 报表管理的完成统计信息。

任务实施

任务实施指引	在教师的安排下，各学习小组在 MES 中通过各模块操作完成 MINT 仿真颗粒灌装生产线某一次生产完成后的报表统计，通过任务学习能够熟练掌握 MES 报表管理基础操作。通过启发式教学法激发学生的学习兴趣与学习主动性

创设情景

打开 MES 软件，请学生通过操作 MES 完成 MINT 仿真颗粒灌装生产线某一次生产完成后的相关报表统计，并完成表 3-6-1 的填写。

表 3-6-1　报表管理

报表管理功能		主要作用及操作步骤	
1		1	
2		2	
3		3	
4		4	

3.6.1　报表管理概述

报表作为一种经过归纳、整理和统计的信息，是对 MES 中海量数据的有条件汇总，是企业管理和内部控制的重要依据，因此在企业管理中应用报表是十分重要的。

但是随着业务数据大集中的逐步实施以及内部管理、控制要求的提高，管理者需要掌握的信息越来越多，需要的报表也日渐增多。过去人工报表的处理模式已经无法适应当前业务和管理要求，主要表现在：

1）报表种类太多，人工管理易出错。

2）报表没有经过统一规范和管理，使得重复报表长期存在。

3）报表的格式和内容并没有依照管理者的需求而提供。

报表管理的出现，很好地解决了上述问题。报表管理的主要功能有文件管理、格式管理、数据处理、图表功能和打印功能。

3.6.2 报表管理的功能

1. 文件管理

文件管理功能可以对报表文件的创建、读取、保存和备份进行管理，能够支持不同的文件格式，如文本文件、*.mdb 文件、*.xml 文件、Excel 文件等与业务相关的各类文件格式。文件管理还提供了数据的“导入”和“导出”功能。

2. 格式管理

格式管理功能为使用者提供了丰富的格式设计功能，如定义组合单元、画表格线、调整行高列宽、设置字体和颜色、设置显示比例等，以满足各种报表编制的需要。

3. 数据处理

数据处理功能以固定的模板格式管理大量不同的表页，能将多张具有相同格式的报表资料在一个报表文件中进行统一管理，并且在每张表页之间建立紧密的联系，同时还提供了排序、审核、汇总功能，可以使管理者根据某些条件方便、迅速地生成报表。

4. 图表功能

图表功能主要是指将数据表以图形的形式表示。它采用“图文混排”方式组织图形数据，能够制作包括直方图、立体图、圆饼图、折线图等多种分析图表，更直观地反映数据情况。

看板使 MES 数据在生产过程中被客观地反馈给每个生产参与者；报表管理则使 MES 数据在生产完成后，根据生产参与者的要求，倒叙整个生产过程。

根据标准的作业流程（见图 3-6-1）一般有以下报表可以生成：

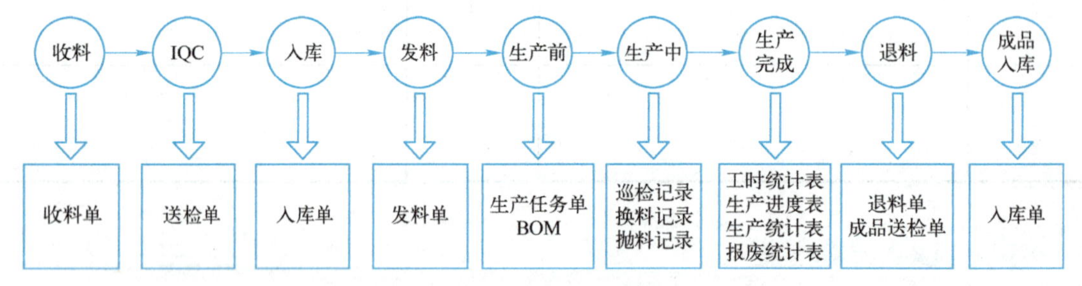

图 3-6-1 标准作业流程

1）根据来料的料号、来料日期、供应商、来料仓库等 MES 输入信息，可以生成不同的收料单，来满足不同的统计需求。

2）要统计不同物料在生产过程中的抛料数量，分析抛料率，就可以通过不同的查询方式来反馈一张工单中哪些物料的抛料率最高，或统计同一物料在哪张工单中的抛料率最高。

3）统计报表。例如可以以工位、产线或车间为单位，来生成反映当日生产情况的报表。

总之，报表管理的目的是使生产管理者根据想要查询的条件，快速地掌握各生产要素，如生产进度、设备状态、质量情况等。以往需要大量时间去查询纸质资料来统计的东西，现在可以尽在眼前。MES 报表生成的图表如图 3-6-2～图 3-6-5 所示。

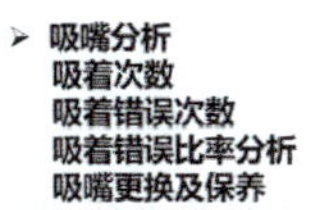

➢ 抛料分析
产品在某一时段的抛料趋势分析
抛料物料种类及比率分析
抛料与着装率分析
抛料异常，停机控制
不同机台，抛料情况比较

➢ 吸嘴分析
吸着次数
吸着错误次数
吸着错误比率分析
吸嘴更换及保养

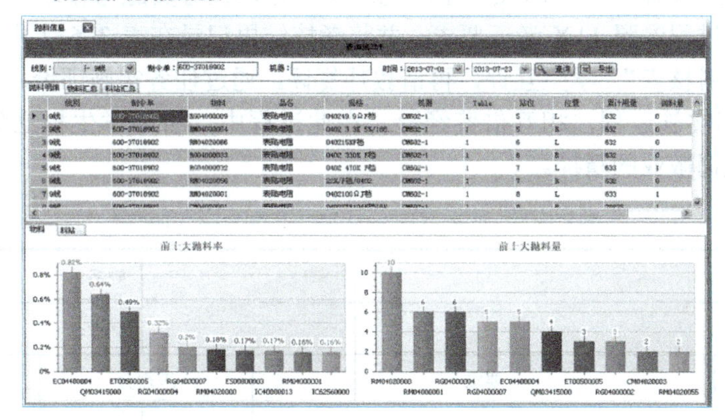

图 3-6-2　MES 报表之图表 1

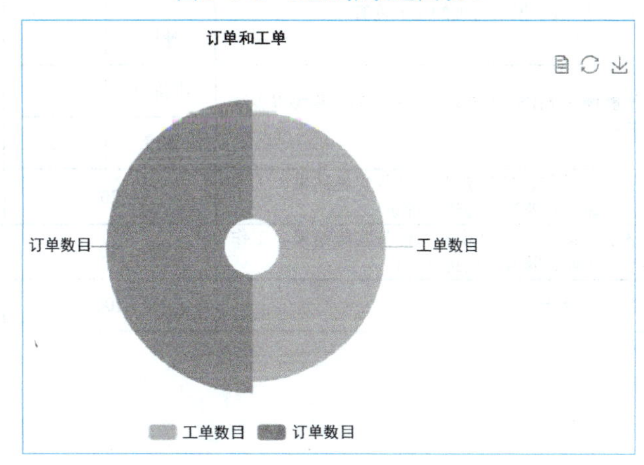

图 3-6-3　MES 报表之图表 2

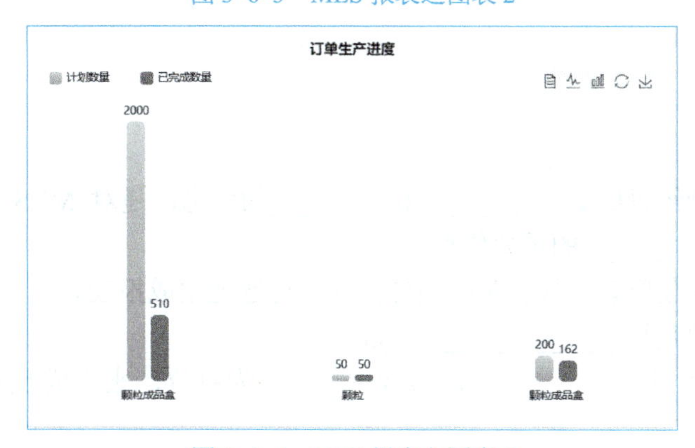

图 3-6-4　MES 报表之图表 3

首页　生产控制　统计

正在生产的工单数量	已调度的工单数量	工艺流程数量	总员工数量
1	3	2	2
总工单数量 3	总工单数量 3	备注：工艺流程亦称"生产流程"	员工数量(所有录入人员信息)

图 3-6-5　MES 报表之图表 4

任务考核

结合小组的任务实施情况，对照“生产完成统计管理任务实施考核表”对每名学生进行任务实施考核。考核过程参照 1+X 考证要求，并将考核结果记录在表 3-6-2 中。对照“生产完成统计管理任务实施考核表”，学生互评，再请教师复评。通过任务实施评价，各小组之间、学生之间可以通过分享实施过程，相互借鉴经验。在此过程中，引导学生树立脚踏实地、一丝不苟、责任担当、爱岗敬业的精神。

表 3-6-2　生产完成统计管理任务实施考核表

<table>
<tr><td colspan="5">班级：</td><td colspan="2">姓名：</td></tr>
<tr><td colspan="5">小组：</td><td colspan="2">学号：</td></tr>
<tr><td colspan="2">项目</td><td>要求</td><td colspan="2">应得分</td><td>得分</td><td>备注</td></tr>
<tr><td rowspan="4">任务实施</td><td rowspan="2">报表内容</td><td rowspan="2">能描述 MES 报表管理的主要内容</td><td>准确率</td><td>20</td><td rowspan="2"></td><td rowspan="2"></td></tr>
<tr><td>速度</td><td>5</td></tr>
<tr><td rowspan="2">MES 报表应用</td><td rowspan="2">能够操作 MES 进行生产完成之后的相关报表统计管理</td><td>准确率</td><td>30</td><td rowspan="2"></td><td rowspan="2"></td></tr>
<tr><td>速度</td><td>5</td></tr>
<tr><td rowspan="2">任务评价</td><td>小组互评</td><td>从安全操作、信息获取、任务实施结果、工作态度、职业素养等方面进行评价</td><td colspan="2">20</td><td></td><td></td></tr>
<tr><td>教师评价</td><td>从安全操作、信息获取、任务实施结果、工作态度、职业素养等方面进行评价</td><td colspan="2">20</td><td></td><td></td></tr>
<tr><td colspan="3">合计</td><td colspan="2">100</td><td></td><td></td></tr>
<tr><td colspan="2">经验总结</td><td colspan="5"></td></tr>
</table>

课后活动

一、填空题

1．报表作为一种经过归纳、________和________的信息，是对 MES 中海量数据的有条件汇总，是________和________的重要依据。

2．________可以使管理者根据某些条件方便、迅速地生成报表。

3．图表功能主要是指________________表示。

4．统计报表，可以以________、产线或________为单位，来生成反映当日生产情况的报表。

5．报表系统的目的是使生产管理者根据想要查询的条件，快速地掌握各生产要素，如________、________、质量情况等。

二、问答题

1．根据所学知识，简要阐述报表管理相对于人工管理有哪些优势。

2．根据所学知识，简要阐述报表中数据处理、图表功能的作用。

模块 4 认识制造执行系统仓库管理

仓库管理看似简单，实则是包罗万象、细如牛毛的工作。传统的仓库管理工作依靠人工的、非自动化的、以纸张为基础的系统来记录、追踪货物的出入、依靠人的记忆来实施仓库内部的管理，由于人为因素的不确定性，会导致劳动效率低下，信息更新不及时，造成企业损失。MES 仓库管理可使仓库管理工作变得井然有序、有条不紊，能够实时、准确传达仓库内部存放信息。某企业立体仓库如图 4-0-1 所示。

图 4-0-1　某企业立体仓库

本模块围绕仓库管理设置了物料采购作业，仓库库存配置，物料发料、退料作业，成品出入库作业，盘点作业、物料跟踪管理六个工作任务，学生可以在完成工作任务的过程中了解 MES 仓库管理。

任务 4.1 物料采购作业

任务描述

在 MES 中物料采购作业的流程是什么？

物料是生产企业生产产品的第一道门槛，有好多生产企业因为缺少物料而推迟出货。物料牵动着生产企业的神经，一套标准的物料采购作业流程对于生产企业尤为重要。在 MES 中融入物料采购作业环节，让生产企业整个物料采购作业流程更加智能化、便捷化，大大提高了产品生产效率。本任务从精益生产、物料采购计划、物料订单管理、物料采购申请等多方面介绍物料采购作业。

素质目标

1．通过了解精益生产发展历程，树立精益求精的工作态度。
2．感受物料采购作业中各部门的协作，认识团队合作的重要性。
3．树立无私奉献、敢为人先、爱岗敬业的精神。

知识目标

1．了解精益生产的发展历程以及核心内容。
2．了解企业物料采购计划的目的与分类。
3．了解采购订单管理、采购清单的作用。

能力目标

1．能够绘制精益生产发展历程时间轴。
2．能够根据企业实际生产需求，制定物料采购作业流程。

任务实施

任务实施指引	在教师的安排下，各学习小组通过小组思考讨论、角色扮演等学习活动，根据任务学习要求知道精益生产的发展历程以及核心内容、企业物料采购作业流程等。通过启发式教学法激发学生的学习兴趣与学习主动性

创设情景①

请学生认真阅读 4.1.1 节（精益生产概述），然后小组合作，在表 4-1-1 中以时间轴的形式简要阐述精益生产发展历程，讨论并归纳总结精益生产的作用。

表 4-1-1　精益生产的发展历程和作用

发展历程
作用

4.1.1　精益生产概述

精益生产是由美国麻省理工学院提出的，他们在一项名为“国际汽车计划”（IMVP）的研究项目中，通过对日本企业的大量调查，对比发现，日本丰田汽车公司的生产方式是最适合现代制造的。这种生产方式的目标是降低生产成本，提高生产过程的协调度，杜绝企业中的一切浪费现象，从而提高生产效率，被称为精益生产。

1．精益生产于发展中产生

自 20 世纪初美国福特汽车公司创立第一条汽车生产流水线以来，大规模的生产流水线一直是现代工业生产的主要特征。大规模生产方式是以大批量生产来降低生产成本、提高生产效率的。这种方式适应了美国当时的国情，汽车生产流水线的产生一举把汽车从少数富翁的奢侈品变成了大众化的交通工具，汽车工业也由此迅速成长为美国的一大支柱产业，并带动和促进了包括钢铁、玻璃、橡胶、机电乃至交通服务业等在内的一大批产业的发展。

大规模流水线生产在生产技术以及生产管理史上具有极为重要的意义。但是第二次世界大战以后，社会进入了一个市场需求向多样化发展的新阶段，相应地要求工业生产向多品种、小批量的方向发展。为了顺应这样的时代要求，日本丰田汽车公司在实践中摸索、创造出来的精益生产方式，被人称为“改变世界的机器”，是继大量生产方式之后人类现代生产方式上的又一个里程碑。

总体来说，根据精益生产方式的形成过程可以划分为三个阶段：丰田生产方式的形成与完善阶段，丰田生产方式的系统化阶段（即精益生产方式的提出），精益生产方式的革新阶段（对以前的方法理论进行再思考，提出新的见解）。

2．丰田生产方式的形成与完善阶段

1950 年，年轻的日本工程师丰田英二到底特律对福特的鲁奇工厂进行了三个月的参观，当时鲁奇工厂是世界上最大而且效率最高的汽车制造厂之一，这个厂每天能生产约 7000 辆轿车，比日本丰田汽车公司一年的产量还要多。

丰田英二对这个庞大企业的每一个细微之处都做了审慎的考察，回到名古屋后和生产制造方面富有才华的大野耐一一起很快得出了结论：大量生产方式不适合日本。这是因为：第一，当时日本国内市场狭小，所需汽车的品种又很多，大量生产方式并不适合多品种、小批量的要求；第二，战后的日本缺乏大量外汇来大量购买西方的技术和设备，不能单纯地仿效鲁奇工厂；第三，缺乏大量廉价劳动力。

由此丰田英二和大野耐一开始了适合日本需要的生产方式的革新。大野耐一先在自己负责的工厂实行一些现场管理方法，如目视管理法等，这是丰田生产方式的萌芽。经过 30 多年的努力，终于形成了完整的丰田生产方式，使日本的汽车工业超过了美国，产量累计达到了 1300 万辆，占世界汽车总量的 30%以上。日本企业在国际市场上的成功，引起西方企业界的浓厚兴趣，西方企业家认为，日本在生产中所采用的方式是其在世界市场上竞争的基础。随着大野耐一式的管理方法取得初步实效，他的地位也得到了逐步提升，大野耐一式的管理方法在更大的范围内得到应用，他的周围也聚集了一些人，进一步完善其管理方法。他们通过对生产现场的观察和思考，提出了一系列革新，并不断地完善，最终建立起一套适合日本的丰田生产方式。

随着日本汽车制造商大规模海外设厂，丰田生产方式传播到美国，并以其在成本、质量、产品多样性等方面的巨大成果得到了广泛传播。同时，由于经受住了准时供应文化冲突的考验，进一步验证了丰田生产方式的适宜性，证明了丰田生产方式不是只适合日本的文化，是普遍适用于各种文化、各种行业的先进生产方式。

3．丰田生产方式的系统化阶段——精益生产方式的形成

为了进一步揭开日本汽车工业成功之谜，1985 年美国麻省理工学院筹资 500 万美元，确定了一个名叫“国际汽车计划”（IMVP）的研究项目。在丹尼尔·鲁斯教授的领导下，53 名专家、学

者用了5年时间对14个国家的近90个汽车装配厂进行实地考察。他们查阅了几百份公开的简报和资料，并对西方的大量生产方式与日本的丰田生产方式进行对比分析，最后于1990年出版了《改变世界的机器》一书，第一次把丰田生产方式定名为Lean Production，即精益生产方式。

这个研究成果在汽车业内引起了轰动，掀起了一股学习精益生产方式的狂潮。精益生产方式的提出，把丰田生产方式从生产制造领域扩展到产品开发、协作配套、销售服务、财务管理等各个领域，贯穿于企业生产经营活动的全过程，使其内涵变得更加全面、更加丰富，对指导生产方式的变革更具有针对性和可操作性。

1996年，经过“国际汽车计划”第二阶段研究，《精益思想》这本书诞生了。《精益思想》弥补了前一研究成果在学习精益生产方式方面指导性的不足，描述了学习精益生产方式所必需的关键原则，并且通过例子讲述了各行各业均可遵从的行动步骤，进一步完善了精益生产的理论体系。在此阶段，美国企业界和学术界对精益生产方式进行了广泛的学习和研究，提出了很多观点，对原有的丰田生产方式进行了大量的补充，主要是增加了很多信息技术、文化差异等相关内容，对精益生产理论进行完善，以使精益生产更具适用性。

4.1.2 精益生产的核心

（1）追求零库存　精益生产是一种追求无库存生产，或使库存达到极小的生产系统，为此而开发了包括看板在内的一系列具体工具，并逐渐形成了一套独具特色的生产经营体系。

（2）追求快速反应，即快速应对市场的变化　为了快速应对市场的变化，精益生产者开发出了细胞生产、固定变动生产等布局及生产编程方法。

（3）企业内外环境的和谐统一　精益生产成功的关键是把企业的内部活动与外部的市场（顾客）需求和谐地统一于企业的发展目标。

（4）人本位主义　精益生产强调人力资源的重要性，把员工的智慧和创造力视为企业的宝贵财富和未来发展的原动力。人本位主义体现在以下几方面：①充分尊重员工；②重视培训；③共同协作。

（5）库存是“祸根”　高库存是大量生产方式的特征之一。由于设备运行的不稳定、工序安排的不合理、较高的废品率和生产的不均衡等原因，常常出现供货不及时的现象，库存被看作是必不可少的缓冲剂。但精益生产则认为库存是企业的“祸害”，其主要理由有两点：①库存提高了经营的成本；②库存掩盖了企业的问题。

随堂笔记：

创设情景②

请学生以小组为单位开展角色扮演，分别扮演 A 企业销售部、生产部、采购部、质检部、仓储部负责人，以及对应供应商负责人。现假设 A 企业销售部收到一份销售订单，而生产原料数量不够，那么如何通过各部门的合作完成销售订单的发货？请完成表 4-1-2 的填写。

表 4-1-2　采购管理

部门	主 要 工 作
销售部	
生产部	
采购部	
质检部	
仓储部	
供应商	

4.1.3　采购管理

采购管理是指对采购业务过程进行组织、实施与控制的管理过程。采购管理通过采购申请、采购订货、进货检验、收货入库、采购退货、购货发票处理、供应商管理等功能的综合运用，对采购物流和资金流全过程进行有效的控制和跟踪，实现企业完善的物资供应管理。采购管理与库存管理、应付账款管理、总账管理、现金管理结合应用，能提供企业全面的销售业务信息管理。

采购是企业精益化生产的源头，精益生产的核心是追求零库存，要求企业在采购原材料时就做到按销售订单采购，既不能多，也不能少：多了会造成库存积压，占用库存成本，造成浪费；少了会导致订单数量不足、无法按期交货等问题。

4.1.4　采购计划管理

采购计划管理是指对企业的采购计划进行制定和管理，为企业提供及时、准确的采购计划和执行路线。采购计划包括定期采购计划（如周、月度、季度、年度）、非定期采购任务计划

（如根据销售和生产需求自动产生的）。通过对多对象、多元素采购计划的编制、分解，将企业的采购需求变为直接的采购任务，采购计划管理支持企业以销定购、以销定产、以产定购的多种采购应用模式，支持多种设置灵活的采购单生成流程。

企业的经营自购入商品/物料开始，经加工制成或经组合配制成为商品，再通过销售获取利润。其中如何获取足够数量的物料，是采购计划的重点所在。因此，采购计划是为了维持正常的产销活动，在某一特定的期间内，应在何时购入何种物料以及订购的数量是多少的估计作业。采购计划应达到下列目的：

1）预估商品/物料采购需用的数量与时间，防止供应中断，影响产销活动。

2）避免采购商品/物料储存过多，积压资金，占用堆积的空间。

3）配合企业生产/采购计划与资金的情况。

4）使采购部门事先准备，选择有利时机购入商品/物料。

5）确立商品/物料合理耗用标准，以便控制采购商品/物料的成本。

采购计划可根据计划期长短、物料使用方向、自然属性分 3 类，具体如下：按计划期的长短分为年度物料采购计划、季度物料采购计划、月度物料采购计划等；按物料的使用方向分为生产产品用物料采购计划、维修用物料采购计划、基本建设用物料采购计划、技术改造措施用物料采购计划、科研用物料采购计划、企业管理用物料采购计划等；按自然属性分为金属物料采购计划、机电产品物料采购计划、非金属物料采购计划等。

4.1.5 采购订单管理

采购订单管理以采购单为源头，准确跟踪从供应商确认订单、发货，到企业到货、检验、入库等采购订单流转的各个环节，实现全过程管理。通过流程配置，可选择多种采购流程，如订单直接入库，或经过到货质检环节后检验入库等，在整个过程中，可以实现对采购存货的计划状态、订单在途状态、到货待检状态等的监控和管理。采购订单可以直接通过电子商务系统发向对应的供应商，进行在线采购。图 4-1-1 为 ERP 中的采购订单。

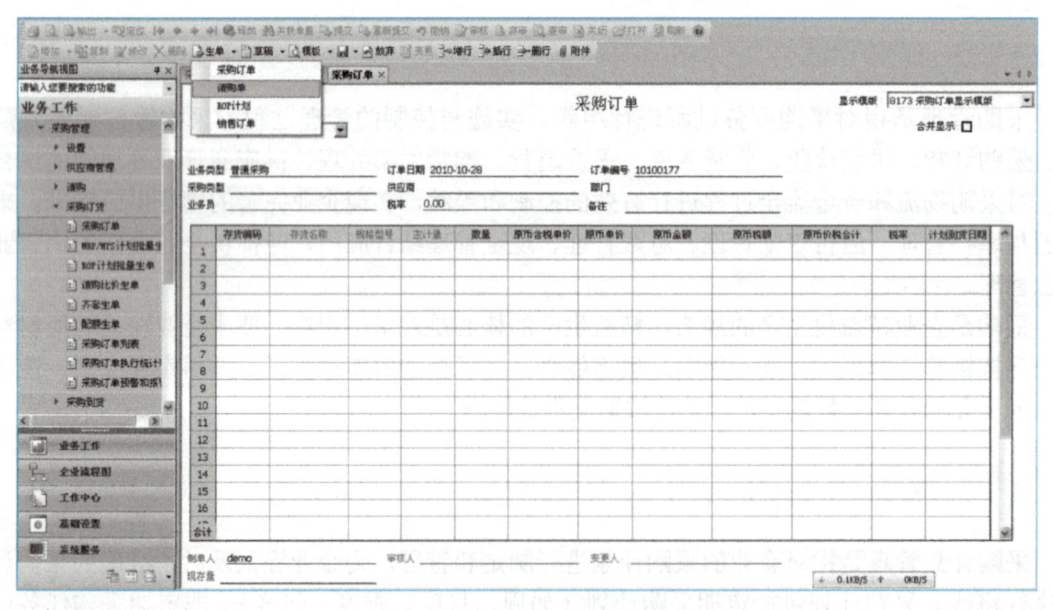

图 4-1-1　ERP 中的采购订单

随堂笔记：

4.1.6　采购申请单

采购申请单（Purchase Requisitions）在 ERP 系统中是第一步采购物品时提交的单据，采购申请单包括采购申请单基本信息与采购物品基本信息，填写好后需要通过审批才能进一步采购。从业务角度看，采购申请单是为了采购物品而领用资金的申请凭证。在此所讲的采购申请单是指在 ERP 系统中填写的单据，是一种无纸化的采购申请单。

一般需要有关部门向采购部提交采购申请，采购部进行核实，核实通过，采购部向上级通报，相关领导签字，财务付款，采购成功。采购物品由品质部门验收，验收合格入库。图 4-1-2 所示为 ERP 中的采购申请单（系统中名为采购请购单）。图 4-1-3 所示为企业 MES 采购流程图。

例 1：A 企业是一家生产铅笔的企业，A 企业的行政部门为了提升企业形象，决定采购 100 件工装，给员工上班使用。A 企业行政部门通过 MES 提交采购申请单。审批同意后，由采购部门根据采购申请单生成采购订单。供应商收到采购订单，向 A 企业发货。A 企业仓库收货，打印并贴条码，存入劳保仓库。A 企业行政部门看到入库后，填写领料单，审批同意后，去仓库领料。仓库根据领料单发放。

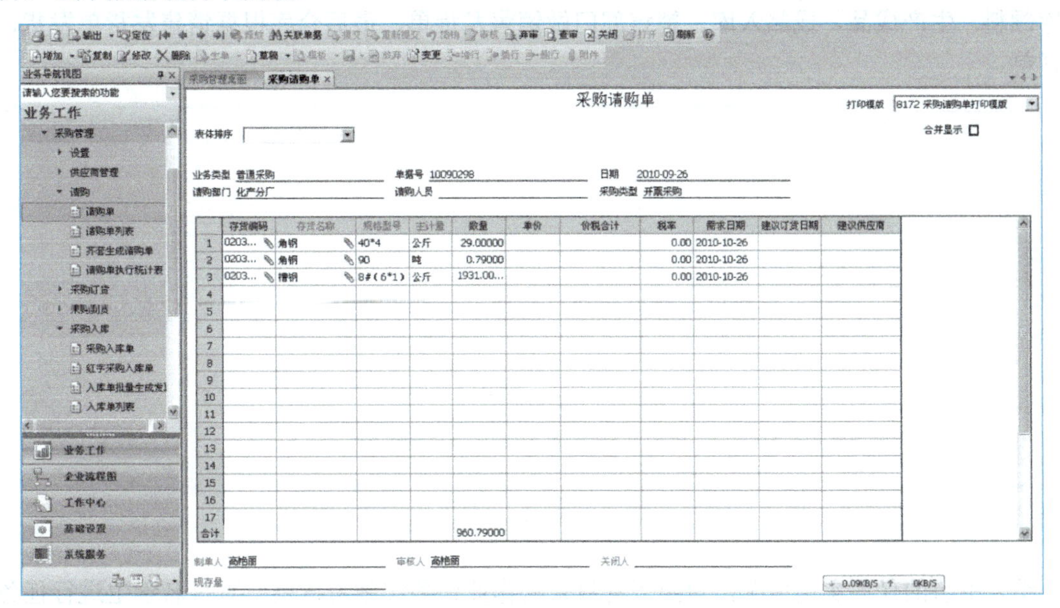

图 4-1-2　ERP 中的采购申请单

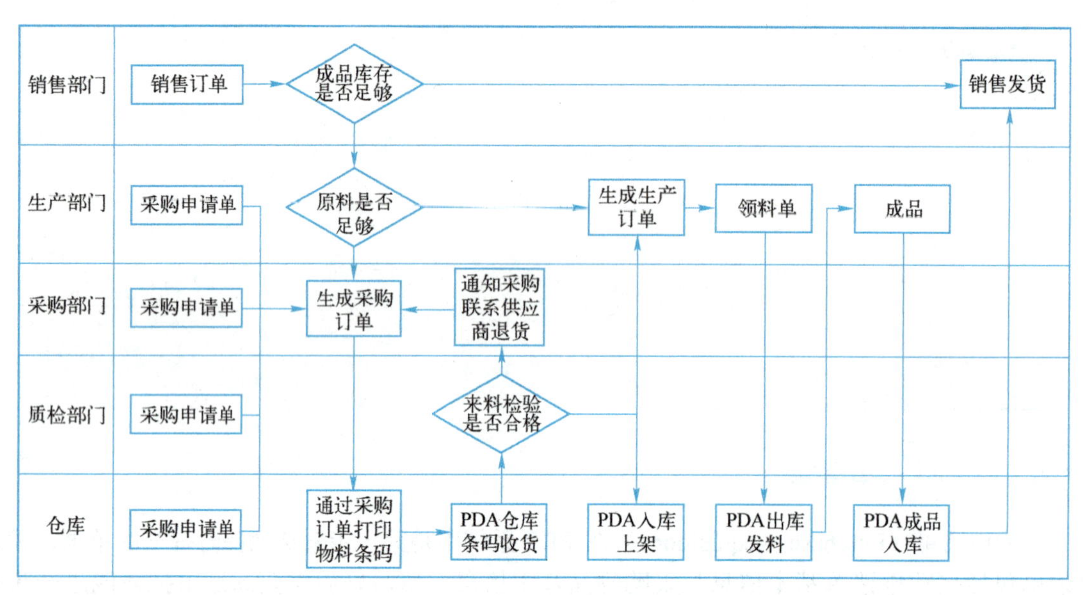

图 4-1-3 企业 MES 采购流程图

例 2：A 企业是一家生产铅笔的企业。某天 A 企业接到一个需要 10000 支铅笔的销售订单，那么 A 企业的销售部门在 MES 中录完销售订单后，便要查看库存成品是否足够，如果足够则做销售发货单，然后仓库成品发货，完成订单。如果仓库没有足够库存，则通知采购部门。采购部门确认仓库用于生产 10000 支铅笔的原材料是否足够，如果足够则告知生产计划部门下达生产订单，车间凭根据生产订单生成的领料单去仓库领用原材料生产成品铅笔。生产完工后入库，然后销售部门做销售发货单，仓库根据销售发货单进行成品发货。如果仓库没有足够完成销售订单的原材料，则需要采购部门向供应商下达采购订单，供应商收到采购订单向 A 企业发货，A 企业仓库收到货后，通知质检部门进行来料检验。检验不合格则通知采购部门处理。检验合格则生成条码，物料入库。生产部门看到物料足够了，则下达生产计划单，车间去仓库领料，生产成品，成品入库。销售部门做销售发货单，最后仓库根据销售发货单发货，完成订单。

随堂笔记：

任务考核

结合小组的任务实施情况，对照“物料采购作业任务实施考核表”对每名学生进行任务实施考核。考核过程参照“制造执行系统实施与应用”职业技能等级证书要求，并将考核结果记录在表 4-1-3 中。结合小组的任务实施情况，对照考核表，学生互评，再请教师复评。通过任务实施评价，各小组之间、学生之间可以通过分享实施过程，相互借鉴经验。在此过程中，引导学生树立脚踏实地、一丝不苟、责任担当、爱岗敬业的精神。

表 4-1-3　物料采购作业任务实施考核表

<table>
<tr><td colspan="5">班级：</td><td colspan="2">姓名：</td></tr>
<tr><td colspan="5">小组：</td><td colspan="2">学号：</td></tr>
<tr><td colspan="2">项目</td><td>要求</td><td colspan="2">应得分</td><td>得分</td><td>备注</td></tr>
<tr><td rowspan="4">任务实施</td><td rowspan="2">精益制造</td><td rowspan="2">能够制作精益制造发展时间轴并能说出其核心内容</td><td>准确率</td><td>20</td><td rowspan="2"></td><td rowspan="2"></td></tr>
<tr><td>速度</td><td>10</td></tr>
<tr><td rowspan="2">物料采购作业流程</td><td rowspan="2">能够根据企业物料真实情况，制定物料采购作业流程</td><td>准确率</td><td>20</td><td rowspan="2"></td><td rowspan="2"></td></tr>
<tr><td>速度</td><td>10</td></tr>
<tr><td rowspan="2">任务评价</td><td>小组互评</td><td>从信息获取、准确输入、快速分析数据、工作态度、职业素养等方面进行评价</td><td colspan="2">20</td><td rowspan="2"></td><td rowspan="2"></td></tr>
<tr><td>教师评价</td><td>从信息获取、准确输入、快速分析数据、工作态度、职业素养等方面进行评价</td><td colspan="2">20</td></tr>
<tr><td colspan="3">合计</td><td colspan="2">100</td><td></td><td></td></tr>
<tr><td colspan="2">经验总结</td><td colspan="5"></td></tr>
</table>

课后活动

一、填空题

1．精益生产方式的目标是________，提高生产过程的协调度，杜绝企业中的一切浪费现象，从而________，被称为精益生产。

2．精益生产是一种追求________生产，或使库存达到________的生产系统，为此而开发了包括看板在内的一系列具体工具，并逐渐形成了一套独具特色的________。

3．采购管理是指对采购业务________进行组织、实施与________的管理过程。

4．采购订单管理以________为源头，准确________从供应商确认订单、发货，到企业到货、检验、________等采购订单流转的各个环节，实现全过程管理。

二、问答题

1．根据所学知识，简述精益生产的核心内容。

2．针对 MES 物料采购作业流程，谈谈你的想法。

任务 4.2　仓库库存配置

任务描述

如何消除库存信息陈旧滞后的弊病？如何避免单据信息不准确的问题？如何实现库存信息

的准确性和时效性？

MES 仓库库存管理是通过条码对仓库的到货检验、入库、出库等各个作业环节的数据进行自动化采集，保证仓库库存数据的效率和准确性，确保企业及时、准确地掌握库存的真实数据，合理保持和控制企业库存。本任务从仓库、库位、库存信息、仓库条码管理等多方面向大家介绍仓库库存管理。接下来，让我们一起认识 MES 中的仓库库存配置。

素质目标

1. 养成科学严谨的工作态度。
2. 感受 MES 库存管理的严谨性，增强责任感。
3. 认识 MES 库存管理的优势，树立积极学习心态。
4. 树立无私奉献、敢为人先、爱岗敬业的精神。

知识目标

1. 了解仓库条码管理以及优势。
2. 了解仓库库位、采购订单物料的编码。
3. 知道初始化库存的作用。

能力目标

1. 能够根据实际仓库库存管理工作，描述需要采集的条码信息。
2. 能够描述仓库库存初始化的操作方法。
3. 能够根据仓库库存实际信息，完成 MES 仓库库存配置。

任务实施

任务实施指引	在教师的安排下，各学习小组认真观看 MES 仓库库存管理相关视频，根据任务学习要求知道 MES 仓库条码管理的优势、仓库库存初始化的方法等。通过启发式教学法激发学生的学习兴趣与学习主动性

创设情景

打开 MES 软件，参照表 4-2-4、表 4-2-5、表 4-2-6 的 MES 仓库、库位、库存信息配置操作步骤，完成表 4-2-1、表 4-2-2 和表 4-2-3 的仓库信息配置。

表 4-2-1　仓库信息

仓库名称	工厂位置	类型
1 号仓库	A 工厂	原料仓

表 4-2-2　库位信息

库位名称	仓库位置	库区位置	尺寸
1 号库位	1 号仓库	01	个
2 号库位	1 号仓库	02	颗

表 4-2-3　物料信息

仓库	物料名称	库位	物料编号	数量	计量单位
1 号仓库	物料瓶	1 号库位	MI81071829	50	个
1 号仓库	颗粒	2 号库位	MI28085129	1000	颗

4.2.1　仓库信息配置

仓库的配置在 MES 中主要包括仓库名称、工厂位置以及类型等信息。以“1 号仓库”为例，介绍如何配置仓库信息，具体操作步骤如下：

表 4-2-4　仓库信息配置操作步骤

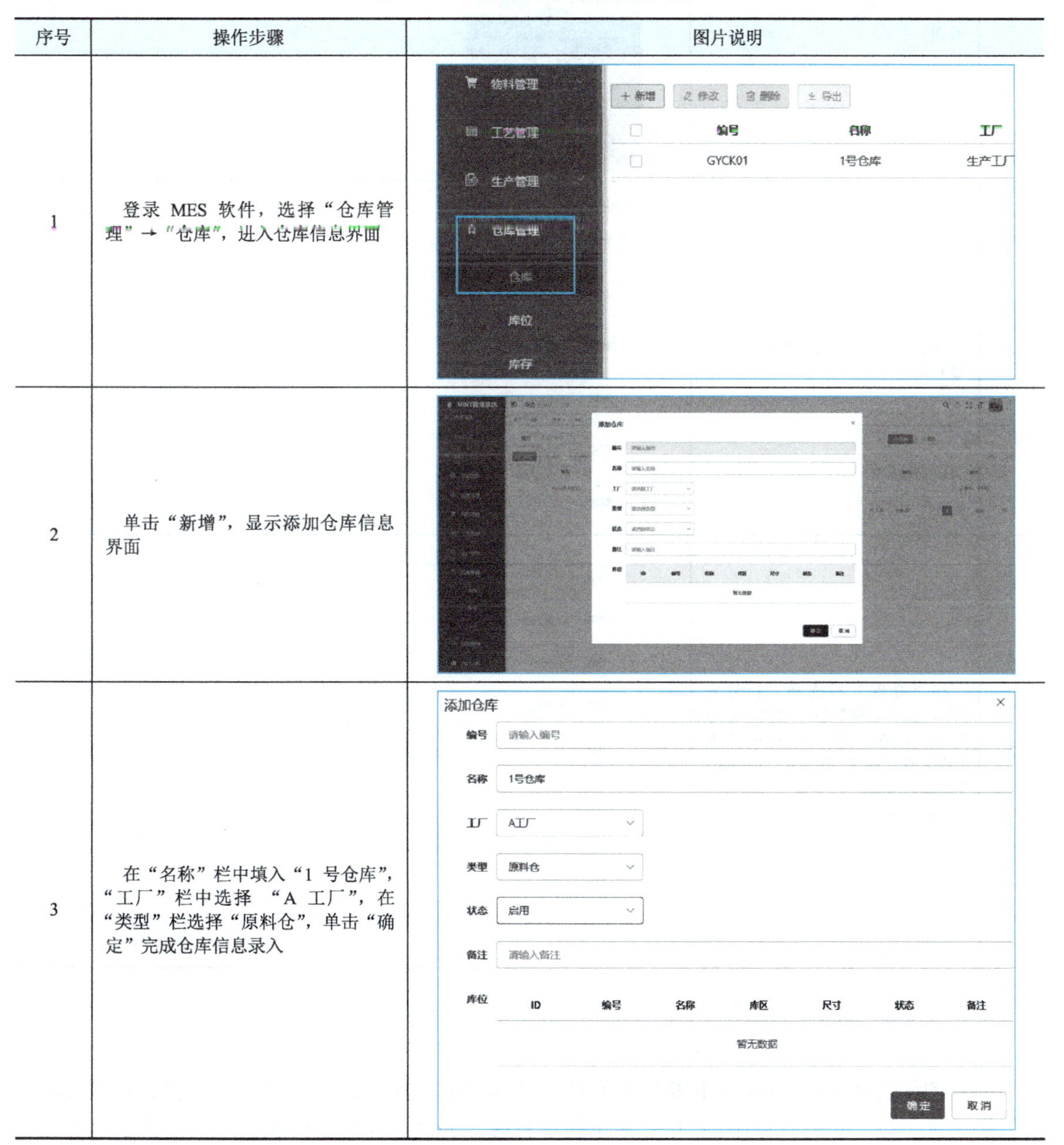

序号	操作步骤	图片说明
1	登录 MES 软件，选择“仓库管理”→“仓库”，进入仓库信息界面	
2	单击“新增”，显示添加仓库信息界面	
3	在“名称”栏中填入“1 号仓库”，“工厂”栏中选择“A 工厂”，在“类型”栏选择“原料仓”，单击“确定”完成仓库信息录入	

4.2.2　库位信息配置

库位的配置在 MES 中主要包含库位名称、所在仓库、库区以及尺寸等信息。

以“1 号仓库中的 1 号库位”为例，介绍如何配置库位信息，具体操作步骤如下：

表 4-2-5　库位信息配置操作步骤

序号	操作步骤	图片说明
1	选择“库位”，进入库位信息界面	
2	单击“新增”，进入库位录入信息界面	
3	在“仓库”栏选择“1 号仓库”，在“名称”栏中填入“1 号库位”，在“库区”栏中填入“01”，在“尺寸”栏填入“100mm×100mm×50mm”，单击“确定”，完成库位信息录入	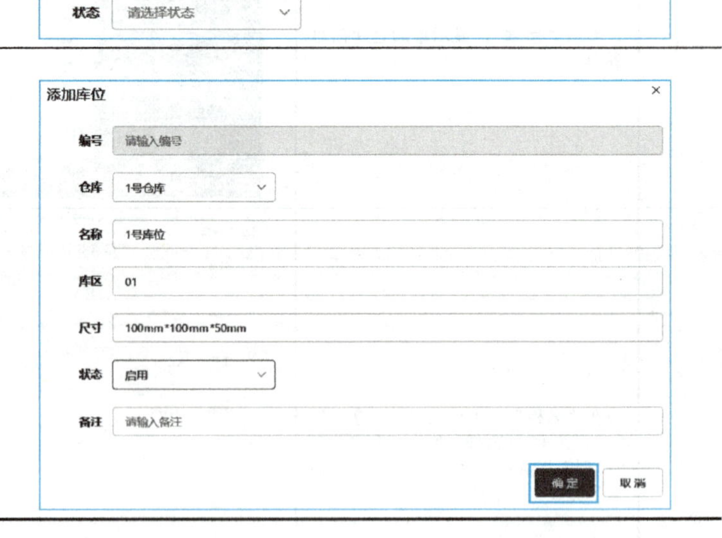

4.2.3　库存信息配置

库存的配置在 MES 中主要包括所在仓库、物料名称、库位、物料编号、库存数量以及计量单位等信息。以“1 号仓库中的 1 号库位的物料瓶”为例，介绍如何配置库位信息，具体操作步骤如下：

表 4-2-6　库存信息配置操作步骤

序号	操作步骤	图片说明
1	选择“库存”，进入库存信息界面	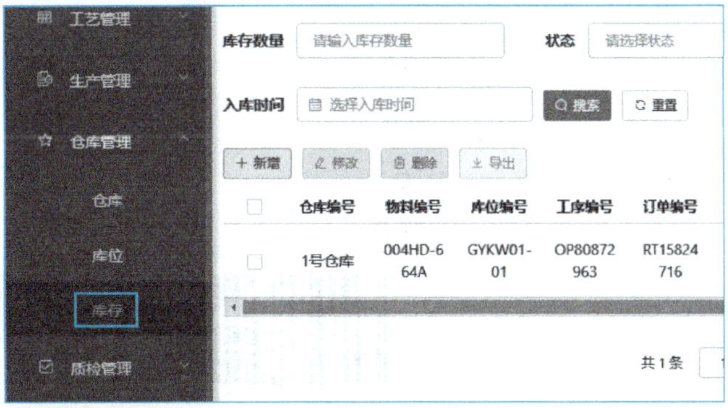
2	单击“新增”，进入库存信息录入界面	
3	在“仓库编号”栏填入“SL32283374”（将前面创建的“1 号仓库”生成的编号填入），“库存数量”栏中填入“50”，在“计量单位”栏填入“个”，单击“确定”，完成库存信息录入	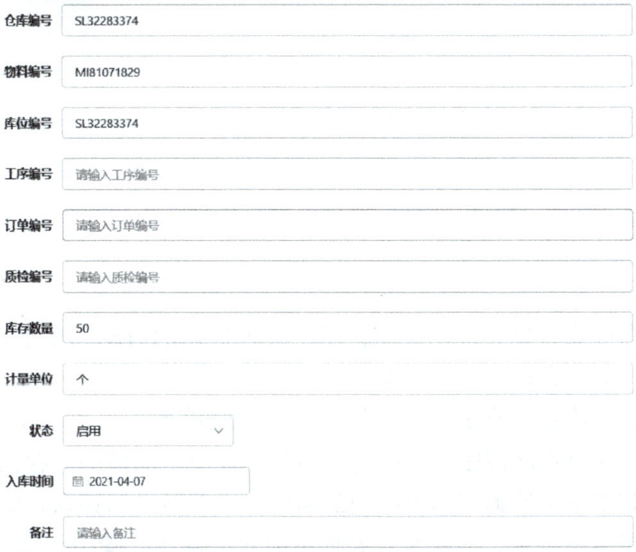

4.2.4　仓库条码管理

仓库管理中引入条码技术，对仓库的到货检验、入库、出库、调拨、移库移位、库存盘点等各个作业环节的数据进行自动化采集，保证仓库管理各个作业环节数据输入的效率和准确性，确保企业及时、准确地掌握库存的真实数据，合理保持和控制企业库存。通过科学的编码，还可方便地对物品的批次、保质期等进行管理。图 4-2-1 为某企业仓库管理条码。

代码		SAP号	
物料描述			
数量		单位	
订单号			
供应商			

图 4-2-1　某企业仓库管理条码

仓库条码管理以条码技术的应用为特点，实现仓库数据收集的自动化，利用物料的条码标识实现仓库作业各个环节数据自动化采集，提升仓库作业尤其是仓库盘点的作业效率，提升仓库数据的准确性和及时性。强调对物料进行科学编码，以实现不同的管理目标，例如单品追踪、保质期管理、批次管理以及产品质量追溯等。

在仓库管理中应用条码技术，实现数据的自动化采集，去掉了手工书写单据和机房输入的步骤，能大大提高工作效率。

解决库房信息陈旧滞后的弊病。一张单据从填写、收集到键盘输入，需要一天或更长的时间，这使得生产调度员只能根据前几天甚至一周前的库存信息，为用户定下交货日期。

解决手工单据信息不准确的问题（主要是抄写错误、键入错误），从而达到提高生产率、明显改善服务质量、消除事务处理中的人工操作、减少无效劳动、消除因信息不准引起的附加库存量、提高资金利用率等目的。

将单据所需的大量纸张文字信息转换成电子数据，简化了日后的查询步骤，工作人员不用再手工翻阅各种登记册和单据本，只需输入查询条件，计算机在很短的时间内就会查到所需记录，并将内容显示在屏幕上，这大大加快了查询速度。提高生产数据统计的速度和准确性，降低汇总统计人员的工作难度。MES 库存查询如图 4-2-2 所示。

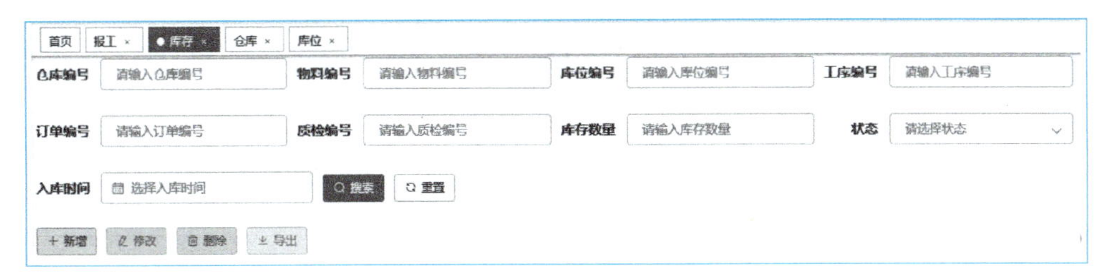

图 4-2-2　MES 库存查询

4.2.5　仓库货位的二维码

在企业 MES 中，仓库管理的第一步便是建立仓库与货位。MES 中的仓库一般分为成品仓、原材料仓、半成品仓、线边仓、不良品仓等。每个仓库都可以建立起对应的货位。在 MES 中对这些货位进行相应的编码，并打印成条码的形式贴在货架或货区上。在物料入库时仓库管理人员使用手持终端 PDA（见图 4-2-3）扫描物料条码和货位条码（见图 4-2-4）。这样就可以将物料与货位进行绑定，从而可以清晰地知道 MES 中物料是什么时间、由谁、入到哪个货位的，方便后期的信息追溯。

图 4-2-3　手持终端 PDA

YL-B01-2

原料仓

图 4-2-4　货位条码

4.2.6　采购订单物料入库条码

在企业 MES 物料管理中，采购部门向供应商下达采购订单后，供应商向企业输送原材料。而在大部分企业中，供应商送来的原材料上并没有企业 MES 可以识别的物料条码。于是在企业 MES 中便需要将供应商送来的原材料进行编码入库。

例：A 企业是一家生产手机的企业，B 企业是生产手机屏幕的企业，B 企业是 A 企业的屏幕供应商。A 企业的采购部门向供应商 B 企业下达了采购 01 型号手机屏幕 500 块的订单。那么当 B 企业将 500 块 01 型号的手机屏幕送到 A 企业仓库时，A 企业仓管员便可以通过 MES 查询到 A 企业向 B 企业下达的采购订单，并通过该采购订单生成一张或多张物料条码，而此物料条码绑定了该物料的采购订单号、物料编码、物料数量、批号等信息。仓管员打印出物料条码，通过 PDA 扫描条码入库（图 4-2-5）。通过这样的流程操作，A 企业的采购部门可以直接通过 MES，清晰地了解到这张采购订单的送货状况。

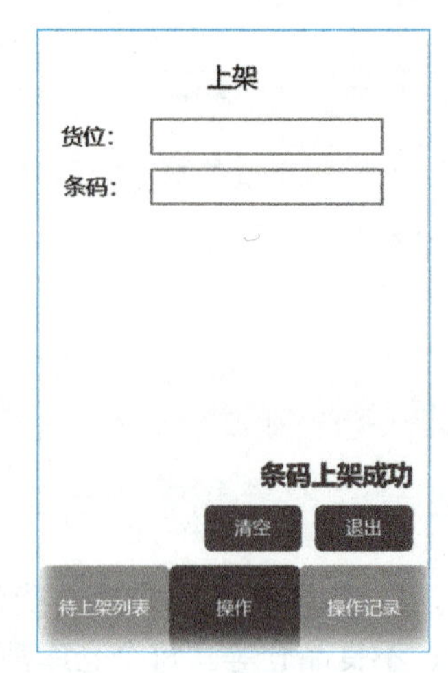

图 4-2-5　PDA 物料入库上架界面

4.2.7 初始化库存

简单来说，库存初始化是指仓储管理上线后，将货物或原料的库存数据输入其中，继而根据企业的运作流程让数据流动起来，从而开始仓储信息化建设。

库存初始化是使用仓储管理的第一步，也是关键一步，需要做到数据十分准确，否则接下来仓储管理的操作无论多正确，数据也都是错误的。

为了确保数据准确，需要在库存初始化前对员工进行必要的培训，将他们对库存初始化工作的认识提升到一定的高度。

初始化库存的方法如下：

1）仓库全部盘点，将现有库存数据按照图 4-2-6 中的格式导出为电子文档格式的库存数据。

B	C	D	E	F	G	H	I	J	K
条码号	条码类型	物料编码	物料名称	供应商批号	初始数量	仓库编码	仓库名称	货位	生产日期

图 4-2-6　初始化库存表

初始化库存电子表格中的内容包括物料编码、物料名称、物料批次、供应商批号、仓库、货位、库存数量等信息。条码号可自行编写，也可由企业 MES、WMS 或 ERP 系统自动生成。

2）将盘点好的库存数据表格导入企业 MES、WMS 或 ERP 系统中。

导入成功后，便可以在仓储管理的库存报表中查看到库存信息。图 4-2-7 为 ERP 中的库存报表。再使用企业 MES、WMS 或 ERP 将库存信息打印出物料条码并粘贴在仓库物料上，在粘贴过程中将条码数量与物料实际数量进行对比，如果发现异常，需要及时根据核对结果修改库存，保证系统库存与仓库实际物料库存一致。

3）使用 MES、WMS 或 ERP 系统当前库存数据做盘点表。

重新进行库内盲盘，盘点结果如果与库存现有量一致，则认可此结果；如果盘点结果出现异常，则通过复核确认当前在库的实际库存，最终按照实际库存确认库存数据。

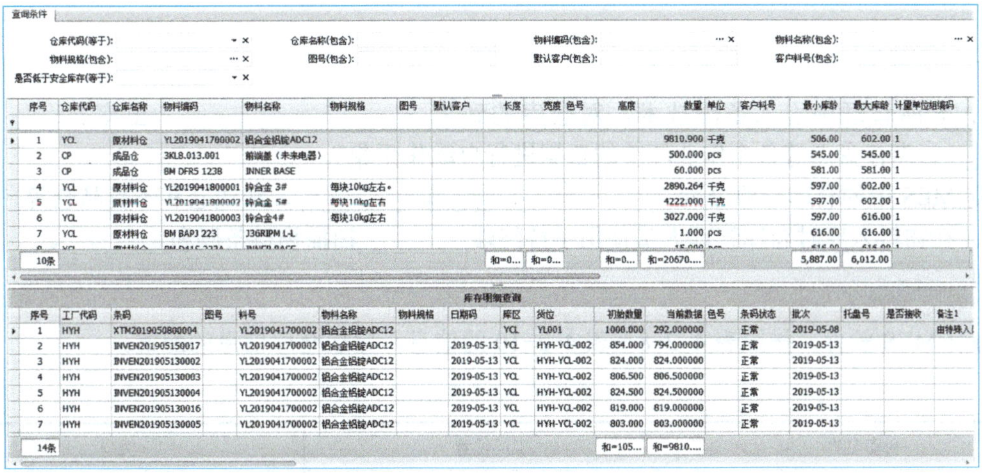

查询条件

仓库代码(等于):　仓库名称(包含):　物料编码(包含):　物料名称(包含):
物料规格(包含):　图号(包含):　默认客户(包含):　客户料号(包含):
是否低于安全库存(等于):

序号	仓库代码	仓库名称	物料编码	物料名称	物料规格	图号	默认客户	长度	宽度	色号	高度	数量	单位	客户料号	最小库龄	最大库龄	计量单位组编码
1	YCL	原材料仓	YL2019041700002	铝合金铝锭ADC12								9810.900	千克		506.00	602.00	1
2	CP	成品仓	3KL8.013.001	前端盖（未来电器）								500.000	pcs		545.00	545.00	1
3	CP	成品仓	BM DFRS 1238	INNER BASE								60.000	pcs		581.00	581.00	1
4	YCL	原材料仓	YL2019041800001	锌合金 3#	每块10kg左右							2890.264	千克		597.00	602.00	1
5	YCL	原材料仓	YL2019041800002	锌合金 5#	每块10kg左右							4222.000	千克		597.00	602.00	1
6	YCL	原材料仓	YL2019041800003	锌合金4#	每块10kg左右							3027.000	千克		597.00	616.00	1
7	YCL	原材料仓	BM BAPJ 223	J36RIPM L-L								1.000	pcs		616.00	616.00	1
10条								和=0...	和=0...		和=0...	和=20670....			5,887.00	6,012.00	

库存明细查询

序号	工厂代码	条码	图号	料号	物料名称	物料规格	日期码	库区	货位	初始数量	当前数据	色号	条码状态	批次	托盘号	是否接收	备注1
1	HYH	XTM2019050800004		YL2019041700002	铝合金铝锭ADC12			YCL	YL001	1000.000	292.000000		正常	2019-05-08			由待转入
2	HYH	INVEN201905150017		YL2019041700002	铝合金铝锭ADC12		2019-05-13	YCL	HYH-YCL-002	854.000	794.000000		正常	2019-05-13			
3	HYH	INVEN201905130002		YL2019041700002	铝合金铝锭ADC12		2019-05-13	YCL	HYH-YCL-002	824.000	824.000000		正常	2019-05-13			
4	HYH	INVEN201905130003		YL2019041700002	铝合金铝锭ADC12		2019-05-13	YCL	HYH-YCL-002	806.500	806.500000		正常	2019-05-13			
5	HYH	INVEN201905130004		YL2019041700002	铝合金铝锭ADC12		2019-05-13	YCL	HYH-YCL-002	824.500	824.500000		正常	2019-05-13			
6	HYH	INVEN201905130016		YL2019041700002	铝合金铝锭ADC12		2019-05-13	YCL	HYH-YCL-002	819.000	819.000000		正常	2019-05-13			
7	HYH	INVEN201905130005		YL2019041700002	铝合金铝锭ADC12		2019-05-13	YCL	HYH-YCL-002	803.000	803.000000		正常	2019-05-13			
14条										和=105...	和=9810....						

图 4-2-7　ERP 中的库存报表

任务考核

结合小组的任务实施情况，对照“仓库库存配置任务实施考核表”对每名学生进行任务实施考核。考核过程参照“制造执行系统实施与应用”职业技能等级证书要求，并将考核结果记录在表 4-2-7 中。结合小组的任务实施情况，对照“仓库库存配置任务实施考核表”，学生互评，再请教师复评。通过任务实施评价，各小组之间、学生之间可以通过分享实施过程，相互借鉴经验。在此过程中，引导学生树立脚踏实地、一丝不苟、责任担当、爱岗敬业的精神。

表 4-2-7　仓库库存配置任务实施考核表

<table>
<tr><td colspan="5">班级：</td><td colspan="2">姓名：</td></tr>
<tr><td colspan="5">小组：</td><td colspan="2">学号：</td></tr>
<tr><td colspan="2">项目</td><td>要求</td><td colspan="2">应得分</td><td>得分</td><td>备注</td></tr>
<tr><td rowspan="8">任务实施</td><td rowspan="2">仓库信息配置</td><td rowspan="2">能够熟练地根据提供的信息完成仓库信息配置</td><td>准确率</td><td>15</td><td rowspan="2"></td><td rowspan="2"></td></tr>
<tr><td>速度</td><td>5</td></tr>
<tr><td rowspan="2">库位信息配置</td><td rowspan="2">能够熟练地根据提供的信息完成库位信息配置</td><td>准确率</td><td>15</td><td rowspan="2"></td><td rowspan="2"></td></tr>
<tr><td>速度</td><td>5</td></tr>
<tr><td rowspan="2">库存信息配置</td><td rowspan="2">能够熟练地根据提供的信息完成库存信息配置</td><td>准确率</td><td>15</td><td rowspan="2"></td><td rowspan="2"></td></tr>
<tr><td>完整性</td><td>5</td></tr>
<tr><td rowspan="2">仓库库存配置对应知识点</td><td rowspan="2">能够根据考核要求，回答提问的知识点</td><td>准确率</td><td>15</td><td rowspan="2"></td><td rowspan="2"></td></tr>
<tr><td>速度</td><td>5</td></tr>
<tr><td rowspan="2">任务评价</td><td>小组互评</td><td>从安全操作、信息获取、任务实施结果、工作态度、职业素养等方面进行评价</td><td colspan="2">10</td><td></td><td></td></tr>
<tr><td>教师评价</td><td>从安全操作、信息获取、任务实施结果、工作态度、职业素养等方面进行评价</td><td colspan="2">10</td><td></td><td></td></tr>
<tr><td colspan="3">合计</td><td colspan="2">100</td><td></td><td></td></tr>
<tr><td colspan="2">经验总结</td><td colspan="5"></td></tr>
</table>

课后活动

一、填空题

1. 仓库管理中引入条码技术，对仓库的到货________、________、出库、________、________、库存盘点等各个作业环节的数据进行自动化采集。

2. MES 中的仓库一般分为________、________、________、线边仓和不良品仓等。

3. 在物料入库时仓库管理人员使用手持终端________扫描物料条码和________。

二、训练题

打开 MES 软件，按照表 4-2-8～表 4-2-10 的信息，完成仓库信息的配置。

表 4-2-8　仓库信息

仓库名称	工厂位置	类型
2 号仓库	B 工厂	原料仓

表 4-2-9　库位信息

库位名称	仓库位置	库区位置	尺寸
1 号库位	2 号仓库	01	100mm×100mm×50mm
2 号库位	2 号仓库	02	100mm×100mm×50mm
3 号库位	2 号仓库	03	100mm×100mm×50mm
4 号库位	2 号仓库	04	100mm×100mm×50mm

表 4-2-10　物料信息

仓库	物料名称	库位	物料编码	数量	计量单位
2 号仓库	物料瓶	1 号库位	MI81071829	50	个
2 号仓库	瓶盖	2 号库位	MI28085129	50	个
2 号仓库	料盒	3 号库位	MI81071829	25	个
2 号仓库	颗粒	4 号库位	MI28085129	1000	颗

任务 4.3　认识物料发料、退料作业

任务描述

生产前如何通过 MES 实现快速领料？生产后又如何通过 MES 实现快速退料？同类型的生产物料如何实现拆分与合并管理？

MES 物料发料、退料作业能够快速又准确地实现生产物料的领取与退还，从而提高生产效率，实现对生产物料的智能管理。本任务将从生产领料、生产退料、条码拆分与合并三个方面介绍 MES 发料、退料作业。

素质目标

1. 养成科学严谨的工作态度。
2. 感受 MES 领料、退料的智能性，树立积极的学习态度。
3. 树立无私奉献、敢为人先、爱岗敬业的精神。

知识目标

1. 了解 MES 生产领料。
2. 了解 MES 生产退料。
3. 了解 MES 物料条码的拆分与合并。

能力目标

1. 能够描述 MES 生产领料功能以及领料流程。
2. 能够描述 MES 生产退料功能以及退料流程。
3. 能够描述 MES 物料条码拆分与合并功能的使用。

任务实施

任务实施指引	在教师的安排下，各学习小组观看 MES 物料领料、退料的相关视频，通过任务学习能够知道 MES 物料领料、退料的流程。通过指引启发式教学法激发学生的学习兴趣与学习主动性

创设情景

请学生认真观看 MES 物料领料、退料的相关视频，然后各小组总结出 MES 领料、退料的流程，并思考讨论与传统仓库领料、退料相比，MES 的领料、退料有何优势？完成表 4-3-1 的填写。

表 4-3-1 MES 物料领料、退料

MES 物料领料作业流程
MES 物料退料作业流程
MES 物料领料、退料作业与传统方式相比的优势

4.3.1 生产领料单

领料单是材料领用和发出的原始凭证，是一次有效的领料凭证。每领用一次材料，均应填制领料单。领料单位根据生产用料计划，填制领料单并领料。领料单经领料单位负责人签章后送交仓库发料。领料时，材料仓库保管人员和领料人员共同检查领用材料的数量、品种和质量，经核对无误后，双方在领料单上签章，证明领料手续的完成。领料单一式数联，其中一联领料后由领料单位带回留存，一联由仓库发料后留存，作为登记材料保管明细账的依据，一联由仓库转交财会部门，用于登记材料分类账和编制发料凭证汇总表。

比如：A 企业是一家生产铅笔的企业，其中每生产一支铅笔需要 5g 石墨，10g 木材。那么 A 企业接了一笔订单，需要生产 10000 支铅笔。生产部门需要完成这笔订单，就需要去仓库领取 50kg 石墨、100kg 木材。这就是生产领料。

在 MES 中，生产领料单是可以根据生产计划自动生成的。MES 可以根据生产成品的 BOM 计算出生产订单的物料需求计划。图 4-3-1 为 MES 中的生产领料单。

查看(S) 添加(A) 编辑(E) 保存(S) 删除(D) 审核(R) 母件拉动(M) 输出(W) 打印(M) 导入(C) 子件拉动(Z) 删行(X) 弃审(B) 配置打印(N) 打开(O) 关闭(G) 放弃(V) 清空(V)

生成拉动单

生产领料单号：WO20190430001-1-XNWL2019042700005-26　仓库：　状态：未完成　备注

库存仓库：　来源单号：WO20190430001-1　领料类型：　发料人

领料人：

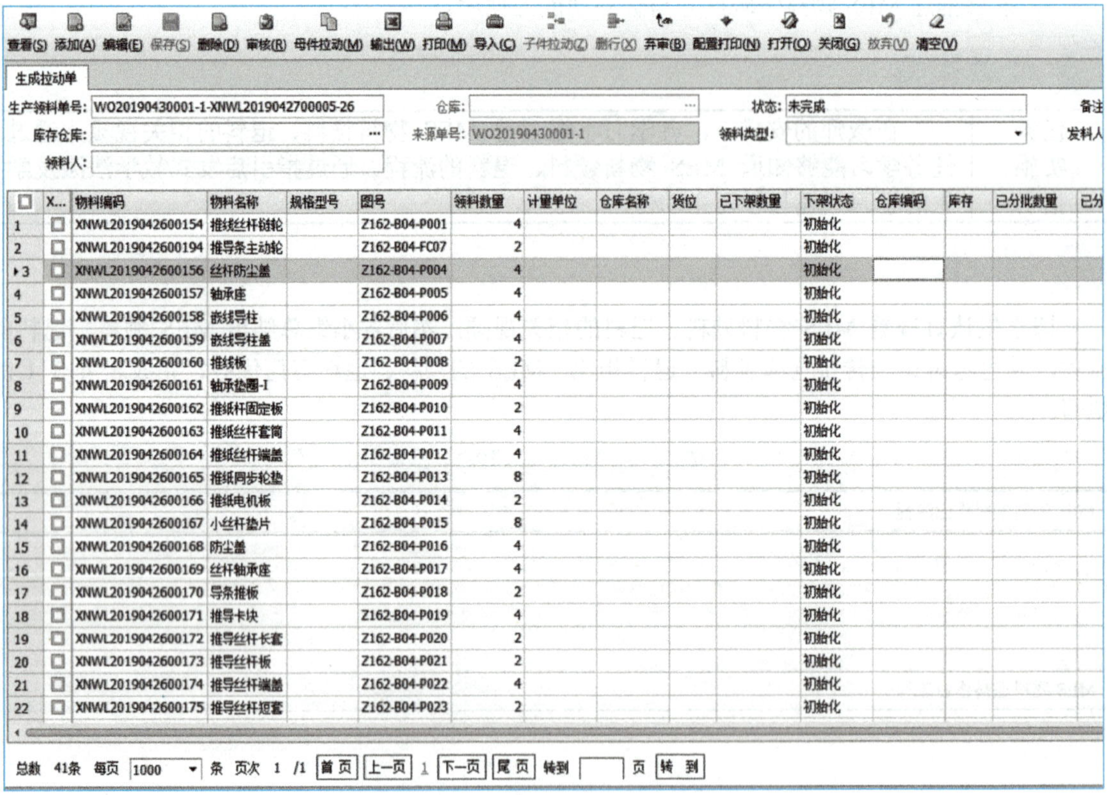

	X...	物料编码	物料名称	规格型号	图号	领料数量	计量单位	仓库名称	货位	已下架数量	下架状态	仓库编码	库存	已分批数量	已分
1		XNWL2019042600154	推线丝杆链轮		Z162-B04-P001	4					初始化				
2		XNWL2019042600194	推导条主动轮		Z162-B04-FC07	2					初始化				
▸3		XNWL2019042600156	丝杆防尘盖		Z162-B04-P004	4					初始化				
4		XNWL2019042600157	轴承座		Z162-B04-P005	4					初始化				
5		XNWL2019042600158	嵌线导柱		Z162-B04-P006	4					初始化				
6		XNWL2019042600159	嵌线导柱盖		Z162-B04-P007	4					初始化				
7		XNWL2019042600160	推线板		Z162-B04-P008	2					初始化				
8		XNWL2019042600161	轴承垫圈-I		Z162-B04-P009	4					初始化				
9		XNWL2019042600162	推纸杆固定板		Z162-B04-P010	2					初始化				
10		XNWL2019042600163	推纸丝杆套筒		Z162-B04-P011	4					初始化				
11		XNWL2019042600164	推纸丝杆端盖		Z162-B04-P012	4					初始化				
12		XNWL2019042600165	推纸同步轮垫		Z162-B04-P013	8					初始化				
13		XNWL2019042600166	推纸电机板		Z162-B04-P014	2					初始化				
14		XNWL2019042600167	小丝杆垫片		Z162-B04-P015	8					初始化				
15		XNWL2019042600168	防尘盖		Z162-B04-P016	4					初始化				
16		XNWL2019042600169	丝杆轴承座		Z162-B04-P017	4					初始化				
17		XNWL2019042600170	导条推板		Z162-B04-P018	2					初始化				
18		XNWL2019042600171	推导卡块		Z162-B04-P019	4					初始化				
19		XNWL2019042600172	推导丝杆长套		Z162-B04-P020	2					初始化				
20		XNWL2019042600173	推导丝杆板		Z162-B04-P021	2					初始化				
21		XNWL2019042600174	推导丝杆端盖		Z162-B04-P022	4					初始化				
22		XNWL2019042600175	推导丝杆短套		Z162-B04-P023	2					初始化				

总数 41条 每页 1000 条 页次 1 /1 首页 上一页 1 下一页 尾页 转到 页 转到

图 4-3-1　MES 中的生产领料单

在企业中，领料单是由生产计划人员生产下达的。车间操作员工拿着打印好的领料单，去仓库领料。

MES 中已经生成好的生产领料单会自动同步到仓库管理人员的手持终端 PDA 上。仓库管理人员根据同步过来的生产领料单发料。图 4-3-2 为 PDA 的生产领料单界面。

生产领料

领料单号：SCLL210101008

货位：

条码：

待领料列表：

物料编码	物料名称	数量	已领料数量
YL210103001	YLA-1	2	2
YL210103002	YLA-1	4	

领料单列表　领料下架　扫描记录

图 4-3-2　PDA 生产领料单界面

随堂笔记：

4.3.2　生产退料单

退料单是记录用料部门将已领未用的材料退给仓库的一种原始凭证。退料单内通常列明退还材料的编号、名称、计量单位、退还数量、仓库实收数量、单价，以及退料部门、原来用途、退还原因等，一般由退料部门填制一式数联。其中一联留存，其余送交仓库，仓库在点收后填写实收数量，将其中一联留存，用于登记材料明细分类账，一联交还退料部门转财会部门，用于会计核算。图 4-3-3 所示为生产退料单。

生 产 退 料 单									
序号	编号	名称	计量单位	退还数量	仓库实收数量	单价（元）	退料部门	原来用途	退还原因
1									
2									
3									

图 4-3-3　生产退料单

比如：A 企业是一家生产铅笔的企业，生产 10000 支铅笔的订单，领用了 50kg 石墨与 100kg 木材，生产完这 10000 支铅笔后发现还剩余 2kg 石墨与 5kg 木材的原料。于是需要将这些原料退还给仓库，这便要填制退料单。退料单需要关联生产领料单。根据领料单进行退料，这样可以绑定到生产订单，方便企业后续计算该生产订单的投入情况。

在 MES 中，退料单一般由车间班组长发起填写，图 4-3-4 为 MES 中的生产退料单。经过审批同意后，车间班组长使用 MES 打印出需要退料的物料条码，贴到物料上。同时 MES 也会自动将生产退料单同步到仓库管理人员的手持终端 PDA 上。图 4-3-5 为 PDA 的退料入库界面。仓库管理人员通过扫描物料条码进行退料入库。

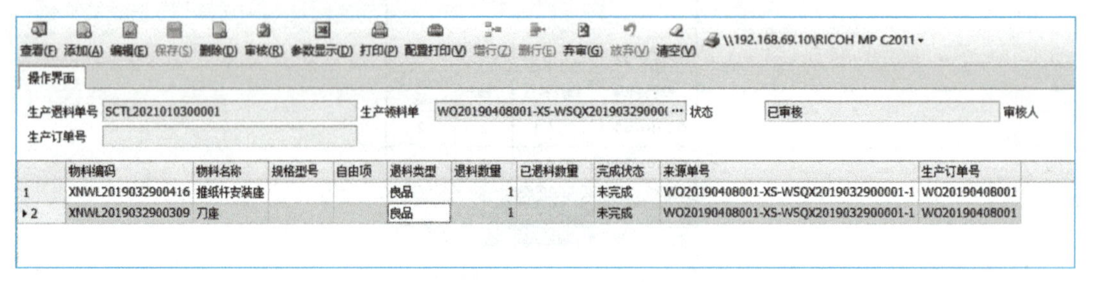

图 4-3-4 MES 中的生产退料单

退料

退料入库单：SCLL210101008

货位：

条码：

待退料列表：

物料编码	物料名称	数量	已领料数量
YL210103001	YLA-1	2	2
YL210103002	YLA-1	4	

退料单列表 退料上架 扫描记录

图 4-3-5 PDA 退料入库界面

在实际生产过程中，退料入库一般分为良品退料入库和不良品退料入库。良品退料入库一般是因为领料领多了，生产计划已完成，原料却没有用完。这批原料一般退到良品库。下次生产可以继续使用。不良品退料入库又可以分为来料不良退料入库与生产不良退料入库两种情况。车间发现原材料来料不良后，使用生产退料单，将物料退到不良品仓，并通知质检员检验。确定检验不合格，通知企业采购部门，由采购部门确定是否将物料退回供应商。若可以退回，则由采购联系供应商做退货处理；若无法退回，则质检做报废处理。若是生产不良的退料入库，则由质检员判定是否可以返工返修。若可以，则走公司返工返修流程；若不可以，则由质检员做物料报废处理。

4.3.3 条码拆分与合并

在仓库管理中，经常会遇到需要拆分条码的情况。比如企业采购了 1000 个 A 物料，共 10

箱，每箱 100 个，于是仓库管理人员打印了 10 个条码，每个条码代表 100 个 A 物料。但是车间生产领料单只需要领 30 个物料，于是仓库就需要从代表 100 个物料的条码中拆出一个代表 30 个物料的条码出来，用于发料，而原来代表 100 个物料的条码，数量从之前的 100 变成了 70，这个过程就是条码拆分。拆分出来的条码继承原条码的所有属性。图 4-3-6 为 MES 的条码拆分界面。

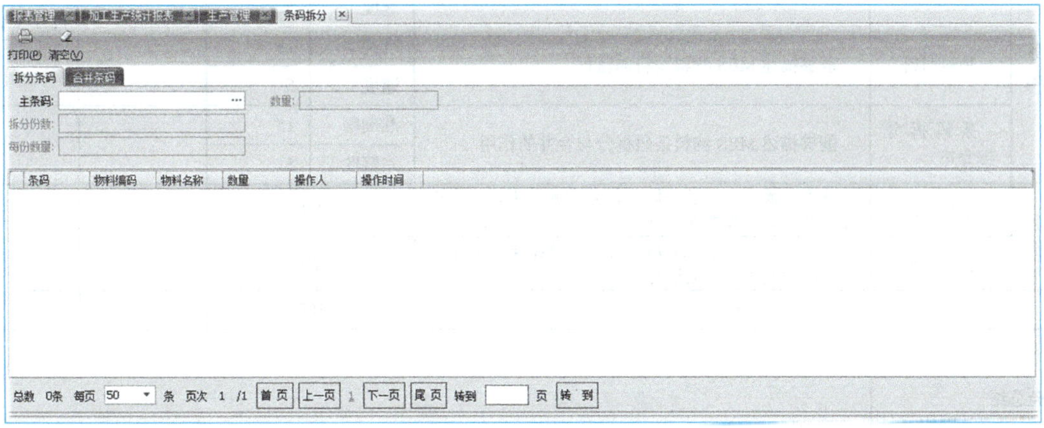

图 4-3-6　MES 中的条码拆分

条码合并的功能，一般适用于仓库管理人员发现两个半箱的物料，为了便于管理，需要合并成一箱的情况。在 MES 条码合并逻辑中，首先需要选一个条码为主条码，再将另一个条码并入主条码内。主条码数量增加，其他物料属性不变。合并条码时注意，要合并条码的物料编码必须与主条码的物料编码一致。图 4-3-7 为 MES 中的条码合并。

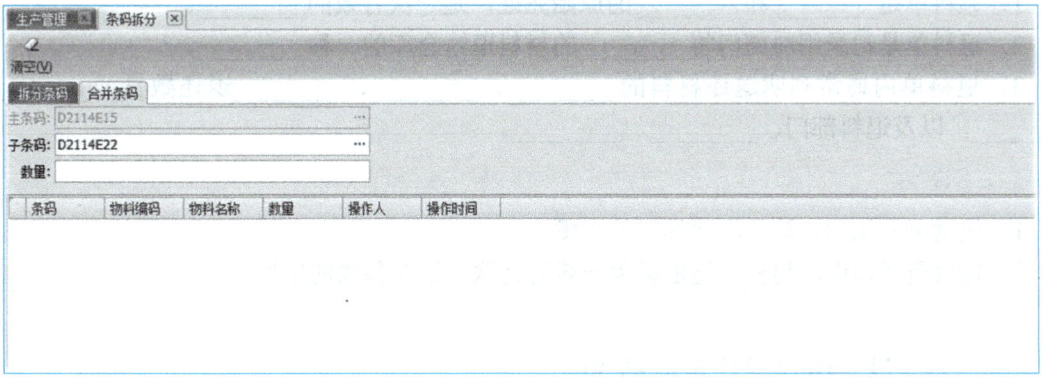

图 4-3-7　MES 中的条码合并

任务考核

结合小组的任务实施情况，对照“认识物料领料、退料作业任务实施考核表”对每名学生进行任务实施考核。考核过程参照“制造执行系统实施与应用”职业技能等级证书要求，并将考核结果记录在表 4-3-2 中。结合小组的任务实施情况，对照“认识物料领料、退料作业任务实施表”，学生互评，再请教师复评。通过任务实施评价，各小组之间、学生之间可以通过分享实施过程，相互借鉴经验。在此过程中，引导学生树立脚踏实地、一丝不苟、责任担当、爱岗敬业的精神。

表 4-3-2 认识物料领料、退料作业任务实施考核表

班级：					姓名：	
小组：					学号：	
项目		要求	应得分		得分	备注
任务实施	物料领料	能够描述 MES 物料领料的流程	准确率	15		
			速度	5		
	物料退料	能够描述 MES 物料退料的流程	准确率	15		
			速度	5		
	条码拆分与合并	能够描述 MES 物料条码拆分与合并的作用	准确率	15		
			完整性	5		
任务评价	小组互评	从安全操作、信息获取、任务实施结果、工作态度、职业素养等方面进行评价	20			
	教师评价	从安全操作、信息获取、任务实施结果、工作态度、职业素养等方面进行评价	20			
合计			100			
经验总结						

课后活动

一、填空题

1. 领料单是________和________的原始凭证，是一次有效的________。
2. 退料单是记录用料部门将________的材料退给仓库的一种________。
3. 退料单内通常列明退还材料的________、________、________退还数量、________、________，以及退料部门、________、________。

二、问答题

1. 根据所学知识，简要阐述领料的步骤。
2. 根据所学知识，简要阐述退料单一般有几联，以及各联的用途。

任务 4.4 认识成品出入库作业

任务描述

产品生产完成后如何实现成品的智能出入库作业？客户退回的产品又该如何入库作业？

MES 成品出入库作业是企业仓库管理的重要环节。企业对生产好、用于销售的良品进行入成品库的操作叫作成品入库，成品出库指的则是仓库中生产好的良品销出的过程。本任务从成品入库、半成品入库、成品出库以及客户退料入库四个方面向大家进行介绍。

素质目标

1. 养成科学严谨的工作态度。
2. 感受 MES 成品出入库的严谨性，增强责任心。
3. 树立无私奉献、敢为人先、爱岗敬业的精神。

知识目标

1. 知道 MES 成品出入库作业。
2. 知道 MES 半成品入库作业。
3. 知道 MES 客户退料入库作业。

能力目标

1. 能够根据企业成品条码不同，选用合适的成品入库形式。
2. 能够根据物料类型不同，合理描述半成品入库的方式。
3. 能够根据客户实际退料情况，合理地描述退料入库。

任务实施

任务实施指引	在教师的安排下，各学习小组认真观看成品出入库作业相关视频，根据任务学习要求，知道 MES 成品出入库作业、MES 半成品入库作业、MES 客户退料入库作业。通过启发式教学法激发学生的学习兴趣与学习主动性

创设情景①

请学生认真观看成品出入库作业相关视频，各学习小组总结 MES 成品出入库作业的流程。小组讨论制作流程图，并填写在表 4-4-1 中。

表 4-4-1　MES 成品出入库作业流程

MES 成品入库作业流程
以流程图形式表述：
MES 成品出库作业流程
以流程图形式表述：

4.4.1　成品入库

成品入库是企业仓库管理的重要环节。企业将生产好、用于销售的良品进行入成品库的操作叫作成品入库。在 MES 中根据成品条码生成方式不同，企业成品入库可以分为以下几种形式。

1. 成品流转卡入库

在企业 MES 的生产过程中，每生产一批成品便会有一张流转卡。图 4-4-1 为 MES 中的流转卡。流转卡记录着这批成品的生产信息、员工报工信息、质检信息等。入库时便同样使用该批成品的流转卡入库。流转卡条码便是该批成品的物料条码。

状态：正常

WXLH机加工流转卡（途程名称：1060-070-0186装配件号）			3
流转卡号	D2115F38	产品件号	1060-070-0186
机加件号	2060-070-0397	毛坯件号	11.05.3060-070-0199
炉批号	KM255	数量	10
产线	胡埭机加10#	生产批次	210105101
是否单件流	否		
装箱数量			
OP10→OP20→OP30→OP40→二维码→机加去毛刺→清洗→机加检验→装配→泄漏→内窥镜2→GP12			

图 4-4-1　MES 中的流转卡

例如：A 企业接了一笔销售订单，需要生产 10000 支铅笔，于是在 MES 中创建了一笔数量为 10000 的生产订单。根据企业的产能，企业每天只能生产 1000 支铅笔，于是企业每天会做一张数量为 1000 的生产计划卡，该生产计划卡是用于生产流转的，所以也叫流转卡。流转卡经过了几道工序、几道质检之后，成功生产出成品铅笔。最后使用流转卡直接入库。

2. 生产订单条码入库

同样也有部分企业并不需要 MES 管控到生产环节，所以并不需要生成流转卡。但是它们生产出来的成品同样需要入库操作，这样我们可以根据生产订单来生成成品的条码，一方面用于成品入库，另一方面用于完结生产订单。图 4-4-2 所示为 MES 中的生产订单条码打印界面。

查询(S) 连版打印(C) 生成条码(S) 回退(H) 自定义打印(C) 参数显示(W) 打印条码(P) 自定义配置打印(W) 清空(C) \\192.168.69.10\RICOH MP C2011

生产订单号　客户编码　物料编码　物料名称

生产订单	订单类型	客户名称	物料编码	物料名称	原订单数量	可打印数量	入库超额上限	单箱数量	收货数量	箱数	生产日期	物料规格
WO20190812003	生产订单		38332-01	38332	100	100	0	0	0	0		
WO20190812002	生产订单	广东某有限公司	J59R-S-8202-115	J59R外后视镜支座	100	100	0	0	0	0		
WO20190812001	生产订单		ES-XZZC-ZST-20180928-03	压铸-轴锁套	1000	1000	0	0	0	0		
WO20190809001	生产订单	广东某有限公司	J59R-S-8202-115	J59R外后视镜支座	55	0	0	10	0	0		
WO20190718001	生产订单		DTA-34080-60	34080	100	100	0	0	0	0		
WO20190704007	生产订单	广东某有限公司	3KL8.013.001	前端盖（未来电器）	1000	0	0	100	0	0		
WO20190704006	生产订单		15000428	初始化挡块	50000	50000	0	0	0	0		

打印

条码	生产订单	状态	条码生成人员	物料编码	物料名称	客户名称	数量	自由项	规格	生产日期	打印时间	成品批次	供应商批号
SCXTM202101050016	WO20190809001	未打印	[illegible]	J59R-S-8202-115	J59R外后视镜支座	[illegible]	5						
SCXTM202101050015	WO20190809001	未打印	苏州市某有限公司	J59R-S-8202-115	J59R外后视镜支座	广东某有限公司	10						
SCXTM202101050014	WO20190809001	未打印	苏州市某有限公司	J59R-S-8202-115	J59R外后视镜支座	广东某有限公司	10						
SCXTM202101050013	WO20190809001	未打印	苏州市某有限公司	J59R-S-8202-115	J59R外后视镜支座	广东某有限公司	10						
SCXTM202101050012	WO20190809001	未打印	苏州市某有限公司	J59R-S-8202-115	J59R外后视镜支座	广东某有限公司	10						
SCXTM202101050011	WO20190809001	未打印	苏州市某有限公司	J59R-S-8202-115	J59R外后视镜支座	广东某有限公司	10						

图 4-4-2　MES 中的生产订单条码打印界面

3. 流转卡装箱入库

大部分生产制造型企业在生产出成品到入库之间还有一步装箱的动作。比如企业生产了

1000 支铅笔，一共有 10 张流转卡，每张流转卡代表 100 支铅笔。但是，入库不能直接将铅笔入库，需要进行装箱的动作，每个箱子需要装 500 支铅笔。入库只需要扫描箱码就可以了。图 4-4-3 所示为装箱单界面，图 4-4-4 所示为箱码。

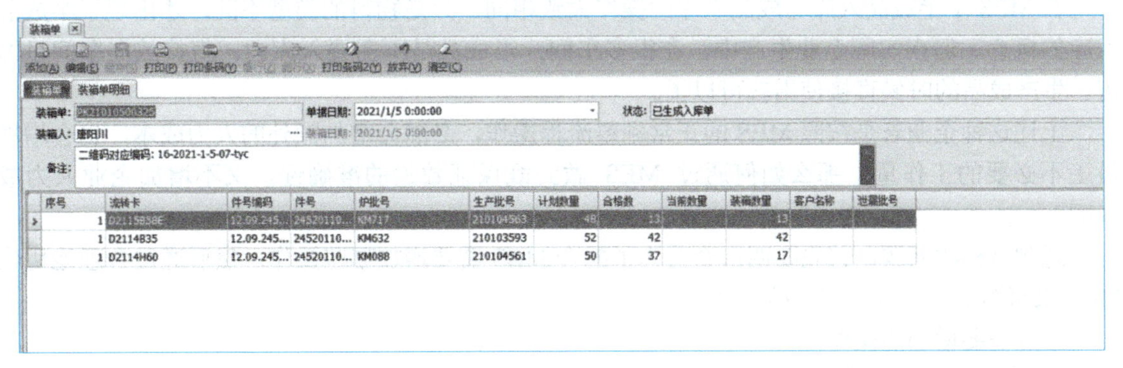

图 4-4-3　装箱单界面

件号 Part No.	2452011024		
装箱单号 Packing card No.	PK21010500325	总数量 Quantity	72
装箱人 Packing operator	唐阳川	装箱时间 Packing date	2021-01-05
备注：二维码对应编码 16-2021-1-5-07-tyc			

XMHZ21010500068

流转卡号 Flowing card No.	炉批号 Casting batch No.	模号 Mold	装箱数量 Quantity	生产批号 Machining batch No.
D2114B35	KM632		42	210103593
D2114H60	KM088		17	210104561
D2115B58E	KM717		13	210104563

图 4-4-4　箱码

MES 生成条码后，便由仓库管理人员使用 PDA 进行扫描条码入库。图 4-4-5 所示为 PDA 成品条码入库。

成品入库

条码：

货位：

待入库列表　入库上架　扫描记录

图 4-4-5　PDA 成品条码入库

4.4.2 半成品入库

在 MES 中半成品入库与成品入库的操作大致相同，只是物料的类型不同，才出现了半成品入库的概念。但在实际企业生产中，在很多车间，半成品是不需要入库的，直接放在车间里即可。生产成品的时候直接使用就可以了。

上述这种企业若是按照 MES 的正常领料流程操作，必然会增加额外的人力成本，也会增加员工不必要的工作量。那么如何通过 MES 做到既保证数据的准确性，又不增加企业人力成本呢？

遇到这样的问题，首先要明白企业为了配合 MES 需要增加哪些操作，然后通过合理地优化 MES 来帮助企业实现数据的准确性。

企业需要增加的操作：

1）车间员工需要将半成品送到仓库，仓库管理人员需要扫描入库。（之前半成品是直接放在车间的。）

2）仓库管理人员需要将半成品发料，车间员工需要将半成品领到车间。（之前是直接从车间拿的。）

明白了 MES 所需比实际操作多的环节，就可以在 MES 中制定解决方案了。例如：

第一步，设置成品、半成品完工自动入库。

可以在成品或半成品的工艺路线中加入自动入库的属性。对成品设置了自动入库，则流转卡在最后一道工序完工后便自动入到仓库中。

在物料属性中增加默认仓库选项。成品自动入库便入到默认仓库内，默认仓库一般设置为线边仓。

第二步，设置入库冲账或工序冲账。

入库冲账：在流转卡成品入库后再扣减掉某个物料在某个仓库相应的库存。若仓库库存小于扣减数量，则不允许入库。

工序冲账：流转卡在某个工序完工后，扣减掉某个仓库相应的库存。若该仓库库存不足，则不允许该工序完工过账。

在 BOM 中设置需要扣减物料的冲账类型，扣减库存。图 4-4-6 所示为 BOM 冲账类型设置。

母件资料 | 子件资料 | BOM结构 | 用量清单

	母件编码	母件名称	子件编码	子件名称	子物料BOM类型	版本	基本用量分子	领料类型	工序序号	工序	仓库
1	XNWL2019032900025	倍速链线体	XNWL2019032900031	触摸屏安装盒	原材料	1	1	入库冲账	1	ZP3	原料仓库
2	XNWL2019032900025	倍速链线体	XNWL2019032900032	型材机架	原材料	1	1	入库冲账	5	LLJ	原料仓库
3	XNWL2019032900025	倍速链线体	XNWL2019032900033	内导向板	原材料	1	4	入库冲账	1	ZP3	原料仓库
4	XNWL2019032900025	倍速链线体	XNWL2019032900034	外导向板	原材料	1	4	入库冲账	4	ZP4	原料仓库
5	XNWL2019032900025	倍速链线体	XNWL2019032900035	脚杯固定板	原材料	1	1	领料	1	ZP3	非标件
6	XNWL2019032900025	倍速链线体	XNWL2019032900036	顶升底板	原材料	1	1	领料	1	ZP3	非标件
7	XNWL2019032900025	倍速链线体	XNWL2019032900037	气缸拉动联板	原材料	1	1				
8	XNWL2019032900025	倍速链线体	XNWL2019032900038	顶升气缸固定板	原材料	1	1				
9	XNWL2019032900025	倍速链线体	XNWL2019032900039	无油衬套固定板	原材料	1	1				
10	XNWL2019032900025	倍速链线体	XNWL2019032900040	顶升推杆	原材料	1	2				
11	XNWL2019032900025	倍速链线体	XNWL2019032900041	顶升垫块	原材料	1	12				

图 4-4-6 BOM 冲账类型设置

随堂笔记：

4.4.3　成品出库

成品出库指的是仓库中生产好的良品销出的过程。对于企业来说，成品库存信息准确是至关重要的。那么 MES 是如何管理成品销出的呢？图 4-4-7 所示为成品销出流程图。

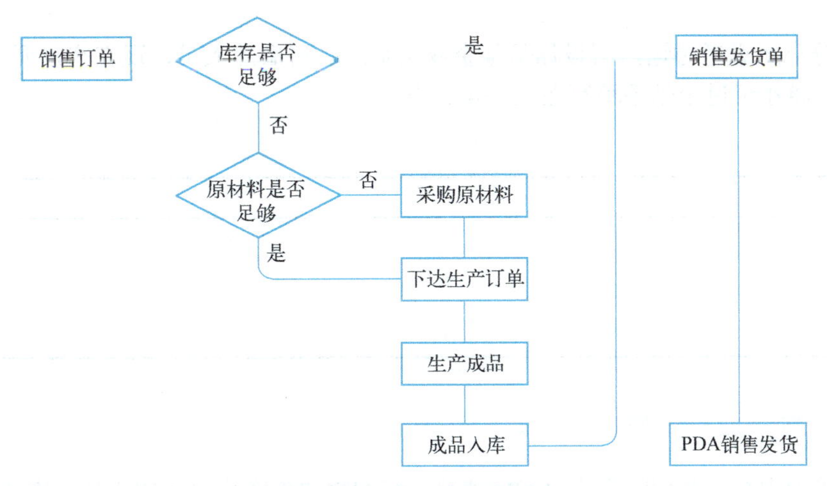

图 4-4-7　成品销出流程图

在 MES 中，销售部门接到销售订单后会先确定企业内是否库存充足，如果库存足够则直接使用销售订单，生成销售发货单，并通知仓库在交期之前发货。若库存不足则通知采购部门，采购部门确定原材料是否充足，原材料充足则通知生产计划部门下达生产订单，若原材料不足则生成并下达采购订单，购买原材料。原材料到货后则通知生产计划部门下达生产计划。生产计划下达后车间生成成品，成品入库。销售部门再根据销售订单生成销售发货单（见图 4-4-8）。仓库根据销售发货单使用 PDA 扫描成品条码发货出库（见图 4-4-9）。

查看(F) 添加(A) 编辑(E) 保存(S) 审核(R) 弃审(G) 删除(D) 定制打印(C) 输出(W) 打印(P) 一键出库(C) 增行(Z) 删行(E) 模板配置(B) 打开(D) 放弃(V) 关闭(V)

发货单号 XSCKD201904080001　单据状态 已完成　客户代码 YY0002　单据类型 销售出库

交货地址　备注　出库仓库　审核时间 2019-04-08 16:54:08

审核人 luchunqer　发货日期

	行号	销售订单号	销售订单…	物料编码	物料名称	规格型号	销售订单数量	主计量单位	库存	本次生成数量	已出库数	交期	物料英文描述	物料
1		20190025	3	XS-WSQX2019032900001	SWQ1-300/250[illegible]	SWQ1-300/250	1	台	0	1	1	2019-06-30		

图 4-4-8　MES 中的销售发货单

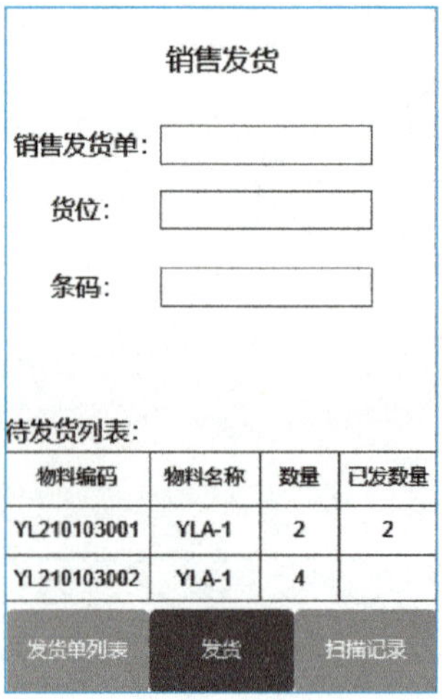

销售发货
销售发货单:
货位:
条码:
待发货列表:
物料编码
物料名称
数量
已发数量
YL210103001
YLA-1
2
2
YL210103002
YLA-1
4
发货单列表
发货
扫描记录

图 4-4-9　PDA 销售发货界面

创设情景②

请学生分小组思考讨论，假设你是某企业负责产品售后的人员，现在客户要求退换货，你会如何处理？将小组讨论结果填写在表 4-4-2 中。

表 4-4-2　产品售后处理

产品退换处理方式

4.4.4　客户退料入库

在企业管理中会经常面临客户退货的情况。我们需要将客户退回的成品入库处理。在 MES 中同样有这方面的处理方案。MES 中客户退料入库流程如图 4-4-10 所示。

客户退货
销售发货单
退料单
成品发货
生成物料条码
扫描条码入
不良品库
良品入库
否
质检是否
合格
是
否
是否
可修
是
报废
返工返修

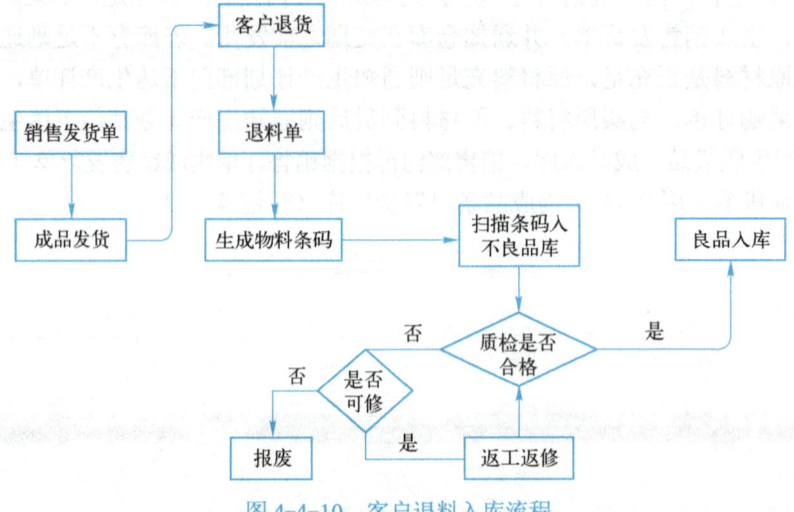

图 4-4-10　客户退料入库流程

1）销售部门收到客户退货申请，在 MES 中根据销售发货单建立客户退料单。MES 中的退料单如图 4-4-11 所示。

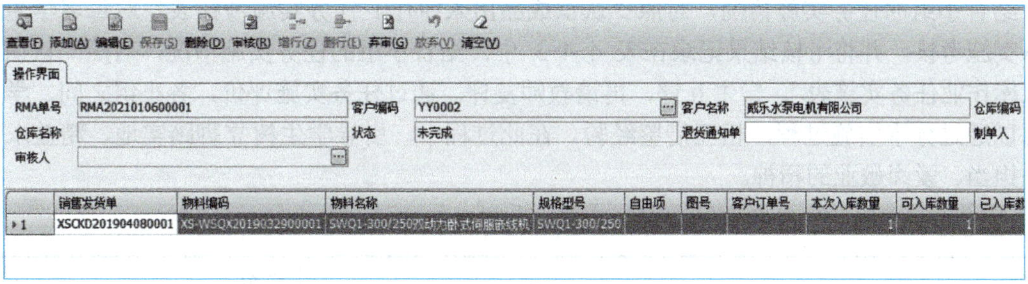

	销售发货单	物料编码	物料名称	规格型号	自由项	图号	客户订单号	本次入库数量	可入库数量	已入库数
1	XSCKD201904080001	XS-WSQX2019032900001	SWQ1-300/250双动力卧式伺服嵌线机	SWQ1-300/250				1	1	

图 4-4-11　MES 中的退料单

2）使用企业 MES 生成需要退库的物料条码。

3）仓库管理员打印条码，根据客户退料单扫描条码退入不良品库。PDA 客户退货入库界面如图 4-4-12 所示。

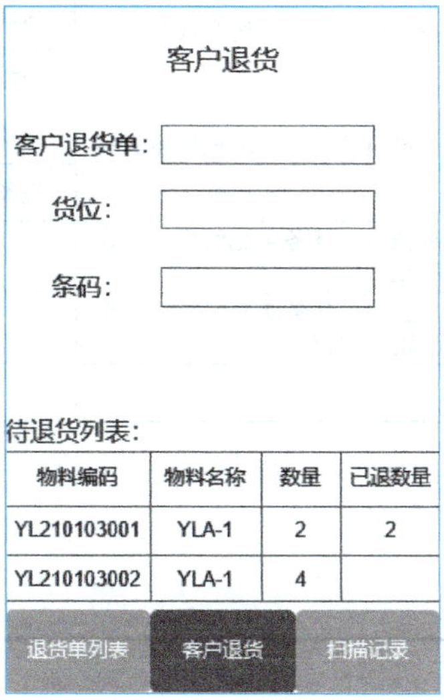

物料编码	物料名称	数量	已退数量
YL210103001	YLA-1	2	2
YL210103002	YLA-1	4	

图 4-4-12　PDA 客户退货入库界面

4）将退货通知质检人员，进行质检。质检合格则转入成品库，质检不合格则返工返修或报废处理，这些由质检人员判定。

随堂笔记：

任务考核

结合小组的任务实施情况，对照“认识成品出入库作业任务实施考核表”对每名学生进行任务实施考核，并将考核结果记录在表 4-4-3 中。结合小组的任务实施情况，对照“认识成品出入库作业任务实施表”，学生互评，再请教师复评。通过任务实施评价，各小组之间、学生之间可以通过分享实施过程，相互借鉴经验。在此过程中，引导学生树立脚踏实地、精益求精、责任担当、爱岗敬业的精神。

表 4-4-3　认识成品出入库作业任务实施考核表

班级：					姓名：	
小组：					学号：	
项目		要求	应得分		得分	备注
任务实施	成品入库	能够描述成品入库流程，并说明成品入库有哪些入库形式	准确率	15		
			速度	5		
	半成品入库	能够根据物料类型不同，合理描述半成品入库的方式	准确率	15		
			速度	5		
	客户退料	能够根据客户实际退料情况，合理地描述退料入库	准确率	15		
			完整性	5		
任务评价	小组互评	从安全操作、信息获取、任务实施结果、工作态度、职业素养等方面进行评价	20			
	教师评价	从安全操作、信息获取、任务实施结果、工作态度、职业素养等方面进行评价	20			
合计			100			
经验总结						

课后活动

一、填空题

1．企业将生产好、用于销售的良品进行入成品库的操作叫作________。

2．成品出库指的是仓库中生产好的良品________的过程。

3．入库冲账是指在流转卡成品________后再扣减掉某个物料在某个仓库相应的________。若仓库库存不足________，则不允许入库。

4．工序冲账是指流转卡在某个工序________后，扣减掉某个仓库相应的________。若该仓库________，则不允许该工序完工过账。

二、问答题

1．根据所学知识，简要阐述企业成品入库的几种形式。

2．根据所学知识，简要阐述客户退料入库的流程。

任务 4.5　认识盘点作业

任务描述

库存盘点、在制品盘点的作用是什么？盘点哪些指标？MES 又是如何完成盘点作业的呢？

盘点是衡量营业作业业绩的重要指标，也是对营运、管理的综合考核和回顾。因为盘点的数据直接反映了是否损耗，所以企业是否盈利是在盘点结束后才可以确定的。盘点的损耗同样反映企业营运上的失误和管理上的漏洞，所以发现问题、改善管理、降低损耗是盘点的工作目标。通过盘点：可以控制存货，以指导日常经营业务；能够及时掌握损益情况，以便真实地把握经营绩效，并尽早采取防漏措施；可以核实企业的管理成效。

素质目标

1．通过盘点作业的学习，培养严谨的工作思路。
2．认可盘点作业的作用，意识到盘点工作的重要性。
3．树立无私奉献、敢为人先、爱岗敬业的精神。

知识目标

1．知道库存盘点的方式及内容。
2．知道在制品的概念以及在制品管理的内容。
3．知道 MES 库存盘点、在制品盘点的方法。

能力目标

1．能够描述 MES 库存盘点的过程。
2．能够描述 MES 在制品盘点的过程。

任务实施

任务实施指引	在教师的安排下，各学习小组通过职场模拟、微课视频观看等学习活动，根据任务学习要求，知道库存管理、在制品管理等相关知识。通过指引启发式教学法激发学生的学习兴趣与学习主动性

创设情景①

假设你是教室的资产负责人，学校现要做零时资产盘点，你将会从哪些方面来盘点你负责的教室内资产？分组思考讨论，并分工合作完成盘点工作，填写表 4-5-1。

表 4-5-1　教室资产盘点

盘点计划

（续）

盘点结果

4.5.1 库存盘点

库存盘点是指定期或临时对库存产品实际数量进行清查、清点的一种作业。

1. 盘点方式

（1）定期盘点　定期盘点即仓库的全面盘点，是指在一定时间内，一般是每季度、每半年或年终财务结算前进行一次全面的盘点，由制造企业派人会同仓库保管员、财会人员一起进行盘点对账。

（2）临时盘点　临时盘点即当仓库发生货物损失事故，或保管员更换，或仓库与制造企业认为有必要盘点对账时，组织一次局部或全面的盘点。

2. 盘点内容

（1）货物数量　通过点数计数查明货物在库的实际数量，核对库存账面资料与实际库存是否一致。

（2）货物质量　检查在库货物质量有无变化，有无超过有效期和保质期，有无长期积压等现象，必要时还必须对货物进行技术检验。

（3）保管条件　检查保管条件是否与各种货物的保管要求相符合，如堆码是否合理稳固、库内温度是否符合要求、各类计量器具是否准确等。

（4）库存安全状况　检查各种安全措施和消防器材是否符合安全要求，建筑物和设备是否处于安全状态。

3. 在 MES 中做企业库存盘点的方法

（1）创建盘点单　在 MES 中创建库存盘点单。在 MES 中的库存盘点单（见图 4-5-1）中选择某个仓库，可以自动带出该仓库内的所有物料，生成盘点单。

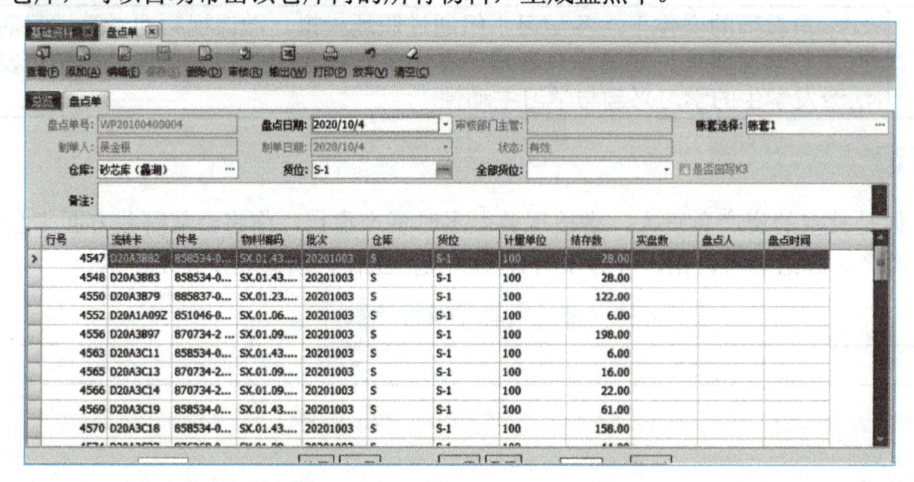

图 4-5-1　MES 中的库存盘点单

（2）PDA 库存盘点　MES 生成的盘点单，会被自动同步到仓库 PDA 终端上。仓库管理员使用 PDA 上的盘点单，通过扫描仓库内的物料条码进行盘点。图 4-5-2 为 PDA 库存盘点界面。

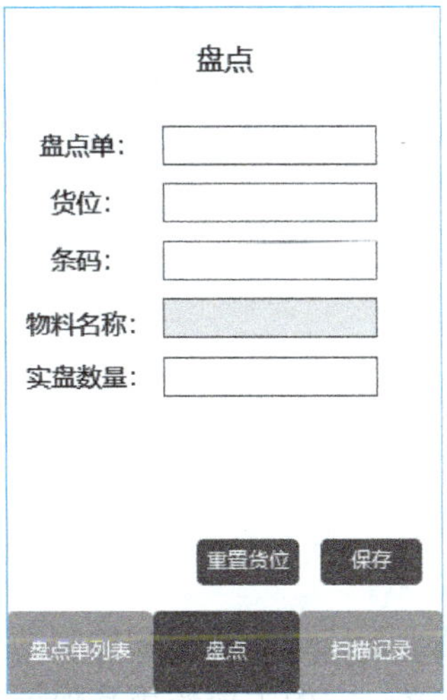

图 4-5-2　PDA 库存盘点界面

（3）盘点结果处理　盘点结果正常会出现盘亏和盘盈两种情况。在审核盘点差异后，可以根据实盘数量使用库存调整功能来保证 MES 库存与实际库存一致。

创设情景②

在教师的安排下，请学生认真观看 MES 在制品管理的视频，然后分小组讨论汇总 MES 在制品管理流程，并将小组讨论结果填写在表 4-5-2 中。

表 4-5-2　MES 在制品管理流程

MES 在制品管理流程

4.5.2　在制品概述

在制品是工业企业正在加工生产但尚未制造完成的产品。广义的在制品：就车间来讲，属于车间的尚未制成的产品；就企业来讲，指从原材料投入生产起到制成成品前的需要继续加工的一切在产品，包括各生产阶段加工中的产品和准备在本企业中进一步加工的半成品。狭义的在制品则指介于原材料与半成品之间和半成品与成品之间的产品，即处于各生产阶段加工中的产品，或已加工完毕尚未检验或已经检验尚未入库的半成品。

本书认为所谓在制品是指从原材料、外购件等投入生产起，到经检验合格入库之前，存在于生产过程中各个环节的零部件和产品。

通常根据所处的不同工艺阶段，把在制品分为毛坯、半成品、入库前成品和车间在制品。

例如：A 企业是一家生产汽车零件的企业。图 4-5-3 所示的汽车零件是一种锌合金铸件，原材料是锌合金。企业买回锌合金后，需要经过压铸、打磨、研磨、去毛刺、机加工、全检、包装这些工序生成成品。而锌合金在开始生产之后，到成品入库之前都是在制品。

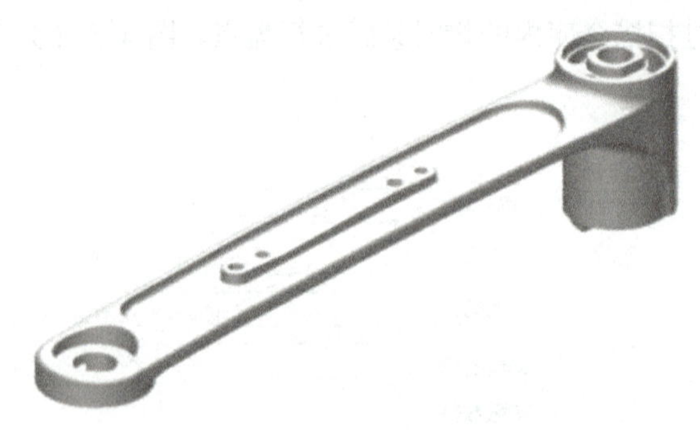

图 4-5-3　汽车零件

4.5.3　在制品管理

在制品管理工作就是对在制品进行计划、协调和控制的工作。在加工装配型工业企业中，做好在制品管理工作有着重要的意义。它的主要作用是保证各生产环节之间的衔接协调，按生产作业计划有节奏地、均衡地和成套地进行生产，同时有效地控制在制品的流转过程，缩短生产周期，减少在制品占用量，避免在制品积压和损失，进而提高企业的经济效益。

在制品管理也是车间管理的一项重要工作内容，由于物料占用了企业的大量资金，是生产成本的主要构成部分，因此车间必须对车间原材料、半成品及成品加以严格的管理，要有科学合理的管理方法。对车间物料要定期组织盘点，对盘盈或盘亏加以预防、控制。

做好在制品的管理工作，要求对在制品的投入、出产、领用、发出、保管、周转做到有数、有据、有手续、有制度、有秩序。有数就是在制品要计数；有据就是收发进出要有凭证；有手续就是收发进出要有核对、签署、登账手续；有制度就是对在制品要建立一套原始记录管理制度，以及及时入账、经常对账等制度；有秩序就是要把在制品管得井井有条。

为了有效地管理在制品和半成品，必须认真做好以下几方面的工作。

1. 建立健全在制品、半成品的收发领用制度

在制品和半成品的收发领用，要有入库单、领料单等原始凭证，计量、签署、记账等要严格地实行按计划限额收发在制品制度。在制品和半成品的收发应当遵循“先进先出”的原则，使库存的半成品经常新旧更迭，质量常新。车间内部在制品的流转通过加工路线单等予以控制。发放装配用的零部件要按配套明细表规定的要求发放。要建立在制品增减数字管理制度。

2. 对在制品和半成品，要正确、及时地进行记账核对

在工作地之间、工段之间、工段与车间内部仓库之间、车间之间、制造车间与中间半成品（毛坯库）之间，在制品、半成品的收发数量必须及时记账，及时结清账存，还要建立定期对账制度，做到账实相符和账账相符，从而准确地掌握车间内部和车间之间在制品的流转情况。

妥善处理零部件的报废、代用、补发、回用是在制品管理工作中的重要内容。这方面管理不好，常常会造成有账无物或有物无账。在成批生产条件下，采用累计编号计算方法时，这个问题更为重要。凡是零部件报废或代用了，应当在账簿和图表中减掉或去掉。凡是废品修复回用（或用于其他产品上），则应当加上。这项管理工作看起来似乎简单，实际十分琐碎，稍有疏忽遗漏，就会造成生产的中断和零部件的积压浪费。

3. 合理地存放和保管在制品、半成品，充分发挥库房的作用

对在制品应进行分类管理，按其价值的大小，把那些从数量上来说所占比重较小，但从资金占用量来说所占比重较大的在制品，作为“A 类零部件”，给予重点管理；对那些无论从数量上或资金占用量上说都占中等地位的在制品，可以作为“B 类零部件”，给予普通管理；其余那些在数量上所占比重虽然较大，但在资金占用量上所占比重却较小的在制品，则作为“C 类零部件”，给予一般管理。如此分类管理，对合理组织生产、控制生产资金、降低生产成本很有好处。对“A 类零部件”应当尽量缩小批量，严格控制投入、出产的期和量。在制品在车间工作地、仓库中存放时，要摆放整齐，存放文件要因件、因地制宜。库存在制品一般要按照品种、规格分类分区存放。为了避免在制品在存放保管中的丢失、损坏、变质、混号，应根据每种在制品的特性建立有效的保管制度，例如印号（或挂牌）、刷油防锈、通风防潮、防止暴晒，有的要注意轻拿轻放等，对一些精密的零件更要严格保管。还应配备各种辅助装置和设施，例如库房建筑、料架、料柜、工位器具等。

在制品管理工作中，仓库起着十分重要的作用。在制品仓库往往是几个生产单位的联结点，各单位在生产上的联系多数要通过它，所以仓库被称为企业生产管理部门的眼睛。仓库不仅要做好保管、存放、配套、发送等工作，而且要协助生产管理部门监督各生产单位执行作业（进度）计划，严格按照作业（进度）计划的规定发放和接收在制品，拒收或拒发计划外的在制品。要重视中间仓库的管理，其方法有两种：

1）厂部统一设库管理。这种方法便于厂部全面掌握在制品的情况，控制整个生产进程，防止各生产环节脱节。这种方法一般适用于产品复杂、生产不稳定、各生产环节衔接关系复杂的企业。

2）车间分散设库管理，按照不同在制品设库，归有关车间领导。这种方法可使车间与仓库紧密联系，便于车间管好生产，一般适用于封闭式生产的车间。

4. 做好在制品和半成品的清点、盘存工作

在制品和半成品在生产过程中不断流动变化，它的数量有增有减，为了确切地掌握它们的数量，除了要经常记账核对以外，还要做好清点、盘存工作。根据清点、盘存的资料，对清点中超过定额的储备应当积极处理，尽量不浪费已消耗的劳动。清点、盘存工作的范围、方法和时间根据具体情况确定，全企业的清点、盘存工作可以定期（例如按季）进行。车间内部在制品的盘点工作应经常进行，例如一个月一次，以便及时发现和解决问题。

4.5.4　在制品盘点

在企业 MES 中，经常会遇到在制品盘点的问题。在制品盘点指的是对生产中的成品以流转卡的方式进行盘点。MES 是企业的生产执行系统。在制品盘点可以先根据企业 MES 的在制品报表（见图 4-5-4）生成盘点单，再对在制品进行盘点。

在图 4-5-4 所示在制品报表中，可以在主表中清楚地看到，每个件号（物料名称）在每个工序（制程）上的数量，每个工序（制程）对应的流转卡号，以及每张流转卡的数量。在制品报表可以清晰反映出企业在制品的现状。

MES 中在制品盘点的步骤：

1）在 MES 中可以根据产线或者盘点类型进行选择，生成对应车间或产线的在制品盘点单（见图 4-5-5）。

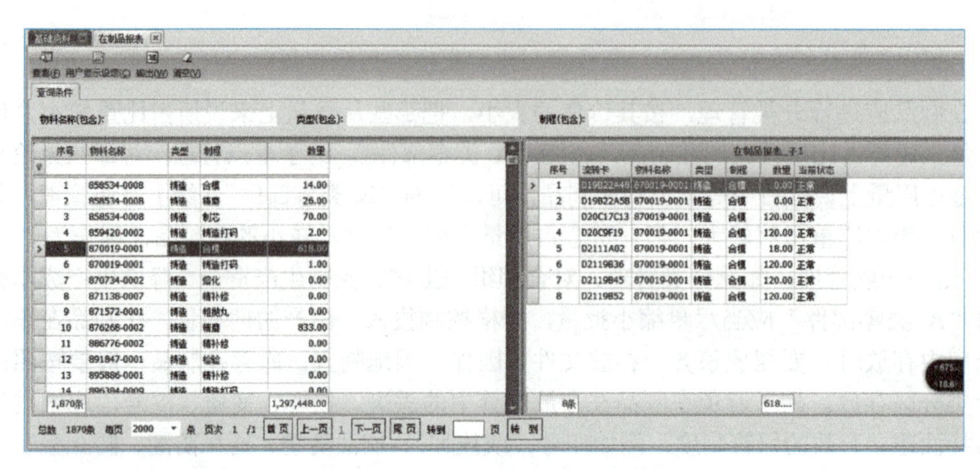

图 4-5-4　MES 中的在制品报表

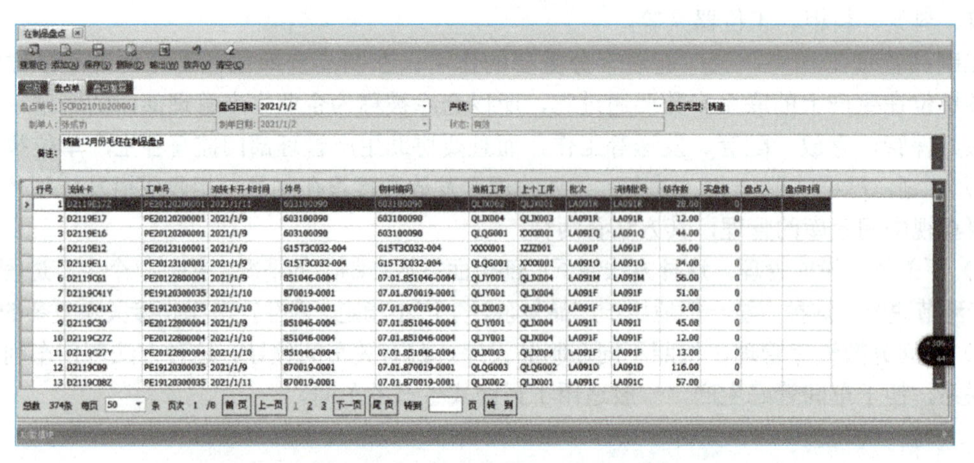

图 4-5-5　MES 中的在制品盘点单

2）在 MES 中生成在制品盘点单后，盘点单数据便可以同步到手持终端 PDA 上，图 4-5-6 所示为 PDA 在制品盘点界面。盘点人员去产线扫描产线上工序的流转卡，填写实盘数量。在盘点期间，不允许新生成流转卡，也不允许流转卡入库，否则会造成盘点数据不准确。

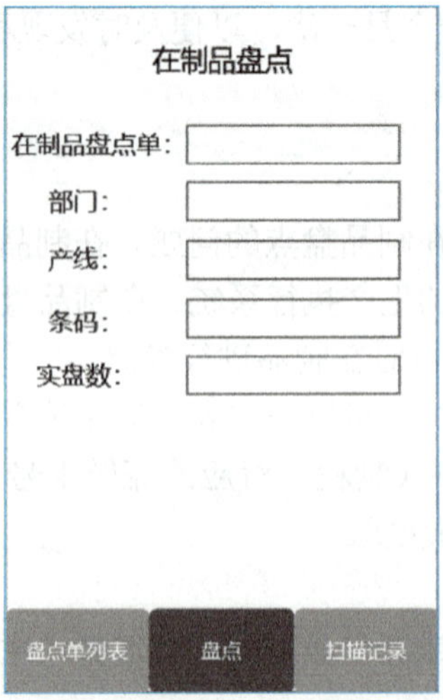

在制品盘点

在制品盘点单：

部门：

产线：

条码：

实盘数：

盘点单列表　盘点　扫描记录

图 4-5-6　PDA 在制品盘点界面

3）在制品盘点同样会出现盘亏与盘盈的情况。盘点结果审核完毕，应根据实际情况调整 MES 中的在制品数量信息。

任务考核

结合小组的任务实施情况，对照“认识盘点作业任务实施考核表”对每名学生进行任务实施考核。考核过程参照“制造执行系统实施与应用”职业技能等级证书要求，并将考核结果记录在表 4-5-3 中。结合小组的任务实施情况，对照“认识盘点作业任务实施考核表”，学生互评，再请教师复评。通过任务实施评价，各小组之间、学生之间可以通过分享实施过程，相互借鉴经验。在此过程中，引导学生树立脚踏实地、精益求精、责任担当、爱岗敬业的精神。

表 4-5-3　认识盘点作业任务实施考核表

<table>
<tr><td colspan="4">班级：</td><td colspan="3">姓名：</td></tr>
<tr><td colspan="4">小组：</td><td colspan="3">学号：</td></tr>
<tr><td colspan="2">项目</td><td>要求</td><td colspan="2">应得分</td><td>得分</td><td>备注</td></tr>
<tr><td rowspan="8">任务实施</td><td rowspan="2">库存盘点方式、内容</td><td rowspan="2">能够说出库存盘点方式、内容</td><td>准确率</td><td>15</td><td rowspan="2"></td><td rowspan="2"></td></tr>
<tr><td>速度</td><td>5</td></tr>
<tr><td rowspan="2">MES 库存盘点操作流程</td><td rowspan="2">能够描述 MES 库存盘点的操作流程</td><td>准确率</td><td>15</td><td rowspan="2"></td><td rowspan="2"></td></tr>
<tr><td>速度</td><td>5</td></tr>
<tr><td rowspan="2">在制品管理</td><td rowspan="2">能够说出在制品的概念以及在制品管理的工作内容</td><td>准确率</td><td>15</td><td rowspan="2"></td><td rowspan="2"></td></tr>
<tr><td>完整性</td><td>5</td></tr>
<tr><td rowspan="2">MES 在制品盘点操作流程</td><td rowspan="2">能够描述 MES 在制品盘点的操作流程</td><td>准确率</td><td>15</td><td rowspan="2"></td><td rowspan="2"></td></tr>
<tr><td>速度</td><td>5</td></tr>
<tr><td rowspan="2">任务评价</td><td>小组互评</td><td>从信息获取、准确输入、快速分析数据、工作态度、职业素养等方面进行评价</td><td colspan="2">10</td><td rowspan="2"></td><td rowspan="2"></td></tr>
<tr><td>教师评价</td><td>从信息获取、准确输入、快速分析数据、工作态度、职业素养等方面进行评价</td><td colspan="2">10</td></tr>
<tr><td colspan="3">合计</td><td colspan="2">100</td><td></td><td></td></tr>
<tr><td colspan="2">经验总结</td><td colspan="5"></td></tr>
</table>

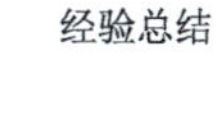

课后活动

一、填空题

1．库存盘点是指________或临时对库存产品实际数量进行________清点的一种作业。

2．________即仓库的全面盘点，是指在一定时间内，一般是每季度、每半年或年终________前进行一次全面的盘点，由货主派人会同________、财会人员一起进行盘点对账。

3．________即当仓库发生货物________，或保管员更换，或仓库与制造企业认为有必要盘点对账时，组织一次________或全面的盘点。

4．盘点结果正常会出现________与________两种情况。在审核盘点差异后，可以根据实盘数量使用库存调整功能来保证 MES 库存与实际库存一致。

5．在制品是工业企业正在加工生产但________的产品。

6. 在制品管理工作就是对在制品进行________、协调和________的工作。

二、问答题

1. 根据所学知识，描述盘点作业的内容。
2. 为了有效地管理在制品和半成品，必须认真做好哪些工作？

任务 4.6 认识物料跟踪管理

任务描述

企业使用 MES 的根本目的是实现生产透明化、生产可追溯、物料可跟踪，而报表就是物料跟踪管理最直观的体现。比如，企业要查库存，可以直接看库存报表；企业需要看某个工序有多少在制品，可以看在制品报表；作业需要查询上架了多少物料，可以查入库上架报表。

素质目标

1. 通过了解物料跟踪管理的作用，感受 MES 物料管理的严谨性。
2. 感受科技发展，树立精益求精的工作态度。
3. 树立无私奉献、敢为人先、爱岗敬业的精神。

知识目标

1. 知道采购执行计划统计报表的作用。
2. 知道入库上架报表与出库下架报表的作用。
3. 知道库存报表的作用。
4. 知道出入库台账报表的作用。

能力目标

1. 能结合实际物料跟踪管理报表，解读报表信息。
2. 能结合 MES，生成物料跟踪管理报表。

任务实施

任务实施指引	在教师的安排下，各学习小组通过 MES 物料跟踪管理报表的观察学习活动，根据任务学习要求知道采购执行计划统计报表、入库上架报表、出库下架报表、库存报表、出入库台账报表的作用与内容。通过启发式教学法激发学生的学习兴趣与学习主动性

创设情景

在教师的安排下，各学习小组认真观察 MES 的采购执行计划统计报表、入库上架报表、出库下架报表、库存报表、出入库台账报表，然后分组思考、讨论、汇总各报表的作用与内容，完成表 4-6-1 的填写。

表 4-6-1　物料跟踪管理报表的作用与内容

采购执行计划统计报表	
作用	
内容	
入库上架报表	
作用	
内容	
出库下架报表	
作用	
内容	
库存报表	
作用	
内容	
出入库台账报表	
作用	
内容	

4.6.1　采购执行计划统计报表

采购执行计划统计报表一般用于查询企业采购执行计划的情况。

举个例子：A 企业是一家生产手机的企业，采购部门每个月都要下不少的采购订单，采购员需要向不同的供应商采购不同的原材料，包括手机屏幕、电池、芯片、手机支架零件等。采购员最关心的就是，自己的这些采购订单能不能在规定的交期之前收到货，什么时候可以收到货，什么时候入库，会不会分批收货，来料质检有没有问题等。这些问题都可以在 MES 中的采购执行计划统计报表中体现出来。图 4-6-1 所示为 MES 中的采购执行计划统计报表。

4.6.2　入库上架报表与出库下架报表

入库上架报表用于查询仓库每天物料的上架入库情况。出库下架报表用于查询仓库每天物料的出库下架情况。

例如：A 企业是一家生产手机的企业，A 企业有很多个仓库，每个仓库都有 1～2 个仓管员。仓库主管需要了解仓库每天的收货与出货状况，他不可能去找每个仓管员，拿纸质档案去统计，而是直接从 MES 中的入库上架报表中查看。图 4-6-2 所示为 MES 中的入库上架报表，图 4-6-3 所示为 MES 中的出库下架报表。

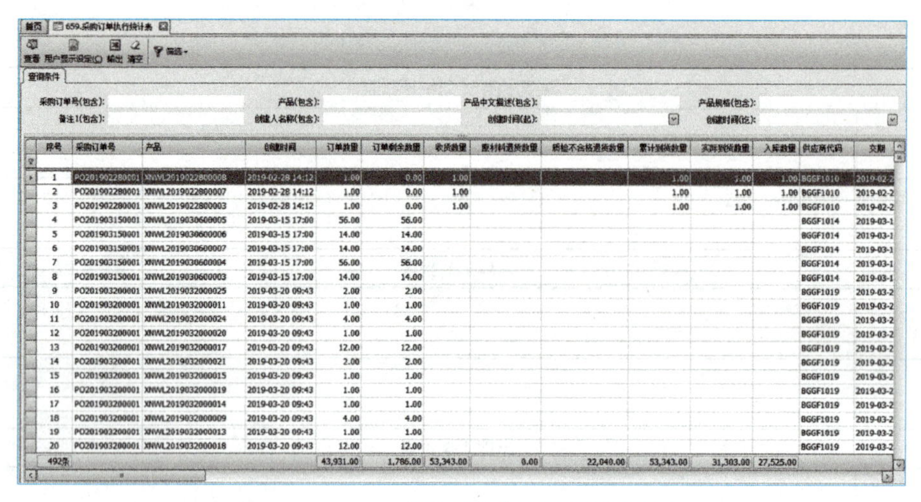

查看 用户显示设定(O) 输出 清空 筛选

查询条件

采购订单号(包含)： 产品(包含)： 产品中文描述(包含)： 产品规格(包含)：
备注1(包含)： 创建人名称(包含)： 创建时间(起)： 创建时间(讫)：

序号	采购订单号	产品	创建时间	订单数量	订单剩余数量	收货数量	原材料退货数量	质检不合格退货数量	累计到货数量	实际到货数量	入库数量	供应商代码	交期
1	PO201902280001	XNWL2019022800008	2019-02-28 14:12	1.00	0.00	1.00			1.00	1.00	1.00	BGGF1010	2019-02-2
2	PO201902280001	XNWL2019022800007	2019-02-28 14:12	1.00	0.00	1.00			1.00	1.00	1.00	BGGF1010	2019-02-2
3	PO201902280001	XNWL2019022800003	2019-02-28 14:12	1.00	0.00	1.00			1.00	1.00	1.00	BGGF1010	2019-02-2
4	PO201903150001	XNWL2019030600005	2019-03-15 17:00	56.00	56.00							BGGF1014	2019-03-1
5	PO201903150001	XNWL2019030600006	2019-03-15 17:00	14.00	14.00							BGGF1014	2019-03-1
6	PO201903150001	XNWL2019030600007	2019-03-15 17:00	14.00	14.00							BGGF1014	2019-03-1
7	PO201903150001	XNWL2019030600004	2019-03-15 17:00	56.00	56.00							BGGF1014	2019-03-1
8	PO201903150001	XNWL2019030600003	2019-03-15 17:00	14.00	14.00							BGGF1014	2019-03-1
9	PO201903200001	XNWL2019032000025	2019-03-20 09:43	2.00	2.00							BGGF1019	2019-03-2
10	PO201903200001	XNWL2019032000011	2019-03-20 09:43	1.00	1.00							BGGF1019	2019-03-2
11	PO201903200001	XNWL2019032000024	2019-03-20 09:43	4.00	4.00							BGGF1019	2019-03-2
12	PO201903200001	XNWL2019032000020	2019-03-20 09:43	1.00	1.00							BGGF1019	2019-03-2
13	PO201903200001	XNWL2019032000017	2019-03-20 09:43	12.00	12.00							BGGF1019	2019-03-2
14	PO201903200001	XNWL2019032000021	2019-03-20 09:43	2.00	2.00							BGGF1019	2019-03-2
15	PO201903200001	XNWL2019032000015	2019-03-20 09:43	1.00	1.00							BGGF1019	2019-03-2
16	PO201903200001	XNWL2019032000019	2019-03-20 09:43	1.00	1.00							BGGF1019	2019-03-2
17	PO201903200001	XNWL2019032000014	2019-03-20 09:43	1.00	1.00							BGGF1019	2019-03-2
18	PO201903200001	XNWL2019032000009	2019-03-20 09:43	4.00	4.00							BGGF1019	2019-03-2
19	PO201903200001	XNWL2019032000013	2019-03-20 09:43	1.00	1.00							BGGF1019	2019-03-2
20	PO201903200001	XNWL2019032000018	2019-03-20 09:43	12.00	12.00							BGGF1019	2019-03-2
492条				43,931.00	1,786.00	53,343.00	0.00	22,040.00	53,343.00	31,303.00	27,525.00		

图 4-6-1　MES 中的采购执行计划统计报表

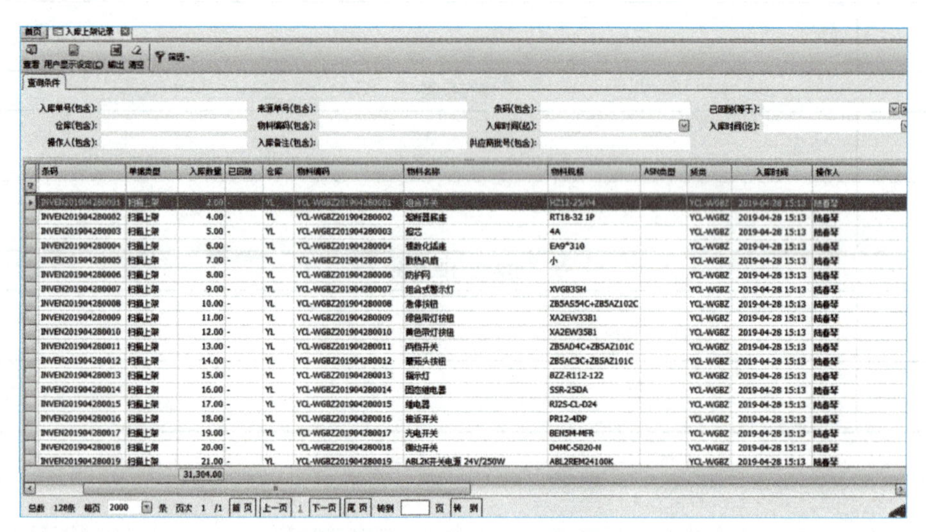

查看 用户显示设定(O) 输出 清空 筛选

查询条件

入库单号(包含)： 来源单号(包含)： 条码(包含)： 已回脚(等于)：
仓库(包含)： 物料编码(包含)： 入库时间(起)： 入库时间(讫)：
操作人(包含)： 入库备注(包含)： 供应商批号(包含)：

条码	单据类型	入库数量	已回脚	仓库	物料编码	物料名称	物料规格	ASN类型	货类	入库时间	操作人
INVEN201904280001	扫描上架	2.00	-	YL	YCL-WGBZ201904280001	组合开关	HZ12-25/04		YCL-WGBZ	2019-04-28 15:13	陆春琴
INVEN201904280002	扫描上架	4.00	-	YL	YCL-WGBZ201904280002	熔断器底座	RT18-32 1P		YCL-WGBZ	2019-04-28 15:13	陆春琴
INVEN201904280003	扫描上架	5.00	-	YL	YCL-WGBZ201904280003	熔芯	4A		YCL-WGBZ	2019-04-28 15:13	陆春琴
INVEN201904280004	扫描上架	6.00	-	YL	YCL-WGBZ201904280004	模数化插座	EA9*310		YCL-WGBZ	2019-04-28 15:13	陆春琴
INVEN201904280005	扫描上架	7.00	-	YL	YCL-WGBZ201904280005	散热风扇	小		YCL-WGBZ	2019-04-28 15:13	陆春琴
INVEN201904280006	扫描上架	8.00	-	YL	YCL-WGBZ201904280006	防护网			YCL-WGBZ	2019-04-28 15:13	陆春琴
INVEN201904280007	扫描上架	9.00	-	YL	YCL-WGBZ201904280007	组合式警示灯	XVGB3SH		YCL-WGBZ	2019-04-28 15:13	陆春琴
INVEN201904280008	扫描上架	10.00	-	YL	YCL-WGBZ201904280008	急停按钮	ZB5AS54C+ZB5AZ102C		YCL-WGBZ	2019-04-28 15:13	陆春琴
INVEN201904280009	扫描上架	11.00	-	YL	YCL-WGBZ201904280009	绿色带灯按钮	XA2EW33B1		YCL-WGBZ	2019-04-28 15:13	陆春琴
INVEN201904280010	扫描上架	12.00	-	YL	YCL-WGBZ201904280010	黄色带灯按钮	XA2EW35B1		YCL-WGBZ	2019-04-28 15:13	陆春琴
INVEN201904280011	扫描上架	13.00	-	YL	YCL-WGBZ201904280011	两档开关	ZB5AD4C+ZB5AZ101C		YCL-WGBZ	2019-04-28 15:13	陆春琴
INVEN201904280012	扫描上架	14.00	-	YL	YCL-WGBZ201904280012	蘑菇头按钮	ZB5AC3C+ZB5AZ101C		YCL-WGBZ	2019-04-28 15:13	陆春琴
INVEN201904280013	扫描上架	15.00	-	YL	YCL-WGBZ201904280013	指示灯	BZZ-R112-122		YCL-WGBZ	2019-04-28 15:13	陆春琴
INVEN201904280014	扫描上架	16.00	-	YL	YCL-WGBZ201904280014	固态继电器	SSR-25DA		YCL-WGBZ	2019-04-28 15:13	陆春琴
INVEN201904280015	扫描上架	17.00	-	YL	YCL-WGBZ201904280015	继电器	RJ2S-CL-D24		YCL-WGBZ	2019-04-28 15:13	陆春琴
INVEN201904280016	扫描上架	18.00	-	YL	YCL-WGBZ201904280016	接近开关	PR12-4DP		YCL-WGBZ	2019-04-28 15:13	陆春琴
INVEN201904280017	扫描上架	19.00	-	YL	YCL-WGBZ201904280017	光电开关	BEN5M-MFR		YCL-WGBZ	2019-04-28 15:13	陆春琴
INVEN201904280018	扫描上架	20.00	-	YL	YCL-WGBZ201904280018	微动开关	D4MC-5020-N		YCL-WGBZ	2019-04-28 15:13	陆春琴
INVEN201904280019	扫描上架	21.00	-	YL	YCL-WGBZ201904280019	ABL2K开关电源 24V/250W	ABL2REM24100K		YCL-WGBZ	2019-04-28 15:13	陆春琴
		31,304.00									

总数 128条 每页 2000 条 页次 1 /1 首页 上一页 1 下一页 尾页 转到 页 转到

图 4-6-2　入库上架报表

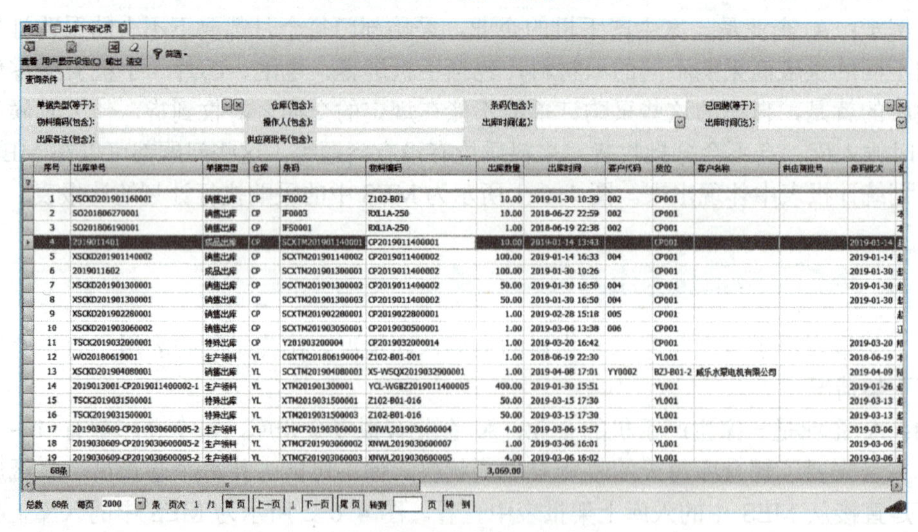

查看 用户显示设定(O) 输出 清空 筛选

查询条件

单据类型(等于)： 仓库(包含)： 条码(包含)： 已回脚(等于)：
物料编码(包含)： 操作人(包含)： 出库时间(起)： 出库时间(讫)：
出库备注(包含)： 供应商批号(包含)：

序号	出库单号	单据类型	仓库	条码	物料编码	出库数量	出库时间	客户代码	库位	客户名称	供应商批号	条码批次
1	XSCKD201901160001	销售出库	CP	IF0002	Z102-B01	10.00	2019-01-30 10:39	002	CP001			
2	SO201806270001	销售出库	CP	IF0003	RXL1A-250	10.00	2018-06-27 22:59	002	CP001			
3	SO201806190001	销售出库	CP	IF50001	RXL1A-250	1.00	2018-06-19 22:38	002	CP001			
4	2019011401	成品出库	CP	SCXTM201901140001	CP2019011400001	10.00	2019-01-14 13:43		CP001			2019-01-14
5	XSCKD201901140002	销售出库	CP	SCXTM201901140002	CP2019011400002	100.00	2019-01-14 16:33	004	CP001			2019-01-14
6	2019011602	成品出库	CP	SCXTM201901300001	CP2019011400001	100.00	2019-01-30 10:26		CP001			2019-01-30
7	XSCKD201901300001	销售出库	CP	SCXTM201901300002	CP2019011400002	50.00	2019-01-30 16:50	004	CP001			2019-01-30
8	XSCKD201901300001	销售出库	CP	SCXTM201901300003	CP2019011400002	50.00	2019-01-30 16:50	004	CP001			2019-01-30
9	XSCKD201902280001	销售出库	CP	SCXTM201902280001	CP2019022800001	1.00	2019-02-28 15:18	005	CP001			
10	XSCKD201903060002	销售出库	CP	SCXTM201903050001	CP2019030500001	1.00	2019-03-06 13:38	006	CP001			
11	TSCK2019032000001	特殊出库	CP	Y201903200004	CP2019032000014	1.00	2019-03-20 16:42		CP001			2019-03-20
12	WO201806190001	生产领料	YL	CGXTM201806190004	Z102-B01-001	1.00	2018-06-19 22:30		YL001			2018-06-19
13	XSCKD201904080001	销售出库	YL	SCXTM201904080001	XS-WSQX2019032900001	1.00	2019-04-08 17:01	YY0002	BZJ-B01-2	威乐水泵电机有限公司		2019-04-09
14	2019013001-CP2019011400002-1	生产领料	YL	XTM201901300001	YCL-WGBZ2019011400005	400.00	2019-01-30 15:51		YL001			2019-01-26
15	TSCK2019031500001	特殊出库	YL	XTM2019031500001	Z102-B01-016	50.00	2019-03-15 17:30		YL001			2019-03-13
16	TSCK2019031500001	特殊出库	YL	XTM2019031500003	Z102-B01-016	50.00	2019-03-15 17:30		YL001			2019-03-13
17	2019030609-CP2019030600005-2	生产领料	YL	XTMCF201903060001	XNWL2019030600004	4.00	2019-03-06 15:57		YL001			2019-03-06
18	2019030609-CP2019030600005-2	生产领料	YL	XTMCF201903060002	XNWL2019030600007	1.00	2019-03-06 16:01		YL001			2019-03-06
19	2019030609-CP2019030600005-2	生产领料	YL	XTMCF201903060003	XNWL2019030600005	4.00	2019-03-06 16:02		YL001			2019-03-06
68条						3,069.00						

总数 68条 每页 2000 条 页次 1 /1 首页 上一页 1 下一页 尾页 转到 页 转到

图 4-6-3　出库下架报表

4.6.3　库存报表

库存报表是用于实时查询企业仓库现有物料库存的报表。

例如：A 企业是一家生产手机的企业，A 企业的销售部门接了一笔特别着急的订单，需要 1000 件 01 型号手机。销售人员就可以直接在 MES 中的库存报表中查询库存是否有 01 型号成品。如果没有，采购部门可以根据 BOM 查询库存是否有足够生产 01 型号手机的原材料，而省去了去仓库询问的时间，这就是库存报表的作用。图 4-6-4 所示为 MES 中的库存报表。该库存报表有主表和子表。主表统计某个物料的总数，子表显示该物料的每个条码号。

图 4-6-4　MES 中的库存报表

4.6.4　出入库台账报表

出入库台账报表是用于记录物料出入库使用情况的报表。

例如：A 企业是一家生产手机的企业。仓库部门月度盘点的时候发现 01 型号的手机屏幕少了几块，便可以通过查询出入库台账，找到入库记录与出库记录，从而找出差异所在。出入库台账报表对于财务部门也有至关重要的作用，财务部门需要通过出入库台账核算企业每个月入料成本与出货盈利算出每月的盈利状况，以及目前的资产状况。图 4-6-5 所示为出入库台账报表。

行号	仓库	物料编码	物料名称	物料规格	材质	期初数量	入库数量	出库数量	结存数量
1	CP	15000026	支撑臂 LH		ADC12	0	1200	1200	0
2	CP	15000029	支撑臂 RH		ADC12	0	1200	1200	0
3	CP	3KL8.013.001	前端盖（未来电器）		锌合金 3#	0	1000	500	500
4	CP	BM DFR5 123B	INNER BASE		ADC12	0	60	0	60
5	CP	BM DHB4 123A	INNER BASE		ADC12	0	22	0	22
6	CP	J59R-S-8202-115	J59R外后视镜支座		ADC12	0	100	100	0
7	YCL	BM BAPJ 223	J38RIPM L-L		ADC12	0	11	10	1
8	YCL	BM D41S 223A	INNER BASE		ADC12	0	15	0	15

第 1 页共 1 页　显示 1 - 13条，共 13 条

行号	仓库	物料编码	物料名称	物料规格	材质	操作时间	出入库类型	操作类型	入库数量	出库数量	结存数量
1	CP	3KL8.013.001	前端盖（未来电器）		锌合金 3#	2019-07-04	入库	生产成品...	1000	0	1000
2	CP	3KL8.013.001	前端盖（未来电器）		锌合金 3#	2019-07-04	出库	销售出库	0	500	500
									1000	500	

图 4-6-5　出入库台账报表

任务考核

结合小组的任务实施情况，对照“认识物料跟踪管理任务实施考核表”对每名学生进行任务实施考核。考核过程参照“制造执行系统实施与应用”职业技能等级证书要求，并将考核结果记录在表 4-6-2 中。综合小组的任务实施情况，对照“认识物料跟踪管理任务实施考核表”，学生互评，再请教师复评。通过任务实施评价，各小组之间、学生之间可以通过分享实施过程，相互借鉴经验。在此过程中，引导学生树立脚踏实地、精益求精、责任担当、爱岗敬业的精神。

表 4-6-2　认识物料跟踪管理任务实施考核表

班级：					姓名：	
小组：					学号：	
项目		要求	应得分		得分	备注
任务实施	采购执行计划统计报表	能够说出采购执行计划统计报表的作用与内容	准确率	10		
			速度	5		
	入库上架报表、出库下架报表	能够说出入库上架报表与出库下架报表的作用与内容	准确率	10		
			速度	5		
	库存报表	能够说出库存报表的作用与内容	准确率	10		
			完整性	5		
	出入库台账报表	能够说出出入库台账报表的作用与内容	准确率	10		
			速度	5		
任务评价	小组互评	从信息获取、准确输入、快速分析数据、工作态度、职业素养等方面进行评价	20			
	教师评价	从信息获取、准确输入、快速分析数据、工作态度、职业素养等方面进行评价	20			
合计			100			
经验总结						

课后活动

一、填空题

1. 采购执行计划统计报表一般用于________企业采购执行计划的情况。
2. 入库上架报表用于查询仓库每天物料的________情况。
3. 出库下架报表用于查询仓库每天物料的________情况。
4. 库存报表是用于实时查询企业仓库________物料库存的报表。
5. 出入库台账报表是用于记录物料出入库________的报表。

二、问答题

根据所学知识，简单阐述你对 MES 物料跟踪管理的理解。